D1666328

Managementwissen
für Studium und Praxis

Herausgegeben von

Professor Dr. Dietmar Dorn und
Professor Dr. Rainer Fischbach

Bisher erschienene Werke:

Bontrup, Volkswirtschaftslehre
Bradtke, Mathematische Grundlagen für Ökonomen
Busse, Betriebliche Finanzwirtschaft, 4. Auflage
Clausius, Betriebswirtschaftslehre I
Dorn · Fischbach, Volkswirtschaftslehre II, 2. Auflage
Fank, Informationsmanagement
Fank · Schildhauer · Klotz, Informationsmanagement:
Umfeld – Fallbeispiele
Fiedler, Einführung in das Controlling
Fischbach, Volkswirtschaftslehre I, 10. Auflage
Frodl, Dienstleistungslogistik
Hardt, Kostenmanagement
Heine · Herr, Volkswirtschaftslehre
Koch, Marktforschung, 2. Auflage
Koch, Gesundheitsökonomie: Kosten- und Leistungsrechnung
Krech, Grundriß der strategischen Unternehmensplanung
Kreis, Betriebswirtschaftslehre, Band I, 5. Auflage
Kreis, Betriebswirtschaftslehre, Band II, 5. Auflage
Kreis, Betriebswirtschaftslehre, Band III, 5. Auflage
Lebefromm, Controlling – Einführung mit Beispielen
aus SAP®/R3®
Lebefromm, Produktionsmanagement, 4. Auflage
Mensch, Kosten-Controlling
Piontek, Controlling
Piontek, Beschaffungscontrolling, 2. Auflage
Piontek, Global Sourcing
Posluschny, Kostenrechnung für die Gastronomie
Reiter · Matthäus, Marketing-Management mit EXCEL
Schaal, Geldtheorie und Geldpolitik, 4. Auflage
Scharnbacher · Kiefer, Kundenzufriedenheit, 2. Auflage
Stahl, Internationaler Einsatz von Führungskräften
Steger, Kosten- und Leistungsrechnung, 2. Auflage

Beschaffungs-
controlling

Von
Professor
Dr. Jochem Piontek

2., unwesentlich veränderte Auflage

R. Oldenbourg Verlag München Wien

Die Deutsche Bibliothek - CIP-Einheitsaufnahme

Piontek, Jochem:
Beschaffungscontrolling / von Jochem Piontek. – 2., unwes.
veränd. Aufl. – München ; Wien : Oldenbourg, 1999
  (Managementwissen für Studium und Praxis)
  ISBN 3-486-24949-5

© 1999 R. Oldenbourg Verlag
Rosenheimer Straße 145, D-81671 München
Telefon: (089) 45051-0, Internet: http://www.oldenbourg.de

Gedruckt auf säure- und chlorfreiem Papier
Gesamtherstellung: R. Oldenbourg Graphische Betriebe GmbH, München

ISBN 3-486-24949-5

Vorwort

Das Wissen um beschaffungswirtschaftliche Tatbestände ist eine notwendige Voraussetzung für jeden, der in der Materialwirtschaft an verantwortlicher Stelle tätig ist oder sich als Studierender auf eine solche Tätigkeit vorbereitet. Dabei kommt es - im Gegensatz zur Vergangenheit - auf mehr und mehr Detailwissen an, um beschaffungswirtschaftliche Zusammenhänge konzeptionell zu erfassen und Beschaffungsprobleme insbesondere auch aus ökonomischer Sicht zu begreifen und zu lösen.

Controlling ist erfolgsorientierte Betriebssteuerung. Um die Beschaffung auf Erfolgskurs zu bringen und dort zu festigen, setzt Controlling sein umfangreiches Steuerungsinstrumentarium ein. Dabei erfüllt das Controlling eine entscheidende Servicefunktion. In diesem Buch wird gezeigt, wie Controlling als ökonomischer Unterstützungsdienst die Beschaffung begleiten soll. Letztendlich geht es darum, Controlling als eine Art 'Denkhaltung' für alle Entscheidungsträger in der Beschaffung zu verankern.

Obwohl das Thema seit geraumer Zeit in aller Munde ist, liegen hierzu immer noch wenig konkrete Erfahrungen vor, ob das Beschaffungscontrolling auch tatsächlich die erhofften Kostensenkungspotentiale ausschöpfen konnte, bzw. ob es überhaupt in den Unternehmen als Stabsstelle erfolgreich integriert worden ist.

Das Buch soll auch ein Leitfaden dafür sein, wie man einen Controlling-Ansatz in der Beschaffung umsetzen könnte bzw. Anreiz dafür, Beschaffungscontrolling überhaupt einmal zu initiieren. Auf eine filigrane Diskussion von Einzelproblemen wird zugunsten einer kompakten Darstellung des Gesamtkonzeptes verzichtet.

Das Buch hat ferner eine Doppelfunktion, da es sich sowohl an Studierende der Wirtschaftswissenschaften als auch an Führungskräfte wendet. Dieses Werk als Produkt eines einzelnen Wissenschaftlers ist sicherlich potentiell verbesserungswürdig; ich nehme deshalb gerne kritische Anregungen entgegen.

Sehr verbunden bin ich Herrn Prof. Dr. Peter Hammann, Ruhr-Universität Bochum, für seine freundlichen Hinweise und Vorschläge. Weiterhin danke ich Herrn Prof. Dr. Roland Gabriel, Bochum, und Herrn Prof. Dr. Dr. Wolfgang Berger, Karlsruhe, für ihre vielfältige Unterstützung.

Schließlich bedanke ich mich bei meinen Mitarbeitern Herrn Dr. Bernd Kabelka, Hamburg; Herrn Dr. Eric Jegham, Straßburg; Herrn Dipl.-Ing. Daniel Fuß, Paderborn sowie bei diversen Praktikern wie Herrn Rainer Winter, Düsseldorf; Herrn Paulus Haase, Duisburg; Ludwig Grave, Düsseldorf und Gabriele Hollmann, Witten.

Für eine termingerechte Fertigstellung des Textes bin ich Frau Marlies Schulte-Back, Hövelhof und für eine gute Betreuung Herrn Diplom-Volkswirt M. Weigert vom Oldenbourg Verlag tief verpflichtet.

INHALTSVERZEICHNIS

Abbildungsverzeichnis

1. Grundlegung Controlling

1.1 Reichweite des Controlling

Obwohl seit Jahren in der Privatwirtschaft erfolgreich praktiziert und in der Literatur umfassend diskutiert, ist nach wie vor nur schwer zu fassen, worum es bei Controlling nun eigentlich konkret geht. Controlling kann im Grunde nur dann als ein eigenständiges Steuerungskonzept verstanden werden, wenn man es als eine Art institutionalisierte "Führungskoordination durch Führungsinformation" interpretiert.

Auch in der Literatur zum Beschaffungscontrolling wird zunehmend zwischen operativem und strategischem Controlling unterschieden. Für den strategischen Bereich werden Überlegungen angestellt, Controlling auf Problemfindung und Frühwarnung auszurichten. Das beschaffungsorientierte System soll in die Lage versetzt werden, Umweltentwicklungen systematisch zu erfassen, um politische Zielsetzungen, Programme und Planungen ggf. frühzeitig an neue oder veränderte Bedingungen anpassen zu können.[1]

Eine moderne Unternehmensführung ist ohne "Controlling" nicht denkbar. Als Reaktion auf die durch die zunehmenden Umweltveränderungen notwendigen betrieblichen Anpassungsprobleme sowie durch die zunehmende Komplexität der Aufgabenstellung verstärkt auftretenden Koordinationsprobleme ist Controlling zwingend notwendig für eine erfolgreiche, zielgerichtete Unternehmensführung. Deshalb ist es konsequent, daß Unternehmen in jüngster Zeit mehr und mehr Controllingbereiche einrichten und Controller einstellen.

Controlling ist mehr als Kontrolle oder eine 'Profit Center' bezogene Buchhaltung. Controlling ist auch mehr als ein bloßes Schlagwort oder eine Modeerscheinung. Es ist eine Synthese aus operativer und strategischer Unternehmensführung auf der Grundlage von Ex-post-Daten und Ex-ante-Prognosen. Während in Industrieunternehmen das Controlling bereits als Methode der Unternehmensführung weitgehend anerkannt und genutzt wird, hat es in den Beschaffungsabteilungen relativ spät Eingang gefunden. Mittlerweile haben sich tiefgreifende Veränderungen ergeben. Beispiels-

---

1   vgl. Pfisterer 1988, S. 238

weise tritt der Absatzmarkt in eine Phase vermehrter Sättigung bei zunehmendem Wettbewerbsdruck. Und schließlich ergeben sich strategische Herausforderungen aus

- einer schwierigen gesamtwirtschaftlichen Lage,
- Chancen in Osteuropa,
- der Internationalisierung und Deregulierung des Binnenmarktes,
- neuen Gesetzen,
- geplanten gesetzlichen Regelungen,
- neuer Informationstechnik.

Die sich abzeichnenden neuen Rahmenbedingungen legen die Entwicklung eines leistungsfähigen Steuerungssystems nahe, das nicht nur in Krisenzeiten zur Anwendung gelangen soll. In nächster Zeit werden die hier nur kursorisch angesprochenen Marktänderungen auch "gesunde" Unternehmen zwingen, sich im Rahmen eines Controlling-Konzepts für zielgerichtete und betriebswirtschaftlich ausgerichtete Unternehmensführung zu entscheiden; eine schlecht vorhersehbare Welt des Wandels kann nicht mit Instrumenten für eine stabile Welt bewältigt werden.

Da nicht anzunehmen ist, daß ungewöhnliche Umweltveränderungen ablaufen, weil sie schließlich von Menschen veranlaßt und von deren Vorstellungen, Bestrebungen und Interessen gelenkt werden, ist es Aufgabe des **Strategischen Management**, solchen Wandel zu bewältigen, und mehr noch, diesen Wandel zu nutzen, wenn nicht gar zu stimulieren. Das erfordert eine hohe Transparenz der betrieblichen Leistungsprozesse zur Verkürzung und vor allem Flexibilität.

Erste Anzeichen von **Überraschungen** sind vielfach nur gefühlsmäßig wahrzunehmen und schlecht zu bewerten. Solche intuitiven und zumeist nur schwer zu artikulierenden Einschätzungen unterliegen in Unternehmen vielfach der Gefahr, daß sie gegenüber logisch begründeten Tatsachenaussagen, die nur selten mehr als "Insellösungen" suchen, abgewertet werden und demzufolge bei anstehenden Entscheidungen nur geringes Gewicht besitzen.[2]

---

2   Vgl. Ziegenbein 1992, S. 16

In der Unternehmensentwicklung lassen sich des öfteren Diskontinuitäten in Form stark ausgeprägter Turbulenzen oder Entwicklungssprüngen in den zeitabhängigen Kurvenzügen von Leistungs- und Erfolgsgrößen, wie z. B. bei Liquiditätsengpässen oder Wachstumsschüben, nachweisen. Diese Phänomene mögen von temporärer oder gar dauerhafter Natur sein und können von einerseits externen oder andererseits internen Quellen ausgehen. Eine Veränderung könnte bedingt sein entweder durch Änderungen der Umwelteinflüsse oder disproportionale Erscheinungen im Unternehmen. Auf jeden Fall erzeugen Diskontinuitäten Zweifel des Managers an seinem Wertsystem, indem er das Gefühl hat, nicht mehr zu verstehen, was vor sich geht und demnach die Unterlassungsalternative wählt, bis sich das Problem besser strukturieren läßt. Die aus der wachsenden Variabilität der System-konstellationen und aus dem vermehrten Auftreten neuartiger, überraschender Momente entstehenden Führungsprobleme verschlechtern die Möglichkeit eines geplanten Wandels des Unternehmens. Für das Management von Diskontinuitäten sind eine Reihe von unterschiedlichen Methoden und Verfahren entwickelt worden. Die Verfahren lassen sich nach ihrem Einsatzzeitpunkt gliedern in:[3]

- Antizipatives Diskontinuitätenmanagement, das alle Maßnahmen, die bereits vor dem Auftreten von Diskontinuitäten ergriffen werden, umfaßt.

- Reaktives Diskontinuitätenmanagement, das alle Maßnahmen und Ansätze, die nach dem tatsächlichen Auftreten und Erkennen einer Diskontinuität, d. h. nach dem Erkennen zur Verbesserung der Reaktionsfähigkeit beitragen, umfaßt.

Die daraus ablesbare objektive Bedeutung der Information in den Entscheidungsprozessen innerhalb des Diskontinuitätenmanagements wird durch häufige Klagen aus der Unternehmenspraxis über die mangelnde Qualität und Brauchbarkeit der angebotenen Informationshilfen subjektiv gestützt. Hieraus ergibt sich aus wissenschaftlicher Sicht die Forderung nach dem Entwurf von geeigneten Informationssystemen zur Vermeidung von Informationsdefiziten in unternehmenspolitischen Entscheidungsprozessen, wobei sowohl der hohen Dynamik von Umweltentwicklungen als auch internationalen Aspekten Genüge getan werden sollte.

---

3   vgl. Gabriel/Richter 1991, S. 6

Aufgrund dieses Informationssystems lassen sich die Instrumente bzw. Bausteine des Controlling erst entwickeln:

- Methoden der Informationserfassung und -verarbeitung
- ein aussagefähiges Berichtswesen
- ein integriertes Planungs- und Kontrollsystem
- Kostenrechnungssysteme
- Kostensenkungsprogramme,
  z. B. ABC-Analyse, Wertanalyse, Nutzwertanalyse, Zero-Base-Budgeting, Gewinnschwellenanalyse, Plankostenrechnung
- Kennzahlensysteme
- Erfolgsrechnung
- Wirtschaftlichkeits- und Investitionsrechnung
- Frühwarnsysteme.

Bei Horváth umfaßt das informationsorientierte Controlling-System (vgl. Abb. 1) demnach:

- die beiden aufeinander abgestimmten Basisbausteine
  - management-orientiertes Rechnungswesen
  - Planung und Kontrolle
- und ein aussagefähiges Berichtswesen als Ergänzung.

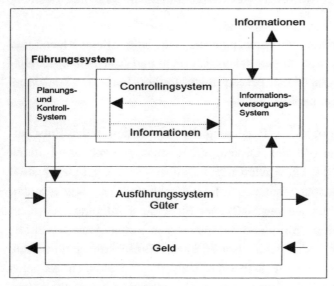

Abb. 1   Controllingsystem

Quelle: Horváth 1990

1.2   Aufgaben des Controlling

1.2.1 Informationsversorgung

In Zeiten turbulenter Umwelten werden Prognosen schwieriger oder gar unmöglich. Der Informationsstand wird hier weniger durch komplexe Vorhersagen, sondern vielmehr durch die systematische und problemrelevante Synthetisierung und Interpretation von verfügbaren Daten, d. h. durch präzise Diagnosen, verbessert. Zwar treten Diskontinuitäten i. d. R. plötzlich, aber nicht notwendig unangekündigt auf. Vielmehr haben sie eine Entstehungsgeschichte, in der sie schon gewisse, wenn häufig auch wenig konkrete bzw. präzise Anzeichen von sich geben. Bei der Überlegung, wie ein Informationssystem das Diskontinuitätenmanagement unterstützen kann, ist folgende Sichtweise ein geeigneter Ausgangspunkt:

Generell hat ein Informationssystem als Serviceleistung für das Entscheidungen treffende Management eine bedarfsgerechte Informationsversorgung sicherzustellen, d. h. es muß die personenbezogene Informationsnachfrage und den aufgabenbezogenen Informationsbedarf feststellen, ein bestimmtes Informationsangebot bereithalten und den Anwendern bei der Nutzung der Reports behilflich sein.

Das Informationssystem ist das Kernstück eines Controllingsystems. Es signalisiert die tatsächliche Entwicklung und zeigt auf, welche Abweichungen entstanden sind. Aus diesem Feedback erhalten die Entscheidungsträger die Impulse, die sie zur Steuerung auf die Ziele hin benötigen. Damit diese Ziele erreicht werden können, hat der Controller dafür zu sorgen, daß dem Entscheidungsträger die für die Steuerung erforderlichen Informationen

- rechtzeitig
- in der notwendigen Verdichtung und
- problemadäquat

zur Verfügung gestellt werden.[4]

Das zum Controlling notwendige Informationsmanagement unterscheidet man wie folgt:

---

4   vgl. Schröder 1989, S. 24

- **Informationsressourcen-Management**: Entwicklung der Informations-fähigkeit innerhalb der Organisation und Informationsversorgung, d. h. Festlegung der Herkunft, Inhalte und Verwendungsbestimmungen von Informationen,

- **Informationstechnologie-Management**: Gestaltung und Implementie-rung der Informations-Infrastruktur, worunter man sämtliche Einrichtun-gen und Maßnahmen versteht, die die Voraussetzung für die Produktion von Information und Kommunikation in einer Organisation schaffen.

Diesbezüglich hat Controlling die Führungskräfte auf allen Ebenen des Unternehmens mit Methoden und Informationen zu versorgen, die zur Lösung von Führungsaufgaben benötigt werden. Dazu bedarf es eines geeigneten **Informations- und Kommunikationssystems**. Ein solches System hat letztendlich eine **strategische Bedeutung**, wenn es die Umset-zung von Unternehmensstrategien wirkungsvoll unterstützt.

Die Informations- und Kommunikationssysteme lassen sich wie folgt glie-dern[5]:

1. Systeme, die nur eine reine Informationsaufgabe haben.

2. Systeme, die neben der Informationsaufgabe auch eine Diagnostikfunk-tion übernehmen.

3. Systeme, die unter Punkt 2. zu fassen sind und zusätzlich eine Empfeh-lungsfunktion haben.

4. Systeme, die unter Punkt 3. zu fassen sind und zusätzlich eine Prognose-funktion haben.

Des weiteren lassen sich die Informationssysteme nach ihrer methodischen Verfeinerung gliedern. Scheer[6] klassifiziert die Informationssysteme entsprechend einer fünfstufigen Pyramide in: Mengenorientierte operative Systeme, wertorientierte Abrechnungssysteme, Berichts- und Kontroll-systeme, Analyse-Informationssysteme, Planungs- und Entscheidungs-systeme. In der Praxis werden die Informationssysteme häufig nach der Zielsetzung ihres Einsatzes bei der Lösung betrieblicher Probleme unter-teilt. Demnach ergibt sich eine Einteilung nach:

---

5   vgl. Piontek 1991a, S. 15

- Management-Informations-Systeme
- Decision-Support-Systeme
- Planungs-Systeme
- Modell- und Methodenbanksysteme.

Bramsemann[7] differenziert bei den formalen Informationssystemen **computer- und berichtsbezogene** Informationssysteme. Im Bereich der maschinellen Datenverarbeitung finden sich

(1)   Teil-Informationssysteme und

(2)   totale Management-Informationssysteme:

Zu (1): Partielle Informationssysteme:

- beschränken sich auf die Verarbeitung von Informationen betrieblicher Teilbereiche.

Zu (2): Totale Management-Informationssysteme:

- ermöglichen eine vollständige Informationsversorgung,
- durch die Verknüpfung der Dateien der einzelnen Teilbereiche in einer zentralen Datenbank können Daten zu jedem Zeitpunkt und in jeder denkbaren Zusammenstellung abgerufen werden,
- können Routineentscheidungen automatisch getroffen werden,
- ermöglichen die Aufnahme von Soll-Daten, die automatische Durchführung von Soll-Ist-Vergleichen und anschließende Abweichungsanalysen sowie das schnelle Ergreifen von Gegensteuerungsmaßnahmen und eine Information der Unternehmensleitung nach dem Prinzip des Management by Exception,
- erleichtern die Planungstätigkeit durch das Programmieren von mathematischen Entscheidungsmodellen[8].

Hahn[9] bezeichnet ein controllingorientiertes Informationsmanagement als "ein integriertes, EDV-gestütztes Führungsinstrument, durch welches

---

6   vgl. Scheer 1988, S. 3
7   vgl. 1980, S. 62 ff.
8   vgl. Hopfenbeck 1989, S. 266
9   1974, S. 572

- Führungsinformationen, d. h. Planungs-, Steuerungs- und Kontroll-informationen und damit auch Dokumentationsinformationen gewonnen werden und
- programmierbare Führungs- und Durchführungstätigkeiten ebenfalls maschinell erfolgen".

Horváth[10] führt aus, daß

- die Controllingarbeit heute ohne Einbeziehung des Instruments auto-matisierter Datenverarbeitung nicht mehr denkbar ist,
- auf diese steigenden Einsatzmöglichkeiten der EDV nicht zuletzt die starke Tätigkeitsfelderweiterung des Controllers zurückzuführen ist,
- mit Hilfe der EDV die Informations**versorgung** verbessert wird (z. B. durch schnellere und umfangreichere Auswertung),
- mit Hilfe der EDV auch Planung und Kontrolle wesentlich unterstützt werden (z. B. mit Hilfe von **Unternehmensmodellen**, bei denen die Konsequenzen unternehmerischer Entscheidungen und/oder Verände-rungen der Umwelt auf einzelne Teilbereiche und die Gesamtunter-nehmung prognostiziert wird[11],
- der Controller auch organisatorisch den Zuständigkeitsbereich für die EDV bildet,
- der Entwurf und die Einführung solcher Systeme häufig die Organisa-tion der Unternehmung grundlegend verändert.

Unabhängig von der Einteilung der Systeme sind die Informationsaufgaben eindeutig (vgl. Abb. 2):

---

10   vgl. 1990, S. 629 ff.
11   vgl. Horváth 1990, S. 549 ff.

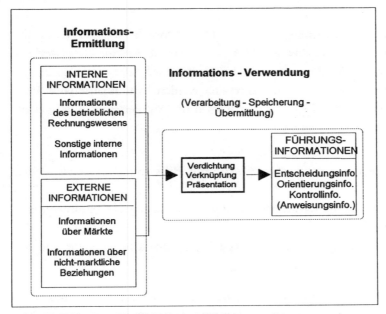

Abb. 2: Informationsaufgaben des industriellen Controlling
Quelle: Vahs, 1990, S. 58

Im Zeitalter der künstlichen Intelligenz wurden auch schon Ansätze zur Entdeckung von Diskontinuitäten hervorgebracht. In der Regel zielen diese Ansätze jedoch darauf ab, nur eine fruchtbare Symbiose von künstlicher Intelligenz und Statistik herzustellen, indem

1. Expertensysteme entwickelt werden, um in Informationssammlungen mit überwiegend qualitativem, natürlichsprachlichem Charakter Muster aufzudecken.

2. Nach der Mustererkennung die dazugehörigen Informationsklassen so aufbereitet werden, daß sie sich durch Ausprägungen von quantitativen Variablen formulieren lassen.

3. Konventionelle statistische Techniken angewendet werden, um die zuvor nur qualitativ und vorläufig identifizierten Frühindikatoren einer strengen quantitativen Überprüfung zu unterziehen.

Letztendlich zielen diese Ansätze nicht darauf ab, eine leistungsfähigere Alternative zu konventionellen Statistiken bzw. zu multivariaten Analysemethoden herzustellen. Trotz des aufgezeigten Mangels finden sich zumindest in der Literatur zwei Ansätze, die zur Operationalisierung von schwachen Daten dienen. Es sind die Konzepte der **Diffusionsfunktionen** und

Diskontinuitätenbefragung. Hierbei werden schwache Signale als solche Informationen definiert, die in der überwiegenden Anzahl ausgewerteter Primärinformationsquellen noch nicht enthalten sind, aber von den ausgezeichneten Quellen erstmals angesprochen werden. Aus funktionaler Sicht lassen sich nach Gabriel/Richter vier Phasen bei Aufbau eines intelligenten sprachverarbeitenden Frühwarnsystems unterscheiden[12]:

a) Erfassung von Primärinformationen

b) Die Exploration schwacher Signale mit Hilfe eines textverstehenden Systems.

c) Die Diagnose dieser schwachen Signale in bezug auf unternehmensinterne Relevanz.

d) Die Bewertung der Informationen bzw. schwacher Signale und die anschließende Strategiefestlegung.

Die aufgrund eines zeitlich weiterreichenden Zeithorizonts der operativen Führung vorgelagerte strategische Führung benötigt zur systematischen Vorsteuerung von Erfolg und Liquidität Informationen, die durch folgende Merkmale charakterisiert werden können:

Es muß sich um verdichtete, **repräsentative Informationen** prognostischer Art handeln. Unter Verdichtung ist hier sowohl die Zusammenfassung gleichartiger Informationen (quantitativ) als auch die Verknüpfung als Ausdruck von Bezügen verschiedener Informationsarten zueinander (qualitativ) zu verstehen (s. Abb. 3).

Inhaltlich lassen sich fünf Typen von Führungsinformationen unterscheiden:
• Informationen über interne Operationen
• Informationen über Ergebnisse von Analysen
• Informationen oder Signale über unternehmensbezogene Ereignisse.
• Informationen oder Signale über Ideen und Trends.
• Informationen oder Signale, die Einflußnahmen ausdrücken.

Hinsichtlich der hierarchischen Ebene des strategischen Managements und ausgehend von der Aufgabenstellung werden strategiebezogene Daten über Chancen und Risiken der Unternehmensumwelt sowie über Stärken und Schwächen des Unternehmens schwerpunktmäßig nachgefragt.

---

12   vgl. Gabriel/Richter 1991, S. 15

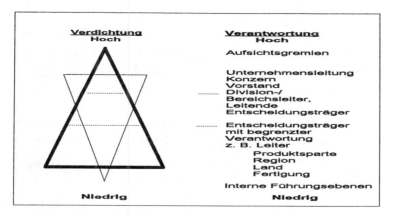

Abb. 3:   Informations- und Entscheidungspyramide
Quelle: Weber 1990, S. 153

1.2.2 Adaptionsaufgabe

Solange die Maximierung der operativen Fortschrittsgröße Gewinn im Mittelpunkt "manageriellen" Denkens steht, besteht die Gefahr, daß die Voraussetzungen, auf denen die Erzielung des Gewinnes von morgen beruht, aus den Augen verloren und vernachlässigt werden. Insbesondere zukünftige Erfolgspotentiale entziehen sich so der Wahrnehmung, da es bislang noch keine bzw. eine erst im Entwicklungsstadium befindliche "Buchhaltung" für die Erfassung dieser Potentiale gibt und noch kein 'strategisches Rechnungswesen', das die Erfolgspotentiale auszuweisen vermag. Hieraus folgt, daß keinerlei interne Information vorliegt, die die Fähigkeit der zukünftigen Anpassungsmöglichkeiten aufzeigt.

Orientiert sich die Denkhaltung des Managements jedoch an den Fortschrittsmöglichkeiten (möglichen Welten) der Unternehmung, benötigt es einen Handlungsspielraum ohne Sachzwang und Zeitdruck. Einen Handlungsspielraum zu haben bedeutet, über Kombinationen unternehmerischer Handlungsmöglichkeiten (Wahlmöglichkeiten, Alternativen) zu verfügen, d. h. über alternative Potentiale und sorgsam durchdachte Strategiealternativen. Diese befähigen das Management, immer neuere (bessere) Anpassungszustände herbeizuführen und neue Strategien zu entwickeln bzw. jede früher entwickelte Strategie zu ändern, sobald sie sich als überholt erweist. Handlungsspielraum stellt ein Erfolgspotential dar und ist gleichbedeutend mit Flexibilität, denn es gewährt Zeit zum Handeln (Anpassen). Um diese Zeit jedoch zu gewinnen, bedarf es einer Sensibilisierung des Problembewußtseins und der Wahrnehmungsfähigkeit des Managements für "schwache Signale", damit die zukünftige Entwicklung, Chancen und Risiken des Unternehmens und der Umwelt erkannt, gesichert und genutzt werden können.

Das Management trifft seine Entscheidungen nicht selten nach Maßgabe seiner Intuition bzw. seines auf 'veralteten' Erfahrungen beruhenden Wissens. Informationen, die nicht in Einklang mit den eigenen Erfahrungen stehen, werden systematisch ausgefiltert (Wahrnehmungsfilter) und entsprechend dem Erfahrungshorizont angepaßt. Da das Management im unklaren ist, wieviel Information für seine Problemlösung benötigt wird, verzichtet es zumeist auf eine systematische Sammlung, Auswahl und Bewertung der potentiellen Information über die Zukunft, die durchaus noch erschließbar wäre. Diese Ignoranz der besseren Anpassungschance kann jedoch auch erzwungen sein auf Grund des Mengen-, Qualitäts-, Zeit- und Kommunikationsproblems.

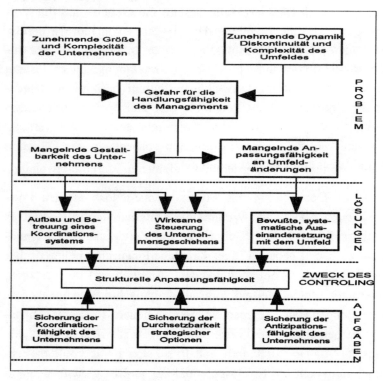

Abb. 4: Zweck und Aufgabenbündel des strategischen Controlling

Quelle: Siller 1985, S. 83

Adaption bedeutet auch eine ständige Revision und Anpassung der Ziele. Die Zielinhalte müssen so formuliert werden, daß sie als Führungsgrößen genügend konkret, zugleich aber auch nicht zu eng sind. Entsprechend der gewählten Betrachtungsebene sind folgende **Zielinhalte** denkbar:

Betrachtungsebene ---------------------------- Betrachtungsweise	technologisch	ökonomisch	sozio- kulturell	ökologisch
Art	Mengen und Qualitäten	Werte	Bedürfnisse und Rollen	Verfahrens-vorschriften
Schwerpunkte	Leistungs-fähigkeit und -bereitschaft	Preise auf den Beschaffungs- und Absatz-märkten Umsatz in Abhängigkeit von Marktstel-lungen, Kun-denproblemen usw. Kosten und Zahlungen	Verhaltens-erwartungen und Motiva-tion	Abfälle und -wasser Abgase Wärme, Lärm Geruch Recycling
Zielinhalte	Produktivität	Erfolg (Gewinn, Rentabilität) Erfolgspotential	Zufriedenheit der Mitarbeiter	Umweltver-träglichkeit

Abb. 5:   Zielinhalte und Betrachtungsebenen

vgl. Quelle Ziegenbein 1992, S. 22

1.2.3 Koordinationsaufgabe

Der Koordination kommt eine integrierende Aufgabe zu, deren Notwendigkeit sich aus einer gespaltenen Planung und Kontrolle ergibt.

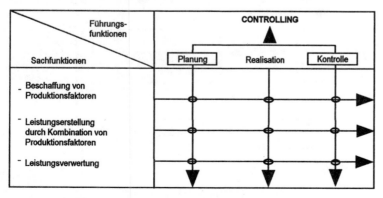

Abb. 6:   Koordination von Sach- und Führungsfunktionen

vgl. Quelle Ziegenbein 1992, S. 49

Um dabei entstehende Probleme transparenter zu machen und die Entscheidungsfindung zu vereinfachen, erweist sich das Controlling als hilfreiches Instrumentarium. Es ist generell nicht von der Unternehmensgröße abhängig[13], selbst ein Kleinstunternehmer kann Controlling erfolgreich anwenden (s. Abb. 7). Es bleibt jedoch zu erwähnen, daß kleinere Unternehmen des Mittelstandes in der Regel einen geringeren Koordinationsaufwand mit vermindertem Planungs- und Kontrollumfang benötigen, so daß der dem Controlling zugewiesene Aufgabenumfang bei unveränderter Organisationsstruktur nicht ausreicht, die Controller-Stelle voll auszufüllen. In diesen Fällen wird das Aufgabenfeld durch Zusatzaufgaben ergänzt, oder Controlling-Aufgaben werden anderen vorhandenen Stellen zugeordnet. Dies ist allerdings häufig mit einem Mangel an Neutralität (außer wenn das Controlling dem Rechnungswesen zugeteilt wurde) und mit einer Überlastung der einzelnen Personen verbunden[14].

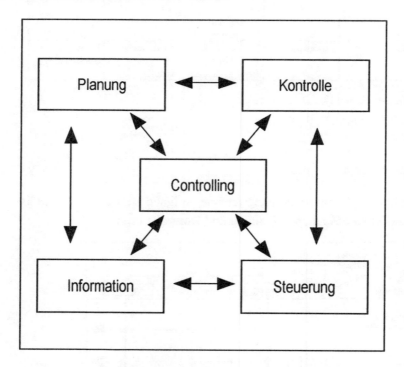

Abb. 7:   Controlling-Funktionen- Zusammenwirken

Quelle: Peemöller 1990, S. 57

---

13   vgl. Preißler 1991, S. 7
14   vgl. Kosmider 1991, S. 81 f.

Die **originäre Führungsaufgabe** der Koordination äußert sich in der Entwicklung und Vorgabe koordinierender Regeln, Programme und Pläne. Aufgrund der Differenzierung der Unternehmensführung, die infolge der Zunahme der Führungsprobleme auftritt, kann die koordinierende Wirkung der Regeln, Programme und Pläne nur dann gewährleistet werden, wenn sich die arbeitsteilig vollzogenen Führungshandlungen hinsichtlich der übergeordneten Ziele subsumieren lassen. Um die Koordinationsfähigkeit der Unternehmensführung zu schaffen und zu erhalten, hat das Controlling demnach die Führungshandlungen abzustimmen. Die Koordination stellt eine präzise formulierte generelle Aufgabenstellung dar, welche die Abgrenzung des Aufgabenbereichs des Controlling erlaubt. Die verschiedenen Aufgaben des Controlling sind in Abb. 8 zusammengestellt.

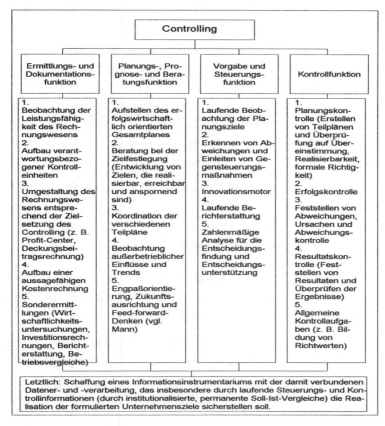

Abb. 8: Zentrale Funktionen des Controlling

Quelle: Preißler 1991, S. 24

1.3   Strategisches Controlling

In der strategischen Unternehmensführung lassen die zunehmende Komplexität und Dynamik der im Rahmen des strategischen Planungs- und Kontrollprozesses zu lösenden Probleme Einigkeit darüber bestehen, daß die strategische Führung ebenso methodensystem- und informationsbezogene Unterstützung hinsichtlich ihrer Aufgabenwahrnehmung benötigt wie die operative Planung und Steuerung. Obwohl sich die Zielgrößen der operativen Führung (Gewinn) und der strategischen Führung (Erfolgspotentiale) unterscheiden, handelt es sich funktional um den gleichen Sachverhalt.

Die Kunst des strategischen Managements besteht allerdings darin, ein Unternehmen frühzeitig an zukünftige Umweltentwicklungen anzupassen, um somit die Evolution und den Fortschritt zu fördern bzw. zu sichern. Diese Anpassung erfolgt mit Hilfe eines strategischen Controllings, welches das strategische Management bei dem informationsverarbeitenden und -verknüpfenden Prozeß der Entscheidungsfindung (bzgl. zielorientierter Maßnahmen, Potentiale, Strategien) mehr agierend als reagierend im Sinne einer Antizipation **strategischer Diskontinuitäten** unterstützt. Das strategische Controlling kann somit als informationsversorgende Serviceleistung aufgefaßt werden. Die Leistung besteht darin:[15]

- das bereitzustellende (schnelle und allseits abgestimmte) Informationsangebot und
- den für das evolutions- und fortschrittsorientierte Management erforderlichen Informationsbedarf zu erfüllen.

Um diese Leistung zu erfüllen, muß das strategische Controlling, in Form eines seismographisch reagierenden Steuerungsinstruments, den zeitlichen Horizont (Gegensteuerungszeitraum) erweitern, indem

- frühzeitig und systematisch, d. h. aus dem gegebenen Nachrichtenüberfluß 'strategische Information' erfaßt, gesammelt, kanalisiert und focussiert wird,
- potentielle Information bzgl. eines erkannten zukünftigen Problems (Engpasses) gespeichert und

---

15   vgl. Schröder 1989, S. 213

• in der strategischen Planung und -Kontrolle verarbeitet wird.

Durch den Transformationsprozeß steht dem Management letztlich men-
gen-, qualitäts- und zeitmäßig hochverdichtete entscheidungsrelevante
Information zur Verfügung. Diese zeigt dem strategischen Management
Diskontinuitäten, Gefahren und Gelegenheiten auf und sensibilisiert somit
das Problembewußtsein (Denken) für strategisch bedeutsame Aufgabenstellungen und die Wahrnehmung (Vision) von strategisch bedeutsamen Entscheidungen. Zugleich erhöht sie den benötigten Informationsstand und
führt so zu einer besseren Entscheidungsfindung zur Steuerung des Unternehmens in die Zukunft. Die verschiedenen Aufgaben des strategischen
Controlling sind in Abb. 9 fixiert.

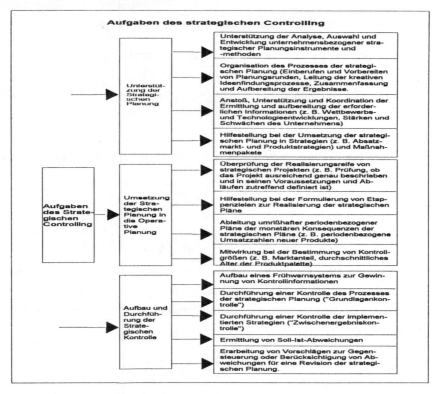

Abb.9:   Aufgaben des strategischen Controlling

Quelle: Horváth 1991, S. 150

1.4   Operatives Controlling

Operatives Controlling, als informationsverarbeitender Prozeß mit den Funktionen Planung, Information, Analyse und Kontrolle, bietet in einer ganzheitlichen Betrachtung und Vernetzung seiner Funktionen - abhängig vom Entscheidungsvermögen des operativen Managements - über eine systematische Erfassung, Projektion und Überwachung des Unternehmensgeschehens - das Instrument zur Steuerung bzw. Sicherung des geschäftlichen Ablaufs in kurz- und mittelfristigen Zeithorizonten.

In diesem Zusammenhang spricht man auch von der unmittelbaren Geschäftssteuerung, das in einer gegenwartsnahen Kalenderzeiteinheit bestehende Erfolgspotential so gut wie möglich auszuschöpfen, ohne damit künftige Erfolgspotentiale zu schädigen oder gar zu gefährden.

Hierbei dienen dem Controller die operativen Werkzeuge - Erfolgsrechnung, Erfolgsanalyse und Erfolgsplanung - zur aktiven Gewinnsteuerung, Ermittlung und Beseitigung von operativen Erfolgsengpässen im Beschaffungs-, Fertigungs-, Absatz- und Verwaltungsbereich. Das operative Controlling liefert damit Steuerungsinstrumente, die

"• die zunehmende betriebswirtschaftliche Komplexität von Unternehmen transparent machen,
• rechtzeitig Signale setzen, um Gegensteuerungsmaßnahmen einleiten zu können,
• garantieren, daß Unternehmen aus ganzheitlicher Sicht geführt werden,
• dafür sorgen, daß das betriebswirtschaftliche Gleichgewicht aus Umsatz - Kosten - Gewinn - Finanzen vor dem Hintergrund der strategischen Zukunftssicherung aufrechterhalten wird,
• zukunftsorientiert helfen, die Engpaßprobleme von Unternehmen zu lösen."[16]

Operatives Controlling steuert kurz- und mittelfristig mit einem Planungshorizont von ein bis drei (maximal fünf) Jahren Erfolg, Liquidität und Wirtschaftlichkeit, und der Aufbau des operativen Bereiches steht zeitlich vor der Errichtung des strategischen Controlling. Durch den kurz- bis mittelfristigen Zeithorizont macht das operative Controlling die Unternehmens-

---

16   vgl. Schröder 1989, S. 85

entwicklung berechenbar und führt bezüglich des übergeordneten Unternehmenszieles zu einer Einschränkung der Handlungsalternativen der Entscheidungsträger. Dem Controller werden innerhalb dieser Controlling-Ebene die Ziele und Pläne vorgegeben, aus denen er dann die Jahresbudgets für die jeweiligen Organisationseinheiten zu erarbeiten hat[17].

Das operative Controlling ist darüber hinaus dadurch gekennzeichnet, daß es sich mit Entwicklungen beschäftigt, die sich durch Aufwand und Ertrag ausdrücken lassen. Dabei beeinflussen die aus dem operativen Controlling gewonnenen Erkenntnisse die strategischen Prozesse maßgeblich mit. Durch das operative Controlling wird gewährleistet, daß die steigende Komplexität von Unternehmungen aufgezeigt wird, frühzeitig Anzeichen für Gegensteuerungsmaßnahmen gesetzt werden und zukunftsorientiert geholfen wird, so daß Engpaßprobleme von Unternehmungen minimiert werden.

Die Durchführung des operativen Controlling geschieht in fünf Stufen, nämlich dem Planungsprozeß, der auf der Zielsetzung beruht, der Aufstellung der Budgets, deren permanente Kontrolle, einer Abweichungsanalyse und dem Einsatz von Gegensteuerungsmaßnahmen[18].

Die Budgetierung dient als ein wesentliches Instrument des operativen Controlling. Die Budgetierung bedeutet den Aufbau eines monetären Plans, der für jede Organisationseinheit für die jeweilige Planperiode Werte enthält, an die der jeweilige Verantwortungsträger innerhalb enger Grenzen gebunden ist[19]. Das Ziel der Budgetierung ist die zielgerichtete Abstimmung und Ausrichtung aller Maßnahmen in der Unternehmung. Dabei erfüllt die Budgetierung die Prognose-, Kontroll-, Koordinations- und Integrationsfunktion[20]. Bei den Budgetierungsmethoden handelt es sich vor allem um das Verarbeiten der Kostenermittlung sowie Verfahren zur Kostensenkung und zur Gewinnermittlung[21]. Für die kurzfristige Planung stellt die Budgetierung ein Koordinations- und Integrationsinstrument dar, mit dem die Rahmenplanung in konkrete, operationale Teilpläne umgesetzt wird.

---

17   vgl. Berschin 1989, S. 291
18   vgl. Hopfenbeck 1989, S. 753
19   vgl. Weber 1991, S. 65
20   vgl. Welge 1985, S. 194
21   vgl. Berschin 1989, S. 317

Wichtige Entscheidungsinstrumentarien für sichere Erwartungen stellen im Rahmen des operativen Controlling die Kostenvergleichsrechnungen, Deckungsbeitragsrechnungen, Investitionsrechnung und Scoring-Modelle dar.

Das besondere Merkmal der Kostenvergleichsrechnungen ist das ausschließliche Arbeiten mit Kostengrößen, die z. B. als Grundlage des Vergleichs in fixe und variable Bestandteile aufgespalten werden. Die Grenzen der Kostenvergleichsrechnungen sind aber dort gesetzt, wo Kosten als alleinige Entscheidungskriterien nicht mehr ausreichen und darüber hinaus Erlöse zur Entscheidungsfindung herangezogen werden müssen.

Im Rahmen der Deckungsbeitragsrechnungen besteht die Grundlage für betriebliche Entscheidungen aus Kosten und Erlösen. Diese Rechnungen können auf Grenzkostenbasis, bei der die Kostenzuordnung nach dem Verursacherprinzip erfolgt, und auf Einzelkostenbasis, bei der die Kosten mit Hilfe von Bezugsgrößen zugeordnet werden, durchgeführt werden.

Die Investitionsrechnungen sind Rechenverfahren, die die absolute und relative Vorteilhaftigkeit hinsichtlich der Wirtschaftlichkeit eines Investitionsvorhabens oder mehrerer Investitionsalternativen beurteilen. Sie haben also die Aufgabe, die Planung, Steuerung und Kontrolle von Investitionen mit den notwendigen Informationen zu unterstützen[22]. In der Praxis bedient man sich im Rahmen der Investitionsrechnungen dynamischer und statischer Verfahren. Scoring-Modelle sind Instrumentarien zur mehrdimensionalen Beurteilung von verschiedenen Handlungsvorschlägen und ergänzen Kostenvergleichs-, Deckungsbeitrags- und Investitionsrechnungen, wenn sich die monetären Konsequenzen von Handlungsalternativen nicht genau feststellen lassen. Für die Minimierung der Unsicherheiten in der Planung eignen sich die Nutzschwellenanalysen, die kritische Werte für die betroffenen Zielgrößen innerhalb eines Entscheidungsproblems bestimmen.

Zur laufenden Überwachung der Unternehmensinnen- und -umwelt benutzt man überwiegend ABC-Analysen, Kennzahlen und Kennzahlensysteme. Sie dienen vorwiegend der Aufdeckung eines Handlungsbedarfs und der Festlegung von Anregungsinformationen. Durch die Anwendung von ABC-Analysen lassen sich Konzentrationsschwerpunkte von Daten erkennen, die

---

22   vgl. Horváth 1991, S. 84

dann die Einleitung zielorientierter und wirtschaftlicher Korrektur- und Gegensteuerungsmaßnahmen ermöglichen[23]. Die verschiedenen Funktionen von Kennzahlen tragen zur Generierung von Einzelinformationen bei, so daß komplexe Sachverhalte und Zusammenhänge mit einer Meßgröße verdeutlicht werden. Kennzahlensysteme bestehen aus voneinander abhängigen und/oder sich ergänzenden Kennzahlen, d. h. die Kennzahlen werden komprimiert. Eine ausgebaute Kosten- und Leistungsrechnung charakterisiert eine bedeutende Grundlage für das operative Controlling, da es hauptsächlich auf ihr aufbaut.

Die operative Planung ist durch langfristige Planungen und Entscheidungen bestimmt und in ihren Aktivitäten eingeschränkt, so daß die Flexibilität der operativen Planung oftmals kaum noch gegeben ist.[24] In diesem Zusammenhang besteht zudem das Problem, daß die Interdependenzen der Teilpläne nicht mehr zulassen, daß die Teilbereiche der Unternehmung unabhängig voneinander planen bzw. ihre Pläne den geänderten Bedingungen anpassen können. Dieses Problem läßt sich dadurch dokumentieren, daß ein integriertes Planungssystem nur dann existiert, wenn die zeitliche Koordination, d. h. die Konformität der lang- und kurzfristigen Planungen, die horizontale Koordination, d. h. die Verbindung zwischen Planerfolgsbilanz, Finanzplan und Planbilanz, die vertikale Koordination, d. h. die Integration aller Pläne in den Gesamtplan der Unternehmung, und das Vorhandensein einer Kontrollrechnung erfüllt werden.[25] Im Rahmen der operativen Planung treten u. a. folgende praktische Probleme auf:[26]

- Die Vernachlässigung der Planung aufgrund des Vorranges der Tagesroutine,
- Aversionen gegenüber der Planung, da die Mitarbeiter die Einschränkung ihres Freiheitsspielraumes befürchten, und
- die Planung ist nicht effizient, wenn die Verantwortlichen nicht die richtige Einstellung gegenüber der Planung besitzen.

---

23 vgl. Bramsemann 1990, S. 321
24 vgl. Peemöller 1990, S. 137
25 vgl. Egger 1991, S. 51
26 vgl. Schröder 1989, S. 105 f.

1.5   Aufgabenverteilung strategisches und operatives Controlling

Die jeweiligen strategischen und operativen Aufgaben kann das gesamte Controlling-System nur unter der Bedingung realisieren, daß die Funktionen Planung, Information, Analyse/Kontrolle und Steuerung gleichzeitig und zusammenhängend berücksichtigt werden. Sowohl auf der strategischen als auch auf der operativen Ebene umfaßt das Aufgabengebiet vorrangig den Aufbau und die Durchführung der strategischen und operativen Planung und deren Kontrolle, aus der dann hilfreiche Informationen für die Unternehmung gewonnen werden. Die wesentlichen Unterschiede der zu bewältigenden Aufgabenfelder liegen in der Zielausrichtung, in dem zur Verfügung stehenden Zeitraum und in der Tatsache, daß sich das strategische Controlling im Gegensatz zu dem operativen Controlling verstärkt an der Unternehmensumwelt orientiert. Das operative Controlling versucht den Erfolgsengpaß durch die Soll-Ist-Abweichung herauszufinden. Die Gewinnsteuerungsmaßnahmen beruhen überwiegend auf Erkenntnissen vergangener Perioden, d. h. sie stellen eine Feedback-Ausrichtung dar.[27]

Das operative Controlling beschäftigt sich mit der Planung und Analyse der internen Vorgänge der Unternehmung. Ferner werden durch die in der Vergangenheit beschlossenen langfristigen Entscheidungen die Möglichkeiten von operativen Aktivitäten und Zielsetzungen eingeschränkt. Man kann aber mit großer Gewißheit mit dem Eintreten der prognostizierten Ergebnisse rechnen. Das strategische Controlling dagegen diagnostiziert die absehbare Wirkung verschiedener Strategien auf einen vorhergesagten Zustand, bei dem es sich in der Regel um die langfristige Planungsextrapolation handelt, d. h. es wird eine Feedforward-Analyse vorgenommen. Im strategischen Bereich ist das Eintreten der geplanten Ergebnisse aufgrund der sich schnell ändernden Rahmenbedingungen unsicher.

Der grundlegende Unterschied der Controlling-Instrumentarien besteht in ihrem temporären Wirkungsbereich. Strategische Instrumentarien kommen erst jenseits des Zeithorizonts zum Ausdruck, operative Instrumentarien dagegen greifen nur bis zu diesem Zeithorizont.

---

27   vgl. Liesemann 1987, S. 92

Für die Erschließung von Informationsquellen für die Früherkennung von in der Zukunft liegenden Wachstumsengpässen stehen dem strategischen Controlling geeignete Instrumentarien zur Verfügung, durch die es bei dem Auffinden und der Beseitigung von Wachstumsengpässen unterstützt wird und somit die Überlebenschancen der Unternehmung im Wettbewerb steigen.[28]

Operative Controlling-Instrumentarien dienen der Erforschung und der Beseitigung von Erfolgsengpässen, der Gewinnoptimierung, der Umwandlung der strategischen Planung in die operative Planung und dem Soll-Ist-Vergleich, d. h. insgesamt der aktiven Gewinnsteuerung.

Ferner sind im Rahmen des gesamten Controlling Instrumentarien vorhanden, die sowohl im strategischen als auch im operativen Bereich Anwendung finden. Hier sind besonders die Frühwarn- bzw. Früherkennungssysteme und die Budgetierung hervorzuheben, die sich bezüglich ihrer Ansatzpunkte und der temporären Durchführung voneinander unterscheiden. Die Probleme im Rahmen des strategischen Controlling treten aufgrund des großen Umfangs und der großen Komplexität des zu beobachtenden Unternehmensumfeldes auf. Dagegen drücken sich die Probleme des operativen Controlling vorwiegend in der Aufgabe aus, die unternehmerischen Teilpläne sachlich und zeitlich zu koordinieren, was durch die vielfältigen Meßgrößen und Bezugszeiträume erschwert wird.

Abb. 10 verdeutlicht noch einmal die unterschiedlichen Merkmale zwischen strategischem und operativem Controlling.

---

28   vgl. Mayer 1991, S. 37 ff.

Merkmale	Controlling-Ebene	
	Strategisches Controlling	Operatives Controlling
Zielgrößen	Existenzsicherung, Erfolgspotentiale	Wirtschaftlichkeit, Rentabilität, Gewinn
Dimensionen	Chancen/Risiken Stärken/Schwächen	Aufwand/Ertrag Kosten/Leistungen
Zeitlicher Horizont	langfristig	kurz- und mittelfristig
Orientierung	Umwelt und Unternehmung	Unternehmung: Wirtschaftlichkeit betrieblicher Prozesse
Bezugsrahmen	Meist ein Aspekt	Gesamte Organisation
Zentrale Meßgröße	Erfolgspotentiale	Gewinn, Liquidität
Komplexität	Viele Variablen	Geringe Komplexität
Problemart	Meist unstrukturiert	relativ gut strukturiert und oft repetitiv
Detaillierungsgrad	Global und weniger detailliert	Relativ groß
Planungsstufe	Strategische Planung	Operative Planung
Unsicherheit	sehr groß	relativ klein
Planungs- und Kontrollgrad	überwiegend Planung	gleichermaßen Planung und Kontrolle
Kontrollierbarkeit	gering	hoch
Alternativen	Großes Spektrum an Alternativen	Spektrum eingeschränkt
Meßtechnik	qualitativ wertend	quantitativ messend
Informationstyp	mehr extern und nicht so genauer Wert	mehr interner und exakter Wert

Fortsetzung nächste Seite

Berücksichtigte und/oder ausgewertete Informationen	Sehr heterogen, bezogen auf die Art und das Skalierungsniveau	Primär Kosten und Erlöse, daneben Leistungsgrößen
Schwierigkeitsstufe	Extrem schwierig	Weniger schwierig
Zwang für Entscheidungen	Kein Zwang	Zwang vorhanden
Führungsstil	teamorientiert; Entwicklung von Zielen als Gemeinschaftsaufgabe; Identifikation mit den selbst erarbeiteten Zielen	hierarchisch; Anordnung und Ausführung arbeitsteilig
Denkhaltung	ganzheitlich, vernetzt, interdependent	logisch, kausal, exakt, genau
Resultat	Strategien	Maßnahmen innerhalb der Strategien
Involvierte Personen	Stäbe und Top-Management	Linieneinheiten und Top-Management
Freiheitsgrad	Bewußte Veränderbarkeit aller Planungs- und Kontrollparameter	Weitgehende Konstanz der grundsätzlichen Ziele und Handlungsmöglichkeiten
Autonomiegrad der Controller	Notwendigkeit einer engen Zusammenarbeit mit anderen Stellen	Nebeneinander autonomer Aufgabenfelder und kooperative Zusammenarbeit

Abb. 10 Gegenüberstellung der Merkmale

Quelle: In Anlehnung an Klenger 1991

2. Grundlagen Beschaffung

2.1 Reichweite der Beschaffung

Die Beschaffung wurde lange als eine aus dem Produktionsbereich abgeleitete Funktion gesehen, die der Versorgung des Produktionsprozesses gewidmet war und damit hauptsächlich die Vorgaben anderer Funktionsbereiche zu erfüllen hatte. Die Ölkrisen in den 70er Jahren verursachten eine Bewußtseinsänderung, die zur "Wiederentdeckung des Beschaffungsbereichs" führte. Die Zunahme des Beschaffungsaufwandes stellte die betroffenen Unternehmen vor existentielle Probleme und rückte das Interesse einer wirtschaftlicheren und versorgungssicheren Beschaffung in den Vordergrund. In den folgenden Jahren war ein starker Wandel des Aufgabenfeldes, des Verantwortungs- und Zuständigkeitsbereichs zu verzeichnen. "Kaum eine Funktion innerhalb der Unternehmen war in den vergangenen Jahren so starken Veränderungen unterworfen, hat eine so weitgreifende Entwicklung durchgemacht und so viele Impulse und Denkanstöße empfangen und ausgesandt ..."[1]. Immer stärker wird erkannt, welche Potentiale durch eine aktive Beschaffungswirtschaft für die Steigerung der Gesamtleistung aktiviert werden können. Diesen Zusammenhang dokumentiert vor allem auch der Kostenanteil für fremdbezogenes Material. Mit einem direkt zu vertretenden Kostenblock von ca. 50% bis 75% in der verarbeitenden Industrie können geringe Kostensenkungen schon mittelbar - durch höhere Deckungsbeiträge - den Unternehmenserfolg verbessern oder unmittelbar über größere Preisspielräume auf der Absatzseite die Marktposition des Unternehmens stärken. Die Bedeutung der Beschaffung wird noch weiter zunehmen. Die zunehmende Spezialisierung auf die Kernbereiche wird die eigene Wertschöpfung der Unternehmen tendenziell reduzieren und somit denn Anteil an zugekauften Erzeugnissen erhöhen. Damit werden immer mehr Kostensenkungs- und Leistungsverbesserungspotentiale in den Beschaffungsbereich verlagert, der in einem erheblichen Wandlungsprozeß begriffen ist[2]:

- Die Beschaffung muß auf die zunehmend steigende Wettbewerbsintensität auf den Absatzmärkten reagieren.

---

1   vgl. Busch 1988, S. 11
2   vgl. Arnold 1989, S. 47 ff.

• Der Grad der Automatisierung wird weiterhin zunehmen, um den kostspieligen Produktionsfaktor Arbeit zu ersetzen.

• Verkürzte Produktlebenszyklen verlangen eine immer schnellere Abfolge von Produktinnovationen.

Die strategische Bedeutung der Beschaffung ist jedoch nicht nur das Resultat veränderter Bedingungen auf den Absatzmärkten. Auch die Beschaffungsmärkte selbst unterliegen natürlich Veränderungen, die wiederum die Ausgangssituation des Einkaufs ganz wesentlich beeinflussen. Zu beobachten ist einmal auch hier eine zunehmende Internationalisierung der Märkte.[3] Mit dem einsetzenden Deregulierungs- und Liberalisierungsprozeß hat sich die Lieferantenstruktur stark geändert und zunehmend globalisiert. Des weiteren unterliegt der Handlungsspielraum der Beschaffung bei manchen Objekten heute nicht unwesentlichen Einschränkungen, während es sich früher weitestgehend um Käufermärkte handelte, auf denen der von den internen Bedarfsstellen fest vorgegebene Bedarf ohne größere Schwierigkeiten gedeckt werden konnte. Ursache hierfür ist zum einen die fortschreitende internationale Arbeitsteilung, als deren Folge erhöhte Beschaffungsrisiken für die Unternehmen auftreten können. Zum anderen spielen bestimmte Absatzstrategien der Lieferanten eine dominierende Rolle. Diesbezüglich sind vor allem Marktnischenstrategien und die Konzentration auf spezielle, häufig auch spezifische Produkte zu nennen, mit denen die Lieferanten versuchen, einem allzu harten Konkurrenzdruck zu entgehen.[4]

Damit dürfte deutlich geworden sein, daß die Beschaffung enorme **strategische Bedeutung** besitzt, die in der Zukunft wohl noch weiter zunehmen wird. Eine Betrachtung der Beschaffung als dispositive Funktion mit integrierter Bestellschreibung ist in Anbetracht obiger Entwicklungen sicherlich nicht mehr zeitgemäß.

Analysiert man zunächst die Beschaffungsliteratur hinsichtlich der dort genannten Instrumente bzw. Maßnahmen, mit denen der Beschaffer dem Anbieter gegenübertreten kann, so stellt man fest, daß die Instrumentenkataloge meist nur Forderungen des Beschaffers an den Lieferanten beinhalten. Hierin zeigt sich der entscheidende Unterschied des beschaffungspoliti-

---

3   vgl. Piontek 1993e, Piontek 1994b
4   vgl. Köhler 1991a, S. 18 f.

schen gegenüber dem absatzpolitischen Marketinginstrumentarium, daß im **Beschaffungsmarketing** spezielle Wünsche des Beschaffers an den Marktpartner existieren (der Bedarf), die als entsprechend konkrete Forderungen gestellt werden. Geht man davon aus, daß ein Austausch nur dann zustande kommt, wenn er für beide Parteien von Nutzen ist, so ist zu fragen, was denn den Lieferanten dazu bringt, auf die Forderungen des Beschaffers einzugehen. Den alleinigen Nutzen für den Marktpartner im monetären Gegenwert, dem Preis für das Beschaffungsobjekt zu sehen, erscheint zu wenig, da dem Beschaffer eine Vielzahl anderer Maßnahmen zur Verfügung stehen, die für den Lieferanten Vorteile bedeuten können. In der Literatur wird in diesem Zusammenhang auf Maßnahmen der Lieferantenpflege bzw. Lieferantenförderung hingewiesen.[5]

Weit über die bisherigen Instrumentenkataloge der Beschaffung hinausgehend, entwickelte Biergans ein System forderungspolitischer und anreizpolitischer Beschaffungsinstrumente.[6] Die Trennung beschaffungspolitischer Maßnahmen in Forderungen und Anreize bedingt jedoch, daß die Zuordnung einer *konkreten* Maßnahme zu einem dieser Bereiche nur tendenzieller Art ist, da nur im speziellen Fall entschieden werden kann, ob eine Maßnahme eine Forderung an oder einen Anreiz für den Lieferanten darstellt (vgl. Abb. 12).

Im folgenden sollen unter Beschaffungsmarketing alle Aktivitäten von beschaffenden Organisationen verstanden werden[7]:

- die auf eine Integration der Zielvorstellungen des beschaffenden Unternehmens mit den Nutzenerwartungen der Lieferanten abzielen,

- die die Motivation und Entwicklung potentieller und aktueller Lieferanten zum Gegenstand haben (Kommunikation, Kooperation),

- die systematisch weltweit Beschaffungsmärkte in bezug auf ihr Erfolgspotential analysieren (Marktforschung, Markt- und Lieferantenwahl),

- und die dabei aufgrund ihrer Einbettung in die strategische Unternehmensführung in allen Phasen die Bedürfnisse und Anforderungen der Absatzmärkte und deren Umfeld berücksichtigen (Absatzorientierung).

---

5   vgl. Stangl 1988, S. 70 f.
6   vgl. Biergans 1992
7   vgl. Menze 1993, S. 34

Abb. 11 zeigt die Unterschiede zwischen dem traditionellen und dem marketingorientierten Beschaffungsverhalten.

Traditionelles Beschaffungsverhalten	Marketingorientiertes Beschaffungsverhalten
Autokratische, abweisende Partner	Miteinander agierende Partner
Kurzfristig orientiert	Langfristig orientiert
Viele Bezugsquellen	Wenige Lieferanten
Primär preisorientierte Einkaufsentscheidung	Lieferantenauswahl unter Berücksichtigung langfristiger Gesamtkosten
Standard-Qualitätsvorschriften, fest vorgeschriebene Spezifikationen	Gemeinsam entwickelte Leistungskriterien
Im Vordergrund steht das fertige Produkt bzw. die abgeschlossene Dienstleistung	Im Vordergrund stehen Design, Materialeigenschaften, verfahrenstechnische Kapazitäten usw.
Große Lose mit häufig verspäteter Lieferung	Häufigere, stets pünktliche Lieferung kleinerer Mengen
Kaum Vorausplanung	Genauere Vorausplanung

Abb. 11 Unterschiede zwischen traditionellen und marketingorientierten Beschaffungsverhalten

Quelle: o. V., IfM-News Nr. 4 1990, S. 27.

Das Beschaffungsmarketing wird also bewußt abgegrenzt von administrativen Tätigkeiten der Beschaffung. Das Beschaffungsmarketing findet seine Anwendungsbereiche vor allem in strategischen Aufgabenstellungen. Es wird damit aktuellen Tendenzen in Unternehmen Rechnung getragen, die strategischen Bereiche der Beschaffung vom abwicklungsorientierten Tagesgeschäft zu differenzieren. Daneben wird der Idee des **Reverse Marketing** Rechnung getragen, das eine veränderte Denkhaltung des strategischen Beschaffungsmanagements ausdrückt und im wesentlichen dadurch gekennzeichnet ist, daß nicht der Lieferant bzw. dessen Marketing-Organe, sondern der Beschaffer initiativ wird.[8]

---

8   vgl. Leeders/Blenkhorn 1989

	Ergebnisziele	Verhaltensziele
"Technisch zusammen-arbeiten"	- Anzahl der Produkt-innovationen - Anzahl der Qualitäts-verbesserungen durch innovative Verfahrens-techniken bei Lieferanten - Anzahl neuer Werkstoffe von Lieferanten	- Einbindung der Lieferanten in eigene FuE - Intensität der Kooperation mit Lieferanten - Systematik bei der Erfor-schung neuer Technologien auf Beschaffungsmärkten - Zusammenarbeit von Beschaffung und FuE - Förderung von Standardi-sierungsbemühungen
"Markt-potential ausschöpfen"	- Festlegung des Kosten-senkungspotentials - Anzahl verfügbarer Lieferanten - Bestellquote/Anzahl Rahmenverträge - Anzahl der Anfragen	- Häufigkeit von Wertanaly-sen mit Lieferanten - Stimulierung des Anbieter-wettbewerbes - Realisierung von Multiple Sourcing - Möglichkeiten der einsatz-synchronen Anlieferung - Art der Bearbeitung der Beschaffungsmärkte - Ausnutzung von Global Sourcing
"Verfügbarkeit gewährleisten"	- Anzahl der Versorgungs-störungen - Höhe der Fehlmengenkosten - Häufigkeit des Lieferan-tenwechsels - Reichweite der Bestände	- Pflege langfristiger Liefer-beziehungen - Möglichkeiten der Bedarfs-bündelung - Art der Lieferantenpflege - Förderung der Standardi-sierungsbemühungen
"Effizient abwickeln"	- Anzahl der Lieferanten für automatisierte Bestell-abwicklung - Höhe der Bestellabwick-lungskosten - Grad der Lieferfähigkeit	- Einsatz von EDV - Anwendung neuer Logi-stikkonzepte (ship to stock, line to line) - Nutzung zentraler Ein-kaufsvereinbarungen

Abb. 12: Beispiele für Zielvereinbarungen als Grundlage eines Anreizsystems für die Beschaffung

Quelle: Gruschwitz 1992, S. 17

2.2   Ziele der Beschaffung

Ziele werden i. d. R. interpretiert als angestrebte zukünftige Zustände. Ihre Präzisierung hat grundsätzlich nach drei Richtungen oder 'Dimensionen' zu erfolgen, und zwar hinsichtlich des Inhaltes, des angestrebten Ausmaßes und des zeitlichen Bezugs der einzelnen Ziele. Wie die Ziele aller anderen Funktionsbereiche einer Unternehmung, sind die Ziele der Beschaffung aus den genannten Unternehmenszielen abzuleiten.[9] Für den Einkauf lassen sich zwei Oberziele ableiten:

- Als Sachziel die langfristige Versorgungssicherung der Unternehmung zur Erstellung von Gütern;
- Als Formalziel die Optimierung der mit der Materialbereitstellung verbundenen Kosten und Leistungen, wodurch eine Erhöhung der Wirtschaftlichkeit erzielt werden soll.

Das Sachziel beinhaltet im wesentlichen die Zuführung der zur Produktion notwendigen Inputfaktoren und die Sicherung des Qualitätsniveaus. Dagegen ist das Formalziel umfangreicher zu definieren und in weitere Teilziele aufzuspalten. Die Komponenten des Formalziels sind in der Erschließung von Leistungsverbesserungs- und Kostensenkungspotentialen durch Optimierung der Beschaffungskosten, der Lieferbereitschaft und der beschaffungsseitigen Liquiditätswirkungen sowie der Autonomiesicherung und der Sicherung der Beschaffungsmarktposition zu sehen.[10] Bei der Realisation dieses Zielbündels können leicht Konflikte zwischen den Teilzielen entstehen. Solch ein Konflikt macht sich besonders bei den beiden Teilzielen "Sicherung der qualitativen Materialversorgung" und "Optimierung der Beschaffungskosten" bemerkbar.

Erst aus den Zielsetzungen der Unternehmung ergeben sich Gewicht und Stellenwert der einzelnen Teilziele. Legt ein Unternehmen beispielsweise sehr viel Wert auf ein hohes Qualitätsniveau der Endprodukte, so wird man auch im Rahmen der Beschaffungspolitik bestrebt sein müssen, Lieferanten mit besonderen Leistungen im qualitativen Bereich zu finden und kann somit das Teilziel "Kostenminimierung" nicht optimal verfolgen.

---

9   vgl. Hammann/Lohrberg 1986, S. 46
10 vgl. Grochla u.a. 1983, S. 38

Die genannten Zielvorstellungen werden in der Regel als zu global angesehen, um praktikabel zu sein. Um konkrete Aktivitäten ableiten zu können,
sollen die globalen Beschaffungsziele daher präzisiert und in differenzierte
Teilziele aufgegliedert werden. Eindeutige angebbare Vorstellungen von
Preisen, Lieferzeiten oder Serviceleistungen wären Beispiele für angestrebte
Beschaffungsziele. Häufig wird auch das Streben nach guten Beziehungen
zu den Lieferanten angesprochen. In den meisten Veröffentlichungen werden detaillierte Zielkataloge aufgestellt, die den jeweils spezifischen
Bedürfnissen der Unternehmung entsprechen.[11] Friedl (1990) unterteilt die
Beschaffungsziele nach ihrer Fristigkeit in strategische und taktisch-
operative Ziele.

Beschaffungsziele	
strategische Beschaffungsziele	taktisch-operative Beschaffungsziele
• Sicherstellung der Materialversorgung ⇒ Wahrung der Flexibilität ⇒ Risikostreuung ⇒ Steigerung der vertikalen Integration ⇒ Wahrung der Unabhängigkeit ⇒ Sicherung der langfristigen Wachstumsrate ⇒ beschaffungsseitige Diversifikation • Sicherstellung der Qualität ⇒ Sicherung des Qualitätsstandards des Materials ⇒ Sicherung des Technologiestandards des Materials • Sicherung der Beschaffungsmarktposition ⇒ Sicherung der Nachfragemacht ⇒ Wahrung des Ansehens der Unternehmung • Sicherung der Preisstabilität • Sicherung der Personalqualität	• Optimierung der Beschaffungs-kosten ⇒ Optimierung der Einkaufspreise ⇒ Optimierung der Bezugs-, Bereitstellungs- und Beschaf-fungsverwaltungskosten • Sicherung der Materialqualität • Sicherung der Liquidität • Sicherung der Lieferbereitschaft

Abb. 13 Überblick über strategische und taktisch-operative Beschaffungsziele

Quelle: Friedl (1990), S. 103

---

11   vgl. hierzu insbesondere Lindner 1983, S. 17 f.

Stangl[12] hat vier Beschaffungsziele unterschieden, denen auf einer zweiten Subzielebene verschiedene Beschaffungsstrategien zugeordnet werden: Das Ziel 'Senkung der Beschaffungskosten' kann sich sowohl auf eine Senkung der Objekteinstandspreise als auch auf eine Senkung der Funktionskosten der Beschaffung beziehen. Dazu im Gegensatz steht in der Regel das Ziel 'Steigerung der Beschaffungsqualität', das auf eine Erhöhung des Kongruenzgrades zwischen Bedarf und Lieferantenleistungen abzielt. Hier sollten die Abweichungen der Lieferantenleistungen vom Bedarf möglichst gering gehalten werden.

Das Ziel 'Steigerung der Beschaffungssicherheit' impliziert, daß man diejenige Handlungsalternative wählt, bei der die (objektive oder subjektive) Wahrscheinlichkeit von unerwünschten Abweichungen möglichst gering ist. Dieses Ziel ist also auf Störungsvermeidung gerichtet.

Auf eine mögliche Störungsbewältigung hingegen bezieht sich das Ziel 'Steigerung der Beschaffungsflexibilität'. Hiernach wählt man diejenige Handlungsalternative aus, die nach Eintritt einer exogenen oder endogenen Veränderung möglichst viele Handlungsmöglichkeiten offen läßt.

Bei der Planung der Beschaffungsziele und -strategien ist zunächst das im Hinblick auf die Erreichung der Unternehmensziele dominante Beschaffungsziel festzulegen, dem dann Nebenziele unter Berücksichtigung dem Kompatibilität zugeordnet werden. Anschließend ist die Kompatibilität der Beschaffungsziele mit anderen Funktionszielen zu überprüfen. Ähnlich kann man bei der Strategieplanung vorgehen, indem eine dem Beschaffungsziel entsprechende Hauptstrategie festgelegt wird, der dann kompatible Nebenstrategien zugeordnet werden können."[13]

---

12   vgl. Stangl 1988, S. 63
13   vgl. Stangl 1988, S. 64

2.3   Objektumfang der Beschaffung

Als Vertreter einer relativ weit gefaßten Betrachtungsweise können Grochla[14] und Arnold[15] genannt werden. In Anlehnung an die Theorie von Vorreiter Sandig, der unter "Kräften und Stoffen"[16], die zur Leistungserstellung benötigten Arbeitskräfte, Waren, Rohstoffe, Hilfsstoffe, Maschinen, Anlagen und Kapital zusammenfaßt, erweitert Grochla den Objektumfang um das Element der Informationen und Arnold um Information, Rechtstitel und Energie. Die Zugehörigkeit dieser Inputfaktoren zur Beschaffungsfunktion hat sich in der Praxis jedoch nicht durchgesetzt. Die Finanzabteilung ist für die Kapitalbeschaffung und die Personalabteilung für die Personalbeschaffung zuständig, die Beschaffung der übrigen Produktionsfaktoren ist je nach Organisationsform der Unternehmung gestaltet.

Zu einer engeren Sichtweise gelangt hingegen Sundhoff[17], der die Bereitstellung auf das benötigte Material (Roh-, Hilfs- und Betriebsstoffe) sowie die damit verbundenen Dienstleistungen limitiert. Vor allem in Praktikerbeiträgen wird bei einer Auseinandersetzung mit der Beschaffung die Kapital- und Arbeitsleistungsbeschaffung ausgegrenzt.[18] Dieser Vorgehensweise soll hier gefolgt werden. Die Beschaffung von Informationen ist jedoch, besonders bei der internationalen Beschaffung, ein maßgeblicher Erfolgsfaktor und somit in die weiteren Überlegungen mit einzubeziehen. Die Eingrenzung des Objektumfangs zeigt Abb. 14.

---

14   vgl. Grochla 1978, S. 181 f.
15   vgl. Arnold 1982, S. 8 ff.
16   vgl. Sandig 1971, S. 83
17   vgl. Sundhoff 1958, S. 22
18   vgl. Hammann/Lohrberg 1986, S. 7

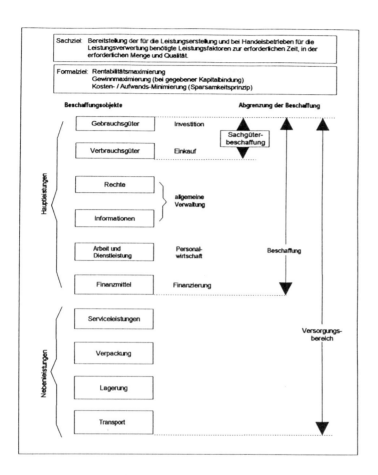

Abb. 14 Ziele und Objekte der Beschaffung

Quelle: Selchert 1991, S. 142

In enger Beziehung zu dem hier gewählten Begriff der Beschaffung steht der Begriff der Materialwirtschaft. Die Materialwirtschaft umfaßt alle Vorgänge in der Unternehmung, die einer Bereitstellung des Materials am Einsatzort zum Zwecke der Leistungserstellung dienen. Entsprechend umfaßt sie neben den genannten Aufgaben der Beschaffung auch die Qualitätsprüfung, die Materiallagerung im Fertigungsbereich und den innerbetrieblichen Transport. Weiterhin wird ihr auch häufig die Abfallverwertung und Entsorgung zugeordnet.

Auch hinsichtlich organisatorischer Lösungen ist eine gebündelte Beschaffung aller Inputfaktoren durch einen einzigen Bereich in der Praxis selten vorzufinden. Üblicherweise bleibt die Beschaffung i. d. R. von Personal oder Finanzmitteln anderen Abteilungen wie der Personalabteilung bzw. dem Finanzbereich überlassen. Demzufolge wird der Objektumfang der Beschaffung im weiteren Verlauf dieses Buches auf folgende Objekte eingeschränkt:

*   Materialien
    ⇒ Roh-, Werk-, Hilfs- und Betriebsstoffe
    ⇒ Teile und Baugruppen (für Einbau bzw. Montage)
*   Handelsprodukte (diese gehen ohne Transformation direkt an den Absatzbereich)
*   Dienstleistungen (ohne Finanzdienstleistungen)
*   Investitionsgüter im engeren Sinne (z. B. Maschinen, Systeme, Anlagen, Werkzeuge).

2.4   Funktion der Beschaffung

Bezüglich des Funktionsumfanges ist ebenfalls eine Vielfalt von Interpretationen anzutreffen. In der weitesten Fassung umfaßt die Beschaffung die Verfügungsgewalt über die Objekte sowie sämtliche Aktivitäten des Transports, der Lagerung und der Entsorgung.[19] Eine enge Fassung des Beschaffungsbegriffes sieht hingegen - gemäß der Einteilung in die betrieblichen Grundfunktionen Beschaffung, Produktion und Absatz - lediglich die Erlangung der Verfügungsgewalt über die Beschaffungsobjekte vor.[20] Dabei werden häufig die mit dem physischen Materialfluß verbundenen Aufgaben der Funktion Logistik zugeordnet. Auch die Entsorgungsaktivitäten werden bei der engen Version ausgegrenzt. Der enge Objektumfang wird für diese Arbeit, erweitert um die Transportaktivitäten, zugrundegelegt, bezugnehmend auf die Bedeutung der Transportkostenanteile und der logistischen Problematik bei Auslandsbezügen generell.

Beschaffung beinhaltet also das Management der Transaktionsprozesse zwischen Lieferanten und Bedarfsträgern sowie der diese Transaktionsprozesse beeinflussenden Bestimmungsfaktoren des Beschaffungsmarktes

---

19   vgl. Meyer 1986, S. 18
20   vgl. Hammann/Lohrberg 1986, S. 7

einerseits als auch der Unternehmensbereiche andererseits. "Im Sinne der Terminologie einer integrierten Materialwirtschaft sind also unter der Beschaffung die einzelnen mit der Funktion Bereitstellung verbundenen Aufgaben der Disposition, Marktentnahme, Annahme und Kontrolle zu verstehen."[21] Die Hauptaufgabe der Beschaffung kann somit definiert werden als:

Die wirtschaftliche Bereitstellung der Beschaffungsobjekte in der *erforderlichen Qualität, zum günstigsten Preis*, in der *ausreichenden Menge*, im *richtigen Zeitpunkt*, am *nachgefragten Ort*. Die anfallenden Beschaffungskosten sind dabei zu minimieren.

Aus dieser Hauptaufgabe können u. a. die folgenden Detailaufgaben entwickelt werden:[22]

• Sicherung der Fertigungsstetigkeit, Abstimmung der Liefertermine
• Beratung über Markt- und Konjunkturlage, Information über neue Materialien
• Ergebnisermittlung und Berichterstattung, z. B. über Einkaufsabschlußergebnisse, über Preisentwicklung, über Versorgungslage, Erstellung der Einkaufsstatistik und Einkaufsregistratur
• Koordination von Entwicklung, Beschaffung und Produktion mit dem Ziel der Senkung der Beschaffungskosten und Lagerbestände
• Preisvergleich und Lieferantenauswahl, Einholung von Angeboten

• Bestellung
• Wareneingangsprüfung, Qualitätsprüfung und Frachtenkontrolle
• Rechnungsprüfung und Vorbereitung der Buchung
• Behandlung von Leergut, Verpackungsmaterial und der Restbestände
• Entsorgung von nicht mehr benötigten Materialien
• Recycling.

Als Phasen des Beschaffungsprozesses können genannt werden[23]:

1. Beschaffungsvorbereitung
   - Ermittlung des Beschaffungsbedarfs,
   - Spezifikation des Beschaffungsbedarfs;

---

21 vgl. Hildebrandt 1989, S. 21 f.
22 vgl. Bichler 1992, S. 17
23 vgl. Hammann/Lohrberg 1986, S. 7; Seggewiß 1985, S. 27

2. Beschaffungsanbahnung
   - Suche nach potentiellen Lieferanten,
   - Einholen von Angeboten,
   - Angebotsanalyse,
   - Lieferantenwahl;

3. Beschaffungsabschluß
   - Vertragsverhandlungen,
   - Vertragsabschluß;

4. Beschaffungsrealisation
   - Überwachung der zeitlichen Vertragserfüllungen,
   - Raumüberbrückung zwischen dem Lieferanten und der beschaffenden Unternehmung,
   - Warenannahme,
   - Eingangslagerung.

Abb. 15 gibt einen Überblick über die verschiedenen Abgrenzungsmöglichkeiten der Beschaffung, Logistik und Materialwirtschaft hinsichtlich ihrer Objekte und Funktion:

Begriffe / Merkmale	Beschaffung im engsten Sinne bzw. Eink.	Beschaffung im engeren Sinne	Beschaffung im weitesten Sinne, bzw. umfassende Beschaffungslehre	Material-wirtschaft	Logistik im engsten Sinne bzw. Transport	Logistik im weitesten Sinne
OBJEKTE						
Material	x	x	x	x	x	x
Anlagen		x	x			
Kapital			x			
Personal			x			
Informationen			x			
FUNKTIONEN						
Einkauf	x	x	x	x		x
Disposition		x	x	x		x
Vorratswirtschaft		x	x	x		x
Interner Transport		x	x	x	x	x
Entsorgung		x	x	x		x
Fertigungssteuerung						x
Verkehrswesen						x

Abb. 15 Abgrenzungsmöglichkeiten der Beschaffung

Quelle: Bichler 1992, S. 17

2.5   Kostenanteile der Beschaffung

Wegen steigender Materialkosten gewinnt der Bereich der Beschaffung immer mehr an Bedeutung. Daraus ergibt sich die Notwendigkeit, sich dem Einkaufsbereich in verstärktem Maße zuzuwenden.

Die zunehmende Komplexität und Dynamik der Beschaffungsmärkte, schlecht prognostizierbare Faktorpreisentwicklungen, zunehmende Internationalisierung und Verflechtung der Märkte durch die Schnelligkeit der technologischen Entwicklungen bestätigen diese Notwendigkeit. Allein der Anteil des Produktionsfaktors Material an der Gesamtleistung verschiedener Industriezweige macht deutlich, welche entscheidende Bedeutung der Funktion Beschaffung hinsichtlich der Beeinflussung der Unternehmenssituation zukommt.

Branche	Materialkosten in % der Gesamtleistung	Kosten für Löhne und Gehälter in % der Gesamtleistung
Verarbeitende Industrie insgesamt	59,3 %	18,5 %
Chemische Industrie	55,7 %	18,9 %
Mineralölverarbeitung	75,5 %	1,7 %
Gummiverarbeitung	54,0 %	26,6 %
Metallerzeugung und -bearbeitung	74,5 %	11,0 %
Maschinenbau	49,0 %	29,0 %
Fahrzeugbau	57,7 %	22,3 %
Elektrotechnik	45,0 %	32,6 %
Zellstoff-/Papierindustrie	60,0 %	17,5 %
Textilindustrie	55,2 %	25,0 %
Ernährungs-/Tabakindustrie	53,0 %	9,3 %

Abb. 16   Anteile der Materialkosten und der Kosten für Löhne und Gehälter an der Gesamtleistung von deutschen Aktiengesellschaften

Quelle: Kulow 1991, S. 27

Branche	Materialkosten in % der Gesamtleistung
Verarbeitende Industrie insgesamt	57,6 %
Chemische Industrie	52,3 %
Chemiefaser-Industrie	56,3 %
Mineralölverarbeiter	72,2 %
Gummi- und Asbestindustrie	50,0 %
Feinkeramik	28,2 %
Maschinenbauindustrie	50,0 %
Büromaschinen/EDV-Hersteller	50,0 %
Straßen- und Luftfahrzeugbau	56,8 %
Elektrotechnische Industrie	46,0 %
Feinmechanik/Optische Industrie	42,8 %
Holzbearbeiter	59,8 %
Zellstofferzeuger	56,4 %
Textilindustrie	55,6 %

Abb. 17: Anteile der Materialkosten an der Gesamtleistung verschiedener Industriezweige

Quelle: Fieten 1984, S. 13.

Aus Abb. 17 wird deutlich, daß die Materialkosten in der Fertigungsindustrie i. d. R. den größten Kostenblock darstellen. Daß bereits geringe Reduzierungen der Materialkosten zu erheblichen Verbesserungen der Unternehmensergebnisse führen können, wird durch Abb. 18 deutlich.

Die Entwicklung der Materialkosten beeinflußt daher in einem hohen Maße die Herstellkosten eines Produktes und damit auch die Wettbewerbsfähigkeit und die Erfüllung der Unternehmenszielsetzung hinsichtlich der Unternehmensergebnisse bzw. des Erfolges.

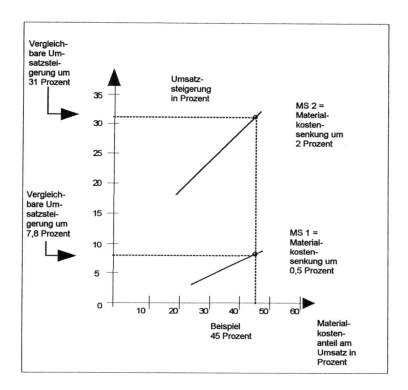

Abb. 18   Vergleichbare Umsatzsteigerung einer Materialkostensenkung in Abhängigkeit
vom Materialkostenanteil am Umsatz

Quelle: Grochla et al. 1984, S. 30

Auch die Notwendigkeit, im Rahmen eines Beschaffungsmarketing inten-
sivere, auf gegenseitiger Kooperation beruhende Beziehungen mit Lieferanten aufzubauen, haben die Kosten verändert[24]:

• Trend zur Mikrosegmentierung der Absatzmärkte, hierdurch wachsender
  Bedarf an einer Vielzahl von (Einsatz-) Produktvarianten zum Zeitpunkt
  des jeweiligen Bedarfs.

• Kürzere Produktlebenszyklen aufgrund schnelleren technologischen
  Wandels, hierdurch auch der Zwang zu einer Verkürzung von Entwick-
  lungszeiten sowie die Notwendigkeit der Integration technologischer
  Kenntnisse spezialisierter Zulieferunternehmen.

24   vgl. Menze 1993, S. 25

- Abnahme der Fertigungstiefe bei gleichzeitiger Reduzierung der Lieferantenzahlen, damit einhergehender Trend zu verstärkter Zusammenarbeit mit Systemlieferanten.

Durch den Wandel des Marktes vom Verkäufer- zum Käufermarkt, in dem der Käufer auf das Produktangebot den größeren Einfluß hat, müssen die Hersteller flexibel auf Nachfrageänderungen reagieren können. Daher fällt die make-or-buy-Entscheidung, ein Produkt (auch Einzelteile oder Zwischenteile [modular sourcing]) selbst zu produzieren oder es fertigen zu lassen und zu kaufen, heute in größerem Maße auf "buy", da so z. B. die Problematik der ständigen Produktänderungen auf die Zulieferer und Teilehersteller abgewälzt werden kann.

Das modular sourcing verringert die Kosten der Beschaffung, da der Abnehmer sich nur noch um einen Zulieferer kümmern muß, während er vorher mehrere Lieferungen von mehreren Lieferanten zeitlich so koordinieren mußte, daß seine Produktion nicht zum Stillstand kommt. Je mehr Teile ein Unternehmen bei Fremdherstellern fertigen läßt, desto geringer seine Fertigungstiefe. Sich einzig an einen Lieferanten zu klammern, hat trotz des hohen Risikos viele (Kosten-) Vorteile[25]:

1. Das zuliefernde Unternehmen kann aufgrund quantitätsmäßiger Vorteile als Alleinlieferant besondere Preiskonditionen anbieten.
2. Persönliche Beziehungen und gemeinsames Verständnis der Probleme können leichter zu effektiver Kommunikation führen.
3. In der Regel ist bei reduzierter Lieferantenzahl und bei Haus- und Hoflieferanten die administrative Belastung geringer, und es ist unter Umständen abhängig von Produkten eine periodenweise Bezahlung möglich.
4. Die enge Beziehung zwischen Bedarfsträger und Lieferant kann zu positiver laufender Bemühung um Kostenreduktionen führen.
5. Forschungs- und Entwicklungsaktivitäten können vereinfacht oder gemeinsam genutzt werden.
6. Falls spezifische Transportausrüstungen oder Ladungssicherungen und Paletten eingesetzt werden, sind bei längerfristiger Bindung an einen

---

25   Piontek 1994b, S. 175

Lieferanten Kostenreduktionen durch Auslastungsverbesserung oder Handlingvereinfachungen durch gemeinsame Paletten erzielbar.

7. Aufgaben der Qualitätskontrolle und der Wareneingangskontrolle können vereinfacht oder dem Zulieferer übertragen werden.

8. Aktualisierung und Aufstellung von Lieferplänen ist einfacher und rascher an neue Produktionsgegebenheiten anpaßbar.

9. Rahmenverträge können abgeschlossen werden, und die Zustellung kann unter Umständen einfacher auf bestimmte Punkte im Unternehmen festgelegt werden.

10. Die Einbeziehung des Lieferanten in Qualitätskontrollbesprechungen oder Innovationsgruppen ist denkbar.

Aus diesen Beispielen sieht man, daß ein **aktives Kostenmanagement** in der Beschaffung einigen Nutzen enthält.

Eine aktive Gestaltung der Gemeinkosten in der Beschaffung zur Kostensenkung oder zur Schaffung von Freiräumen für kreative Tätigkeiten zeigt sich in Abb. 19.

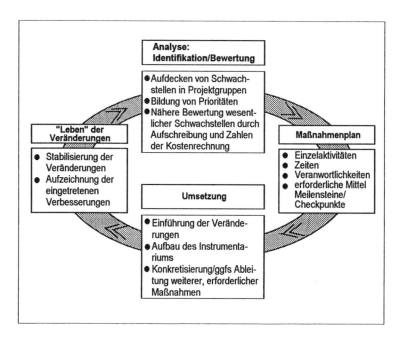

Abb. 19 Kostenmanagement als ständige Gestaltungsaufgabe in der Beschaffung

Quelle: Buff 1993, S. 21

Das Kostenmanagement umfaßt dabei folgende Entscheidungen[26]:

Derzeitige und zukünftige Anforderungen an den Einkauf festlegen:

1. Positionierung der Beschaffung in der Strukturorganisation - ggf. als Entwicklungspotential,
2. grundsätzliche Verantwortungen und Kompetenzen vor allem vor dem Hintergrund moderner Logistikkonzepte bestimmen,
3. personelle Besetzung der Positionen sind ausgehend von absatz- und beschaffungsmarkt-strategischen Positionierungen und grundsätzlichen Entscheidungen über die Wertschöpfungskette, auf der obersten Managementebene zu treffen und durchzuführen. Weiterhin müssen klare Ziele abgeleitet und mit dem Einkauf erarbeitet werden, die insbesondere
4. Prioritäten der Einkaufsziele (Qualität, Kosten, Flexibilität)
5. qualitativen Grundsätzen der Zusammenarbeit mit Lieferanten
6. Prioritäten der Lieferantenauswahl (Preis, Leistungsspektrum, Service, Qualität)
7. Budgets vorgeben.
8. Aufbau und Nutzung eines Einkaufsinformationssystems.

Aktive Gestaltung der Bezugskosten durch Gespräche mit den Lieferanten mit folgenden Aspekten:

1. gute Vorbereitung auf das Gespräch durch aussagefähige Zahlen (Umsatzverlauf, Qualität, Liefertreue ...)
2. mentale Position: "Auch der Lieferant hat starken Wettbewerbs- und Preisdruck"
3. Zugriff auf Konditionsvergleiche
4. Verlagerung von Zusatzleistungen an den Lieferanten.

Beeinflussung der Komplexitäts- und Flexibilitätsdiskussion:

1. Aufzeigen der verdeckten Kosten, welche im Einkauf durch Komplexität und Flexibilität entstehen
2. Führen entsprechender Strichlisten, etc.
3. Aufzeigen von Standardisierungs- und Substituierungsmöglichkeiten
4. Ableiten von erforderlichen Lieferantenrahmenverträgen aus einer vereinbarten, dringend erforderlichen Flexibilität.

---

26   vgl. Buff 1993, S. 21

3. Beschaffungscontrolling

3.1 Beschaffungscontrolling - State of the Art

Gehört der Funktionsbereich "Beschaffung" zu den vergleichsweise nur sehr gering bearbeiteten wissenschaftlichen Feldern der Betriebswirtschaftslehre, so vermag die insgesamt zu wenig wahrnehmbare Entwicklung von speziellen Themen wie dem eines Beschaffungscontrolling kaum zu verwundern. Erst allmählich beginnt sich eine Veränderung abzuzeichnen, welche "Beschaffung" nicht nur als "Bereitstellung von Produktionsfaktoren und Handelswaren" thematisiert, sondern als eine Vielfalt von teils (beschaffungs-) marktgerichteten, teils betriebsorientierten Funktionen versteht.

Theoretische Ansätze zum Beschaffungscontrolling liegen bisher nur in Form einer Grundkonzeption[1] vor oder haben lediglich die Kostenoptimierung als Ziel des Beschaffungscontrolling[2]. Eine solche Beschränkung des Beschaffungscontrolling führt jedoch dazu, daß das Beschaffungscontrolling die Entscheidungen der Beschaffungsführung nur hinsichtlich der Kostenseite zu koordinieren im Sinn hat und die Informationsversorgungsaufgabe lediglich auf die Bereitstellung von Kosteninformationen beschränkt. So kommt Männel[3] zu dem Urteil: "Trotz solcher in die richtige Richtung weisender Ansätze muß man jedoch feststellen, daß in der betrieblichen Praxis, aber auch vielfach in der Literatur, diese Spannweise der Aufgabengebiete nicht vollständig zum Tragen kommt." Will die Wissenschaft in Fragen des Beschaffungscontrolling nicht abseits stehen und der Praxis wichtige theoretische Grundlagen bieten, erscheinen die bislang in der Literatur vertretenen Abhandlungen ergänzungswürdig:

1. Monographien zum Controlling innerhalb des Beschaffungsbereiches verzichten häufig auf eine theoretisch-konzeptionelle Verankerung und beziehen sich meist auf punktuelle Schwerpunkte: Kostenminimierung[4]; Versorgungssicherheit sowie Kostenoptimierung[5] und Erfolgsziele[6].

---

1   vgl. Friedl 1990
2   vgl. die Ansätze von Katzmarzyk 1988; Bornemann 1987
3   Männel 1991, S. 28
4   vgl. Bornemann 1987
5   vgl. Katzmarzyk 1988
6   Flatten 1986

2. Theoriegeleitete Untersuchungen stellen die Konnexität von Beschaffung und Controlling nebeneinander oder verharren auf der Ebene von Grundkonzeptionen[7].

3. Strategische Beschaffungscontrollingprobleme werden entweder gar nicht[8] oder vernachlässigt angesprochen[9].

4. Die bisher entwickelten Instrumente des Beschaffungscontrolling beziehen sich noch zu stark auf dispositive Aspekte des Beschaffungscontrolling[10]. In dieser Rolle kann das Beschaffungscontrolling nicht sein eigenes Erfolgspotential entwickeln.

5. Eine große Erkenntnislücke betrifft auch die Kombination der Instrumente des Beschaffungscontrolling. Obengenannte Ansätze liefern noch zu wenige Ergebnisse über eine mögliche Vorgehensweise oder Methodik zur Auswahl und harmonischen Abstimmung geeigneter Instrumente.

Die Anforderungen an ein sowohl markt- als auch betriebsorientiertes Beschaffungscontrolling hat **Hammann**[11] hervorgehoben:

"1) Zur Beurteilung der Beschaffungswirtschaftlichkeit ist eine weitgehende Quantifizierung wünschenswert, jedoch nicht unabdingbar notwendig. Eine Notwendigkeit der Quantifizierung wird sich insbesondere dort begründen lassen, wo die unmittelbare Erfolgswirksamkeit beschaffungswirtschaftlicher Aktivitäten nachzuweisen ist.

2) Diejenigen Beschaffungsvorgänge, die oder deren Elemente sich einer Quantifizierung entziehen, müssen zur Beurteilung ihrer Effizienz zumindest operationalisiert werden, d. h. wenigstens einer Variablenmessung auf nicht-metrischem Niveau zugänglich gemacht werden.

3) Beurteilungen der Beschaffungswirtschaftlichkeit verlangen eine Aufhebung der Trennung von "Investition" und "Materialwirtschaft" im herkömmlichen Begriffssinn. Diejenigen Beschaffungen, die nicht bedarfssynchron getätigt werden (können), müssen als Investition oder unmittelbare Kostenwirksamkeit (allerdings mit unmittelbarer Liquiditätswirksamkeit) behandelt werden. Die Analyse der Beschaffungswirtschaft-

---

7   vgl. z. B. den Ansatz von Friedl 1990
8   vgl. z. B. Peemöller 1979
9   vgl. z. B. Stark 1984
10   Tanew 1978; Wegener 1985
11   Hammann 1990, S. 131

lichkeit erfordert eine mehrperiodige Sicht, wenn Bewirtschaftungsver-
läufe bei Beschaffungsgütern (d. h. ein verzögerter oder verteilter Nut-
zungsverlauf) zu beobachten sind. Bei Anlagegütern findet dies regelmäßig Beachtung, bei anderen Gütern nicht.

4) Die Beschaffungstätigkeit ist gekennzeichnet durch die Erbringung bzw.
   Inanspruchnahme von zahlreichen Dienstleistungen für andere Unternehmensbereiche. So sind die Kosten des (in indirekten Bereichen, z. B.
   im Lager) gebundenen Kapitals als Kosten selbst erbrachter Finanzdienstleistungen (des Finanzbereiches für den Beschaffungssektor) zu
   berücksichtigen. Ihre kostenrechnerische Behandlung hat analog zu der-
   jenigen zu erfolgen, die üblicherweise für die Verrechnung der Kosten
   innerbetrieblicher Leistungen gelten.

5) Die Kontrolle der Beschaffungswirtschaftlichkeit bedarf nicht nur - wie
   bisher überwiegend - einer strategischen, sondern auch einer operativen,
   in erster Linie funktionalen Ausrichtung. Dies gilt nicht nur für die Kontrolle qualitativer Variablen der Beschaffungstätigkeit, sondern auch für
   die quantitativen Kenngrößen (z. B. Kosten).

6) Die Kontrolle muß sich aus Wirtschaftlichkeitsgründen auf wenige,
   relevante Teilfunktionen beschränken. Dies macht eine ABC-Analyse
   der Beschaffungsfunktionen bezüglich ihrer Zielrelevanz erforderlich."

Folgende Bausteine sind durch das Beschaffungscontrolling zur Versorgung
der Beschaffungsführung mit strategischen und operativen bzw. beschaf-
fungsmarkt- und unternehmensorientierten Informationen zu entwickeln:[12]

• Beschaffungs-Frühaufklärungssystem

• Beschaffungsmarktforschung

• Beschaffungs-Kosten- und Leistungsrechnung.

Die informatorische Fundierung der strategischen Beschaffungs-Planung
und -Kontrolle sichert das Beschaffungs-Controlling durch die Entwicklung
eines Beschaffungs-Frühaufklärungssystems. Ein solches Frühaufklärungs-
system stellt ein spezifisches Informationsversorgungssystem dar, das mit
zeitlichem Vorlauf solche strategischen Unternehmungs- und Umweltentwicklungen signalisiert, die mit hoher Wahrscheinlichkeit eintreffen und
deren Wirkungen eine hohe Bedeutung für die Beschaffung haben.

---

12   vgl. Reinschmidt 1989, S. 138 ff.

Neben das Beschaffungs-Frühaufklärungssystem zur informatorischen Unterstützung der strategischen Beschaffungs-Planung und -Kontrolle ist als weiterer zu gestaltender Baustein die Beschaffungsmarktforschung zu nennen. Die Beschaffungsmarktforschung beinhaltet die Gesamtheit der systematisch-methodischen Tätigkeiten der Informationssuche, -gewinnung und -aufbereitung, die auf die Versorgung der Unternehmung mit Informationen über die Beschaffungsmärkte gerichtet sind. Durch sie wird eine hohe Transparenz der Beschaffungsmärkte gewährleistet, wodurch eine operative Beschaffungs-Planung und -Kontrolle ermöglicht wird.

Der dritte Baustein - die Ausgestaltung der beschaffungswirtschaftlichen Kosten- und Leistungsrechnung durch das Beschaffungs-Controlling - hat zu gewährleisten, daß entscheidungsrelevante Abhängigkeiten bestimmter Beschaffungskosten von spezifischen Beschaffungsleistungen adäquat abgebildet werden, was die Notwendigkeit einer differenzierten Erfassung und Zurechnung beschaffungswirtschaftlicher Kosten und Leistungen in der Kostenarten-, Kostenstellen- und Kostenträgerrechnung impliziert.

Bei der Entwicklung des Beschaffungscontrollings sind demnach zunächst einmal folgende Regelungen zu erarbeiten:[13]

"• Auswahl und Einsatz eines geeigneten Kostenrechnungsverfahrens,

• die differenzierte Strukturierung der Beschaffungs-Kostenarten- und -Kostenstellenrechnung,

• die Fixierung und Erfassung eindeutiger beschaffungswirtschaftlicher Leistungsgrößen,

• den Einsatz adäquater Verfahren der Kostenspaltung zur Zurechnung von angefallenen Kosten zu erbrachten Leistungen,

• den Aufbau beschaffungswirtschaftlicher Bezugsgrößenhierarchien zur Zuordnung von Kostenstellen-Kosten zu den Beschaffungsobjekten sowie

• die Bildung differenzierter beschaffungswirtschaftlicher Kostenansätze zur Verwendung im Rahmen der Kostenträgerrechnung."

Aus der Konzeption der organisatorischen Zusammenführung von Planungs- und Kontroll-Service- sowie Informationsversorgungsaufgaben in der Beschaffungswirtschaft läßt sich die Zuordnung planungs- und kontroll-

---

13   vgl. Reinschmidt 1989, S. 144-145

unterstützender Bereiche, wie Beschaffungs-Verfahren und -Methoden, Beschaffungs-Planungs- und -Kontroll-Service, Beschaffungs-Budgetierungs-Service, Beschaffungs-Frühaufklärung, Beschaffungsmarktforschung, Beschaffungs-Kosten- und -Leistungs- bzw. Materialrechnung, Beschaffungs-Berichtswesen und Beschaffungs-Datenverarbeitung, dem Beschaffungscontroller unterstellen (vgl. Abb. 20).

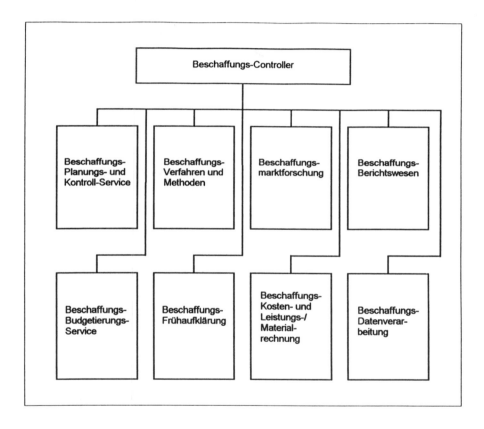

Abb. 20 Konfigurativer Aufbau des Beschaffungs-Controlling-Bereichs

Quelle: Reinschmidt 1989, S. 165

3.2   Funktionen des Beschaffungscontrolling

3.2.1   Strategische Funktion

Die Zunahme von Komplexität, Dynamik und vor allem Diskontinuität fordert heutige Unternehmen nicht nur auf den Absatzmärkten, sondern in zunehmendem Maße auch auf den Beschaffungsmärkten. Die zunehmende Dynamik und Diskontinuität der Beschaffungsmärkte wird dabei durch eine immer schnellere Veränderung der Makro- und Mikro-Umwelt der Beschaffungsmärkte verursacht. Die Folge ist, daß der Entscheidungsträger im Beschaffungsbereich in immer kürzer werdenden Abständen mit wechselnden Umweltbedingungen konfrontiert wird, z. B. durch die Öffnung des Handelsverkehrs mit den ehemaligen sozialistischen Staaten, den Aufstieg von Entwicklungsländern zu industriellen Erzeugerländern und umweltschonenden Knappheitserscheinungen[14].

Das für das Beschaffungsmarketing charakteristische Entscheidungsproblem manifestiert sich aber auch verstärkt in der "Mikro-Umwelt". Während bei der Betrachtung der entscheidungsrelevanten Komponenten der Makro-Umwelt unternehmensspezifische Besonderheiten eine eher untergeordnete Rolle spielen, sind situative Unternehmensmerkmale für eine Analyse der unmittelbaren Interaktionsbeziehungen mit den Marktteilnehmern von größerer Wichtigkeit. So sind zur Entscheidungsfindung in der Mikro-Umwelt als Marktteilnehmer die potentiellen Lieferanten, die Nachfragekonkurrenz, die Spediteure und die Beschaffungshelfer zu berücksichtigen[15].

Die Folge der angedeuteten Entwicklungen sind vermehrte Koordinations-, Informations- und Anpassungsprobleme im Beschaffungsbereich, die durch die Entwicklung eines geeigneten Beschaffungscontrolling gelöst werden sollen. Wie für das Unternehmenscontrolling müssen auch für das Beschaffungscontrolling geeignete Ziele definiert werden. Als oberste direkte Ziele des Beschaffungscontrolling dienen[16]:

- die Koordination der Beschaffungsführung,
- die Sicherstellung der Informationsversorgung der Beschaffungsführung.

---

14   vgl. Hahn/Klausmann 1986, S. 269; Müller-Stewens 1990, S. 9 ff.
15   vgl. z. B. Geider 1986, Biergans 1992
16   vgl. Friedl 1990, S. 100

Während das Koordinationsziel sich mit bereichsübergreifenden sowie bereichsinternen Abstimmungen befaßt, beinhaltet die Informationsversorgung die Bereitstellung aller im Prozeß der Beschaffungsführung notwendigen Informationen. Ein solches Beschaffungscontrolling kann zweckmäßigerweise nur durch ein Informationsmanagement gewährleistet werden, das nicht durch ein starres Informationssuch- und Aufbereitungssystem realisiert worden ist, sondern durch ein interaktives, in seiner Besonderheit noch nicht beschnittenes, Such- und Lernprozeßverhalten gekennzeichnet ist. Die Sicherstellung der Informationsversorgung der Beschaffungsführung als direktes Ziel des Beschaffungscontrolling erfordert die Bereitstellung aller im Prozeß der Beschaffungsführung notwendigen Informationen mit dem erforderlichen Aktualitäts-, Genauigkeits- und Verdichtungsgrad sowie der zur Auswertung der bereitgestellten Informationen notwendigen Methoden und Modelle.

Als indirekte Ziele des Beschaffungscontrollings dienen Erfolgsziele, Liquiditätsziele, soziale Beschaffungsziele und ökologische Beschaffungsziele. Alle Beschaffungsziele können auch als indirekte Ziele des Beschaffungscontrollings angesehen werden[17].

Strategisches Beschaffungscontrolling bedeutet, daß systematisch zukünftige Chancen und Risiken auf dem Beschaffungsmarkt und seinem Umfeld erkannt und beobachtet werden. Daraus ergeben sich als wesentliche Aufgaben des strategischen Beschaffungscontrollings, die Durchführung und Realisation der Beschaffungsstrategien zu steuern und zu kontrollieren:

- Initiierung des strategischen Leitbildes der Beschaffung,

- Anfertigung einer Stärken-Schwächen-Analyse der Beschaffungspotentiale,

- Entwicklung strategischer Beschaffungsziele,

- Institutionalisierung des strategischen Soll-Ist-Vergleiches,

- Vorbereitung von Steuermaßnahmen für Zielabweichungen.

---

17   vgl. Friedl 1990, S. 104

3.2.2   Operative Funktionen

3.2.2.1   Die Planungsfunktion

Die Planungsfunktion stellt eine der fundamentalen Aufgaben des Beschaffungscontrolling dar. Für den Kosteneinsatz des Materialanteils muß der Einkauf sowohl hinsichtlich der Mengen- als auch der Werteplanung seinen Beitrag zur Budgeterstellung der Gesamtunternehmung leisten[18]. Aus der Planung des Produktionsprogrammes eines Unternehmens für die nächste Periode als Erfahrungswerte ergeben sich für die Beschaffung die Basisplandaten hinsichtlich des zu deckenden Materialbedarfs.

Verschiedene Faktoren beeinflussen die Daten, die zur Planerstellung benötigt werden. Außer den Planvorgaben des Vertriebes, die möglicherweise einen höheren oder niedrigeren Absatz vorsehen, können auch Veränderungen in der Produktstruktur oder des Produktmixes den benötigten Materialbedarf verändern. Eine Veränderung des Produktmixes wirkt sich auf den Materialeinsatz aus, wenn diejenigen Produkte stärker wachsen, deren Materialanteil an den Produktkosten entsprechend höher liegt oder ein neues Produkt in die Produktpalette aufgenommen wird. Eine Veränderung des Materialanteils aufgrund von Änderungen in der Produktstruktur kann durch technologische Entwicklungen entstehen, die sich in neuen Produktgenerationen mit höheren Materialanteilen widerspiegeln.

Neben den genannten mengenmäßigen Einflüssen müssen auch wertmäßige Einflußfaktoren bei der Planung berücksichtigt werden. Dabei sind Einflüsse der Unternehmensumwelt auf die Materialpreisentwicklung in die Planung einzubeziehen. Als solche sind weltwirtschaftliche, volkswirtschaftliche sowie branchenspezifische Einflüsse bzw. Entwicklungen zu nennen, die sich in den Materialpreisen niederschlagen. So sind z. B. Preisvorstellungen von Lieferanten für das Planjahr bereits zu Jahresbeginn in die Budgetberechnung einzubeziehen. Diese Preisvorstellungen können jedoch nur als vorläufige Daten in die Planung eingehen, da die Vorabaussagen der Lieferanten einen Teil ihrer Preispolitik darstellen und durch noch anstehende Tarifabschlüsse beeinflußt werden können. Dadurch wird deutlich, daß eine einmalige Planerstellung keineswegs ausreicht, sondern die Plandaten kontinuierlich überwacht und angepaßt werden müssen. Auf die

---

18   vgl. Bornemann 1987, S. 27

Materialpreisveränderungsrechnung   als   Einkaufscontrolling-Instrument
wird später noch eingegangen.

Ein weiterer Faktor, der in die Materialkostenplanung eingehen muß, ist die
Planung von Kostensenkungsaktivitäten.[19] Sie dienen zur Erhaltung der
Wettbewerbsfähigkeit des Unternehmens und zur Sicherung seines Fortbe-
standes. Es ist unter den heutigen Wettbewerbsverhältnissen der meisten
Wirtschaftszweige nur noch selten möglich, die auf das Unternehmen
zukommenden Kostensteigerungen einfach auf die Verkaufspreise abzu-
schieben.

Somit ist es notwendig, Kostensteigerungen zumindest teilweise durch
Kostensenkungsmaßnahmen aufzufangen. Solche Maßnahmen sind z. B. die
Rationalisierung des Materialeinsatzes, Wertanalysen für Eigenfertigungs-
teile bzw. Kaufteile sowie Einkaufserfolge des Einkaufsmanagements.

3.2.2.2   Die analytische (Kontroll-) Funktion

Einen weiteren Bereich des Einkaufscontrolling stellt die analytische Auf-
gabenkomponente dar. Die Analysen, mit denen sich das Controlling im
Einkauf zu beschäftigen hat, beziehen sich auf zwei übergeordnete Bereiche. Zum einen auf einen Bereich, den das Unternehmen nicht oder nur
bedingt beeinflussen kann und zum anderen den Bereich, auf den es direkten Einfluß hat. Der erste Bereich umfaßt die Entwicklungen auf den
Beschaffungsmärkten, der zweite die innerbetrieblichen Entscheidungen
und Vorgänge, die Auswirkungen auf die Kostenstrukturen der Beschaffung
haben.

Die Beobachtung der Beschaffungsmärkte ist eine wichtige Teilaufgabe der
Beschaffungsführung. Sie ist nicht nur punktual, sondern permanent zu verfolgen, damit die Entwicklungstendenzen und die voraussichtliche Situation
der Beschaffungsmärkte im Ablauf der Planperiode eingeschätzt und in die
Planerstellung einbezogen werden können. Die Analyse des Beschaffungsmarktes betrifft sowohl die Erfassung der weltwirtschaftlichen, der volks-

---

19   vgl. Katzmarzyk 1988, S. 169 ff.

wirtschaftlichen und der branchenspezifischen Daten als auch die Erfassung von produktspezifischen Entwicklungstendenzen bei der Konkurrenz.[20]

Ziel der Analyse von Wirtschaftsdaten ist es, Erkenntnisse über den konjunkturellen Trend, die Entwicklung der Beschäftigungssituation, der Geldwertstabilität und des Zins- und Preisniveaus sowie über zukünftige Tarifabschlüsse zu erhalten, da diese Faktoren Einfluß auf die Versorgungssicherheit und die Preisentwicklung haben. Neben der allgemeinen Entwicklung der Beschaffungsmärkte sind auch die branchenspezifischen Entwicklungstendenzen von Interesse, da sie einen entscheidenden Einfluß auf Angebot und Nachfrage und damit auch auf die Preisbildung für den eigenen Materialbedarf haben.

Unter innerbetrieblichen Entscheidungen sind Änderungen in der Produktstruktur bzw. des Produktmixes zu verstehen. Sie wirken sich auf den Materialbedarf und damit auf die Höhe der Materialkosten aus und sind somit ebenfalls zu analysieren. Zu den innerbetrieblichen kostenwirksamen Entwicklungen zählen auch Änderungen in der institutionalen Struktur der Beschaffungsabteilung.

Um nicht von einer unerwünschten Kostenentwicklung überrascht zu werden, ist eine laufende Beobachtung der Kostenstruktur notwendig. Damit eine Veränderung in der Kostenentwicklung überhaupt festgestellt werden kann, müssen im Laufe des Geschäftsjahres in regelmäßigen Abständen Abweichungsanalysen durchgeführt werden. Regelmäßig deshalb, weil es bei einer einmaligen Abweichungsanalyse am Ende des Plan- bzw. Geschäftsjahres zu spät wäre, um auf die Kostenentwicklung während dieses Jahres einzuwirken. Deshalb werden die Analysen i. d. R. jeden Monat, sobald die aktuellen Daten aus dem Rechnungswesen vorliegen, durchgeführt. Voraussetzung dafür ist jedoch, daß auch die Plandaten nach Monaten vorliegen.

---

20   vgl. Bornemann 1987, S. 55

3.2.2.3 Die Informations-Funktion

Die Informationskomponente des Beschaffungscontrolling dient vor allem dem Management als Informationsinstrument.[21] Um das Management über das Geschehen im wichtigsten Kostenblock des industriellen Unternehmens, den Materialkosten, zu unterrichten, sind differenzierte und konkrete Aussagen als Grundlage für Managemententscheidungen notwendig.

Außer dem Management dient die Informationskomponente dem Einkauf zur Beurteilung der eigenen Leistungsfähigkeit und zur Überwachung und Überprüfung von Zielerreichung bzw. Zielverfehlung.[22] Durch eine regelmäßige Berichterstattung soll der Informationsfluß gewährleistet werden. Dazu ist die monatliche Erstellung eines Berichtes notwendig, damit die tatsächlichen Entwicklungen im Planungszeitraum möglichst konkret und schnell den entsprechenden Stellen mitgeteilt werden können. Denn Entscheidungen zur Beeinflussung der zukünftigen Entwicklung werden umso erfolgreicher sein, je näher sie an dem Vorgang einsetzen, über dessen Auswirkungen berichtet wird. Die Informationen, die dieser Bericht enthält, dürfen nicht zu detailliert ausfallen, d. h. er darf nicht einfach eine Zusammenfassung aller erarbeiteten Daten darstellen. Vielmehr müssen sich die Informationen auf die Daten beschränken, die einen wesentlichen Einfluß auf die Entwicklung bis zum jeweiligen Berichtszeitpunkt hatten und auf die zukünftige Entwicklung haben werden.

Um den Einfluß auf die zukünftige Entwicklung darzustellen, muß eine Prognose der tatsächlichen Entwicklung im Planjahr auf das Jahresende durchgeführt werden.[23] Diese unmittelbare und auf wesentliche Daten beschränkte Berichterstattung dient nicht nur zur Entscheidungsfindung im laufenden Geschäftsjahr, sondern ebenso als Grundlage für zukünftige Zielvorgaben im nächsten Planungsschritt.

Eine effiziente Erfüllung der Informationsfunktion setzt eine sinnvolle Ausgestaltung der Berichte voraus. Deshalb erscheint z. B. eine Klassifikation der Materialien nach ihrer Bedeutung logisch, um den Materialzugang getrennt nach Materialgruppen einzuteilen. So werden die Entwicklungs-

---

21 vgl. Bornemann 1987, S. 64 ff.
22 vgl. Reinschmidt 1989, S. 129 f.
23 vgl. Stark 1991, S. 19-21

tendenzen der verschiedenen Materialgruppen bzw. -positionen deutlich. Desweiteren ist die Wirkung von Planabweichungen durch Hochrechnung auf das Jahresende und ein damit möglicher Vergleich mit dem geplanten Budget sinnvoll. Eine solche Darstellung setzt eine intensive Auseinandersetzung mit den Plan- und Istzahlen voraus. Daneben sind noch Informationen über besondere Vorkommnisse von Bedeutung, so z. B. über Qualitätsprobleme der gelieferten Materialien, Terminschwierigkeiten bei der Zulieferung und damit Probleme der Versorgungssicherung.[24]

Die vorangegangenen Ausführungen über die Ausgestaltung der Berichte stellt nur einen Teil der Informationskomponente des Einkaufscontrolling dar. Neben der reinen Dokumentation des Einkaufsgeschehens muß die Berichterstattung noch eine detaillierte Aufgliederung beeinflußbarer Ursachen für die Abweichungen des Mengen- und Werteinsatzes gegenüber dem geplanten Materialkosteneinsatz sowie die Zuordnung der Abweichungsursachen zu den Bestandteilen der Abweichungsanalyse liefern (vgl. Abb. 21).

Zusammenfassend kann man sagen, daß die Informationsfunktion des Beschaffungscontrolling darin besteht, die Entwicklungen, die Einflüsse und die Ergebnisse aus dem Beschaffungsbereich so aufzuzeigen, daß Konsequenzen gezogen und erforderliche Maßnahmen eingeleitet werden können.

Abweichungsanalyse				**Juni 1986**
Mengen- u. Werteabweich.	Abweichung	Gründe		
		Vol.-Änder.	Verteuerung	Kostensenkung
Materialgruppe 1 Materialgruppe 2 Materialgruppe 3 Materialgruppe 4 Materialgruppe 5 usw.				
Kostensenkungsaktivitäten	Plan	Ist		Abweichung
Rationalisierung Wertanalysen Einkaufserfolge / Summe				

Abb. 21: Abweichungsanalyse zur Materialbeschaffung

Quelle: Bornemann 1987, S. 78

---

24   vgl. Friedl 1990, S. 183

3.2.2.4 Die Koordinationsfunktion

Die Koordinationsfunktion des Beschaffungscontrolling besteht in der inhaltlichen Abstimmung der Beschaffungstätigkeiten sowie der Sicherstellung einer terminlich und organisatorisch abgestimmten Durchführung der Einzelaktivitäten im Einkauf.[25] Sie beginnt mit der Erstellung von Terminplänen zur Koordination des Ablaufs in Planung, Kontrolle und Berichterstattung.

Durch eine inhaltliche Koordination der Einkaufsplanung soll sichergestellt werden, daß die zwischen den einzelnen Plänen bestehenden sachlichen, zeitlichen und hierarchischen Interdependenzen in den Planinhalten Berücksichtigung finden. Die formale Koordination bezweckt dagegen die Erstellung der einzelnen Teilpläne nach einheitlichen Kriterien, während die zeitliche Koordination die zeitliche Abstimmung der einzelnen Teilpläne zum Gegenstand hat.[26]

Aufgrund des engen Zusammenhangs zwischen Planung und Kontrolle ist neben der Planung auch die Koordination der Kontrolle sowie die Koordination zwischen Planung und Kontrolle notwendig. Im Rahmen der Berichterstattung sichert die Koordination eine geregelte Verteilung der relevanten Informationen auf die zuständigen Stellen und den Informationsaustausch der Mitarbeiter untereinander. Denn je stärker die Arbeitsteilung der Beschaffung ist und je stärker die einzelnen Aufgaben in Teilaufgaben zergliedert sind, umso größer ist der Bedarf der Abstimmung der einzelnen Prozesse.[27]

Die Koordination der qualitativen Funktionsverteilung erfordert vor allem dort die Entwicklung von **Vorgaben** (oder Standards), wo es um die Prüfung der intensitätsmäßigen Erfüllung geht. Zu diesem Zweck müssen gemeinsam mit den im Beschaffungsbereich Verantwortlichen und unmittelbar Betroffenen geeignete Maßstäbe für funktionales Handeln entwickelt werden. Sie korrespondieren mit den in Arbeitsplatzbeschreibungen niedergelegten Tätigkeiten und deren Anforderungen an Fachkenntnisse, geistige Voraussetzungen und Erfahrungen. Die Vorgaben können sich

---

25 vgl. Reinschmidt 1989, S. 125
26 vgl. Friedl 1990, S. 42
27 vgl. Grochla/Schönbohm 1980, S. 179

dabei auf die Funktion und/oder den (die) einzelnen Beschäftigte(n) beziehen. Die nachfolgenden Beispiele (in Abb. 22 und 23) verdeutlichen unter Rückgriff auf ein Punktbewertungsverfahren die verschiedenen Ansatzpunkte.

Funktionsspiegel				
Abteilung/Bereich:	Funktionsträger: Funktionsbezeichnung			
Beschaffungsaufgabe:				
Funktionseinflußgrößen	Bewertung t-1	Bewertung t	Abweichung	Abweichungs- ursachen
Beschaffungsvolumen (DM)				
Beschaffungsvolumen (ME)				
Marktstabilität				
Technische Kenntnisse				
Lieferantenkontakte				
Interne Kontakte				
Lieferantenanzahl				
Zahl der Produktlinien				
Bestellhäufigkeit				
Ausländ. Lieferquellen				
. .				
Funktionsbewertung				
Anmerkungen:				

Abb. 22: Funktionsspiegel

Quelle: Hammann 1990, S. 136

Funktionsträgerbewertung								
Funktionsträger: Abteilung/Bereich:				Funktionsbezeichnung: Beschaffungsaufgabe:				
Beurteilungskriterien (Ist)	Bewertung in t-1			Bewertung in t			Ab- wei- chung	Abwei- chungs- ursachen
	Wert- zahl	Gew. Fakt.	Gew. Wert	Wert- zahl	Gew. Fakt.	Gew. Wert		
Beschaffungspreise								
Beschaffungsmarkt- anteil								
Bestandsentwicklung								
Lieferantenbeziehungen								
Ethisches Verhalten								
. . Kreativität								
Kooperationsfähigkeit								
Initiative								
Urteilsvermögen								
Organisationstalent Techn. Fachwissen								
. .								
Trägerbewertung		100%			100%		-	-
Funktionsbewertung Gesamtbewertung	- -	- -		- -	- -		- -	- -
Anmerkungen:								

Abb. 23: Funktionsträgerbewertung

Quelle: Hammann 1990, S. 136

3.3.   Aufgabenbereiche des Beschaffungscontrolling

3.3.1   Kontrolle der Beschaffungsmarktumwelt

Der Kern des strategischen Beschaffungscontrolling startet mit der Analyse der Umwelt und der Prognostizierung über mutmaßliche Entwicklungen. Die Umwelt steckt einerseits die Grenzen des strategischen Beschaffungsspielraumes ab und eröffnet andererseits den Raum für neue strategische Beschaffungsvorgänge. Für die Umweltanalyse gilt, daß sie die Informationssektoren möglichst vollständig abdecken und analysieren soll. Welches Maß an Informationen hierfür notwendig ist, läßt sich grundsätzlich nur unter Berücksichtigung aller sachlichen und situativen Beschaffungsumstände entscheiden. In erster Linie sind folgende Informationskategorien zu beschaffen, zu analysieren und auf ihren Wertgehalt bzw. ihre Veränderlichkeit zu kontrollieren[28]:

- Informationen über das politische und wirtschaftliche Umfeld,
- Informationen über die Angebotsentwicklung,
- Informationen über die Nachfrageentwicklung der Produktionsfaktoren,
- Informationen über die Wirkungen beschaffungspolitischer Instrumente.

Dabei werden die allgemeinen externen Faktoren in ihrer Evolution kontrolliert, ob sie Einfluß auf die gegenwärtigen und zukünftigen Beschaffungsmöglichkeiten haben. Obwohl diese Faktoren in der Regel außerhalb des Einflußbereiches der Unternehmung liegen, kann die Beschaffungsabteilung als strategische Reaktion versuchen, bestimmte Entwicklungen zu beeinflussen oder gar zu steuern[29].

Die Analyse der Beschaffungsmarktumwelt wird in der Literatur unter dem Begriff "Environmental Analysis" bzw. Environmental Scanning" diskutiert[30]. Innerhalb der Environmental Analysis kann sich die Umweltanalyse unregelmäßig, periodisch und kontinuierlich vollziehen. Während die kontinuierliche Umweltanalyse einen weiten und langfristigen Horizont umfaßt und die periodische Vorgehensweise sich auf ausgewählte Tatbestände konzentriert, ist die unregelmäßige Analyse kriseninitiiert. Das Environmental Scanning kennzeichnet die Integration der Informationssuche und -analyse

---

28   vgl. Hammann 1990, S. 119
29   vgl. Heuer 1988, S. 173 ff.
30   vgl. z. B. Muchna 1988, S. 61 ff.

in den Prozeß der strategischen Unternehmensplanung. Dabei wird auf die Bedeutung externer Informationen insbesondere für solche Märkte hingewiesen, die von potentiellem Zukunftsinteresse sind bzw. sein können[31]. Im Rahmen der Environmental Analysis können die Begriffe Monitoring und Scanning unterschieden werden.[32] Während sich Scanning im Sinne eines 360-Grad-Radars auf die Suche nach neuen Beschaffungsmöglichkeiten auch außerhalb des bisherigen Beschaffungsobjekt-Beschaffungsmarkt-Bereiches im weiten Umfeld begibt, konzentriert sich das Monitoring auf die Beobachtung und Analyse der bereits bekannten Alternativen, über die mindestens schwache Signale vorliegen. Das Monitoring dient primär dazu, durch die Suche nach mehr Informationen das bisherige Phänomen der Unsicherheit und Ignoranz aufzuheben und damit die Chancen einer Frühwarnung bzw. Frühchancenermittlung zu erhöhen. Demnach ist das Monitoring eine fokussierte Vorgehensweise, welche ein vertiefendes Verständnis der ausgewählten Hinweise oder Signale erbringen soll.

Daß Kennzahlensysteme innerhalb der Monitoring-Aktivitäten zur Beschaffungsfrühwarnung häufig genannt werden[33], hat seinen Grund darin, daß mit Hilfe von Kennzahlensystemen prognostische Zustände analysiert werden können. Berg[34] spricht zwar nicht von Kennzahlen, sondern von kritischen Variablen, funktional gesehen sind Kennzahlen und kritische Variablen jedoch identisch.

Der Einsatz von Kennzahlen zur Beschaffungsfrühwarnung setzt eine Kenntnis der zu überwachenden Gegenstandsbereiche und dabei der jeweils zu beurteilenden Elemente voraus. Die Erkennung wird dabei aber nicht gänzlich der Intuition überlassen, sondern die Kennzahlensysteme zur Frühwarnung bemühen sich, eine Situation anhand von Modellen mehr oder weniger genau abzubilden, wie z. B. durch die Indikatorverfahren. Bei den Indikatorensystemen handelt es sich um eine spezielle Form von Kennzahlensystemen im Einsatz der strategischen Frühaufklärung. Die Indikatorverfahren konzentrieren sich auf die Analyse des Zusammenhangs zwischen vor- und nachlaufenden quantitativen und qualitativen Zeitreihen. Kernelemente sind eine Anzahl von Größen, die Entwicklungen mit zeitlichem

---

31   vgl. Böhler 1983
32   vgl. Muchna 1988, S. 63 ff.
33   vgl. z. B. Berg 1979, S. 142 ff.
34   vgl. Berg 1979, S. 136

Verlauf aufzeigen. Indikatoren, die einen Lead gegenüber der Referenz-
größe aufweisen, werden als Frühindikatoren bezeichnet. Der Frühindikator
sagt dabei die Entwicklung einer Variablen und deren Umkehrpunkt durch
deren Entwicklungsverlauf voraus. Die Indikatorverfahren basieren dabei
auf einer Wenn-Dann-Beziehung, wobei das Eintreten der Wenn-
Komponente das Eintreten der zeitlich nachgelagerten Dann-Komponente
determiniert. Der entscheidende Nachteil der Frühwarnindikatoren ergibt
sich aus der mangelnden Erklärbarkeit der Abhängigkeiten. Die Progno-
seergebnisse werden dabei lediglich als Funktion der Zeit betrachtet. Die
Instabilität der time-lags zwischen dem Vorlaufindikator und dem Ereignis
führt dazu, daß nur mit durchschnittlichen Vorlaufzeiten gerechnet werden
kann. Geiß[35] führt zu Recht an, daß damit zwar die Schwankungen zwischen dem Auftreten der Vorlaufwerte und dem jeweiligen Indikandum
verringert werden, der Mangel an Validität jedoch bestehen bleibt. Die
Auswahl geeigneter Frühwarnindikatoren zur Beschaffungsfrüherkennung
sowie die Festlegung der insbesondere für die Beurteilung der Beschaf-
fungsmarktlage notwendigen Sollgrößen und deren Toleranzschwellen stellen sich als zusätzliches Problem dar. Die Frühwarnung soll dabei mehr
oder weniger umfangreiche Kataloge von Frühwarnindikatoren beinhalten,
die möglichst flächendeckend die Beschaffungsmarktentwicklung erfassen,
und zwar bereits schon zu dem Zeitpunkt, wo wie Entwicklung noch nicht
allgemein wahrnehmbar ist. Aber erst die richtigen Normwerte bzw. Toleranzschwellen der Toleranzschwellen gewährleisten einen adäquaten Einsatz der Indikatoren.[36]

Innerhalb der Frühwarnung auf Beschaffungsmärkten ergibt sich insbesondere die Schwierigkeit, die Normwerte als auch die Toleranzgrenzen den
situationsspezifischen Wandlungen in den Beschaffungsmärkten anzupassen. Bei der Feststellung der Werte sollten nicht nur mit Hilfe statistischer
Verfahren Gesetzmäßigkeiten in die Zukunft extrapoliert werden, sondern
auch auf die Erfahrung des Entscheidungsträgers im Beschaffungsmarketing
zurückgegriffen werden. In diesem Zusammenhang erweist sich die Norm-
werte- und Toleranzgrenzwertfestlegung, insbesondere durch fehlendes
Datenmaterial bezüglich der Auslandsmärkte und durch das Fehlen der

---

35   vgl. Geiß 1986, S. 327
36   vgl. Geiß 1986, S. 327

erforderlichen Stabilität in den Beziehungen zwischen Abnehmern und Lieferanten, als schwierig.

Eine wesentliche Weiterentwicklung des Indikatorprognoseansatzes stellt die Indikatorverkettung dar, wobei eine isolierte Sichtweise von Einzelindikatoren aufgegeben wird[37]. Ziel der Indikatorverkettung ist es, über mehrere Beobachtungsstufen Indikatoren vertikal zu verketten, um engere Beziehungen zu den Ursachen der relevanten Entwicklungen herstellen zu können. Die Indikatorverkettung basiert auf der Makroebene auf beobachtbaren Phasenverschiebungen der Branchenkonjunktur gegenüber der Gesamtkonjunktur, wobei sich Fortpflanzungen konjunktureller Impulse von Vormärkten bis zu den jeweils relevanten Beschaffungsmärkten beobachten lassen. So können sowohl hochaggregierte Indikatoren aber auch spezifische einzelwirtschaftliche Indikatoren (bis zur Orientierung an A-Lieferanten) in einer Wirkungskette über mehrere Stufen untersucht werden. Nach Muchna verlängern die vertikalen Indikatoren nicht nur die "Vorlaufzeiten der beobachteten Indikatoren, sondern eröffnen auch die Möglichkeit, zu einer verbesserten Interpretation schwacher Signale beziehungsweise zu einer Verstärkung schwacher Signale"[38].

3.3.2   Kontrolle des spezifischen Beschaffungsmarktes

Der Analyse und Kontrolle der globalen Umweltfaktorentwicklungen folgt eine Untersuchung der Faktoren des unternehmensspezifischen Beschaffungsmarktes. Bei näherer Betrachtung der Marktstruktur wird erkennbar, daß auf den Märkten grundsätzlich verschiedene Arten von Veränderungen und Bewegungen festzustellen und zu unterscheiden sind[39]. Blom[40] unterscheidet bei der Marktstrukturanalyse zwischen absoluten Merkmalen, z. B. Betriebsformen, und relationalen Merkmalen, z. B. Konkurrenzbeziehungen. Im Gegensatz zu den relationalen Indikatoren haben die absoluten Merkmale Aussage- und Frühwarncharakter auch ohne Vergleich zu ande-

---

37   vgl. Muchna 1988, S. 89
38   vgl. Muchna 1988, S. 91
39   vgl. Arnolds/Heege/Tussing 1990, S. 110
40   vgl. Blom 1982, S. 107

ren Größen. Hier sind vor allem der Distributionsgrad, die Zahl der eingeschalteten Absatzstufen und die Betriebsformen des Handels zu nennen.

Der Distributionsgrad kennzeichnet den Prozentsatz an Händlern, die in
einem Marktsegment einen bestimmten Artikel im Sortiment haben[41]. Die
Zahl der eingeschalteten Absatzstufen in einem Markt zeigt die alternativen
Beschaffungs- und Absatzwege und verdeutlicht die Leistungsfähigkeit,
Abhängigkeiten und Machtverhältnisse in einem Markt. Die Betriebsformen
des Handels mit ihren Merkmalen bezüglich Betriebsgröße, Organisationsmitglieder, Preisstellung, Sortimentsanzahl etc.[42] kennzeichnen die Stärke und die Leistungsfähigkeit des Handels.

Von Bedeutung sind ferner quantitative Daten, die die Konkurrenz-, Koope-
rations-, Rollen- und Machtbeziehungen sowie die Kommunikationsstruktur
des Marktes verdeutlichen. Die Konkurrenzsituation ist ein Indiz für die
potentielle Marktmacht der Marktteilnehmer und bildet die Ausgangsbasis
für die Entwicklung der Beschaffungsstrategien[43]. Kooperation bedeutet
eine bewußte Verhaltensbeschränkung zum Nutzen der Kooperationsteilnehmer und stellt aus wettbewerbspolitischen Gründen eine Gefahr dar. Die
Kommunikationsstruktur läßt sich durch die Anzahl der Kommunikationskontakte messen und spiegelt somit Marktverflechtungen und -beziehungen
wider. Schließlich wird die Marktstruktur durch die Marktbeziehungen
ersichtlich[44]. Die überwiegende Angebots- und Nachfragemacht bestimmt
letztlich, ob der Anbieter oder Abnehmer seine Forderungen durchsetzen
kann.

Das Ausmaß einer Bedrohung der Branche durch neue Konkurrenten hängt
von den vorhandenen Eintrittsbarrieren des Absatzmarktes und von den
Reaktionen der großen Wettbewerber der Branche ab.[45]

Ein wichtiges Untersuchungsobjekt ist der Rivalitätsgrad unter den Wettbewerbern. Aktionen eines Unternehmens können Auswirkungen auf die
anderen haben, was ihre Stabilität beeinflussen kann. Die Stabilität einer

---

41   vgl. Blom 1982, S. 108
42   vgl. Tietz 1985, S. 183 ff.
43   vgl. Heege 1986, S. 20
44   vgl. Heege 1986, S. 16 ff.
45   vgl. Pekayvaz 1985, S. 17

Branche kann auch durch einen Faktor oder durch das Zusammenwirken mehrerer verschiedener Faktoren gefährdet sein.

Ein wesentliches Element der Umweltanalyse der Beschaffung ist die Konkurrenzanalyse. "Als Konkurrenzanalyse wird die Analyse aller Daten der Konkurrenzunternehmen bezeichnet, die für eigene Entscheidungen im Rahmen der strategischen Planung von Bedeutung sind."[46] Der Bereich Konkurrenz ist aufgrund der engen Verflechtungen, die zwischen dem eigenen Unternehmen und den Wettbewerbern bestehen, der unternehmensspezifischen Umwelt der Beschaffung zuzurechnen. Veränderungen in diesem Bereich üben i. d. R. direkte Einflüsse auf unternehmerische Aktivitäten aus. Zweck dieser Analyse ist ebenfalls das rechtzeitige Erkennen von Chancen und Risiken, die für das Unternehmen im Wettbewerb wichtig sind. Alle Informationen, die dazu beitragen, herrschende Wettbewerbsverhältnisse zu durchleuchten und es ermöglichen, die Unsicherheit in bezug auf die Entwicklung zukünftiger Wettbewerbsverhältnisse zu reduzieren, werden im Rahmen der Konkurrenzanalyse sorgfältig gesammelt und ausgewertet. Als primäre Informationsquellen dienen dabei Berichte des Außendienstes, Befragungen, Messen, Gespräche mit den Mitarbeitern der Konkurrenz etc. Als weitere Informationsquellen können Tageszeitungen, Fachpresse, Werkzeitungen, Geschäftsberichte etc. (Sekundärquellen) in Anspruch genommen werden.

Der Problemkomplex Rahmenbedingungen, die durch den Marktraum gegeben sind, betrifft in erster Linie die Absatzreichweite der Lieferanten, auf die die Beschaffung als Nachfrager in der Regel nur geringen Einfluß ausüben kann. Als Beispiele der Faktoren, die beschaffungsseitig zu berücksichtigen sind, lassen sich nennen[47]:

- Internationalisierungs- oder Nationalisierungsstrategien der Lieferanten.
- Veränderungen der internationalen Arbeitsteilung,
- Verbesserung von Transportmöglichkeiten,
- Verbesserung des internationalen Informationsaustausches,
- Veränderung von Standortvor- bzw. Nachteilen bei Lieferanten.

---

46 vgl. Pekayvaz 1985, S. 43
47 vgl. Heuer 1988, S. 185

Zu den Rahmenbedingungen, die durch den Beschaffungsmarkt gegeben sind, zählen auch die angebotenen Materialien. Es läßt sich dabei unterscheiden[48]:

- die Qualität des Angebotes,
- das mengenmäßige Angebot und
- das wertmäßige Angebot.

Die Problematik des Angebotes ist von zwei Seiten her zu betrachten. Es ist zunächst festzustellen, ob sie aufgrund von spezifizierten Anforderungen hinsichtlich Qualität und Menge seitens der Produktion oder der Entwicklungsabteilung entsprechende Lieferanten zu finden hat, welche die Nachfrage befriedigen können, oder ob die Beschaffung größere Freiheitsgrade besitzt, die erlauben, aktiv auf das Angebot der Lieferanten einwirken zu können. Eine Einschränkung der Zahl der potentiellen Lieferanten und damit einhergehend eine Einschränkung des qualitativ adäquaten Angebotes läßt sich auf erhöhte Anforderungen an die Qualität der Fertigerzeugnisse bezüglich der Produktqualität zurückführen. Eine positive Veränderung der Bedingungen kann durch den Ausbau von Fertigungskapazitäten seitens der Lieferanten zur Befriedigung zukünftiger Bedarfe erfolgen.

Die Rahmenbedingungen des wertmäßigen Angebotes können sich für die Beschaffung beispielsweise dadurch verändern, daß neue kostengünstigere Fertigungsmethoden beim Lieferanten eingesetzt werden.

3.3.3   Kontrolle der unternehmensinternen Beschaffungspotentiale

Nach der Analyse und Kontrolle der externen Entwicklungen muß nun beantwortet werden, was die Unternehmung aufgrund ihrer internen Beschaffungsstärken und -schwächen im Vergleich zu ihren Konkurrenten verbessern kann. Zwar lassen sich kaum allgemeine Aussagen über ein genaues Vorgehen treffen, doch kann man generell folgenden Ablauf vorgeben[49]:

- Ermittlung und Feststellung der kritischen Ressourcen, die beschafft werden müssen;

---

48   vgl. Heuer 1988, S. 190
49   vgl. Steinöcker 1991, S. 23

- Auswählen von Schlüsselfaktoren und Beurteilen derselben im Vergleich zur Beschaffungskonkurrenz;
- Profildarstellung der Stärken und Schwächen der unternehmenseigenen Beschaffung und Eintragung der entsprechenden Profile der Beschaffungskonkurrenz zu Vergleichszwecken.

Die genannten Funktionen können sowohl in bezug auf ihr Ergebnis, ihren Prozeß als auch auf ihr Verhalten kontrolliert werden[50]:

- Prüfung, ob die Funktionen wahrgenommen werden,
- Prüfung des Umfangs der Erfüllung einer Funktion,
- Prüfung der Qualität der Funktionserfüllung,
- wertmäßige Prüfung der Funktionserfüllung.

Die Kontrolle der quantitativen Funktionen besteht hauptsächlich aus der Feststellung von Mengen- und Zeitabwicklungen und sind daher häufig auf mehrere Ursachen gleichzeitig zurückzuführen. Deshalb sollte ihr eine qualitative Kontrolle der Funktionserfüllung folgen. Die Qualität der Funktionserfüllung betrifft neben der inhaltlichen auch die intensitätsmäßige Wahrnehmung übertragener Funktionen. Die Kontrolle der qualitativen Funktionserfüllung erfordert vor allem die Entwicklung von Vorgaben bzw. Standards, wo insbesondere die intensitätsmäßige Erfüllung der Funktionen überprüft werden soll.

Die quantitative als auch die qualitative Funktionskontrolle der Beschaffung soll auf die Überprüfung und das Ausnützen des Handlungsspielraumes der unternehmenseigenen Beschaffung gerichtet sein und muß nach folgenden Richtungen durchgeführt werden:

- Kontrolle des kostengünstigsten Funktionierens der Beschaffung, um den defensiven Handlungsspielraum zu vergrößern,
- Suche und Überprüfung neuer Beschaffungsmöglichkeiten, um den offensiven Handlungsspielraum zu vergrößern.
- Kontrolle des Ausschöpfungsgrades des Kostensenkungspotentials in der Beschaffung,
- Kontrolle der Ausschöpfung des Versorgungspotentials.

---

50   vgl. Hammann 1990, S. 123

Funktionskontrollen sind sowohl als Ergebnis- als auch als Prozeß- bzw. Verhaltenskontrollen denkbar. Sie können grundsätzlich in vierfacher Form erfolgen[51]:

- Prüfung, ob die einzelne Funktion überhaupt wahrgenommen wurde. Prüfungen dieser Art kennen nur ein dichotomes, d. h. entweder positives oder negatives Ergebnis.
- Prüfung des Umfangs der Erfüllung einer Funktion. Hier handelt es sich um den Fall der quantitativen Funktionskontrolle.
- Prüfung der Qualität der Funktionserfüllung. Man kann dies als den Fall der qualitativen Funktionskontrolle bezeichnen.
- Wertmäßige Prüfung der Funktionserfüllung. Sie setzt zumindest eine kategoriale und/oder quantitative Funktionskontrolle voraus.

Dabei stehen folgende Merkmale im Vordergrund des Interesses:

- Häufigkeit der Wahrnehmung einer Funktion, d. h. die Zahl der Wahrnehmungsfälle (z. B. Zahl der Lieferantenkontakte, Zahl der durchgeführten Kontrollen, Zahl der Reklamationen, Zahl der Probeläufe, usw.). Die Kontrolle solcher Häufigkeiten setzt zum einen Erfahrungswerte aus der Vergangenheit voraus, die sich (bei wiederkehrenden Funktionsausübungen) zu Normal- bzw. Durchschnittswerten verdichten lassen. Zum anderen sind Prognosekonzepte notwendig, um die für die Häufigkeit der Funktionsausübung notwendigen Sollwerte in der Planung zu entwickeln.
- Dauer der Wahrnehmung einer Funktion, d. h. die zur Funktionsausübung aufgewendete Zeit (z. B. Dauer der Lieferantenkontakte, Lieferzeiten, Bestellzeiten, Transportzeiten, usw.), daneben aber auch das Zeitintervall zwischen zwei Funktionsausübungen (z. B. Bestellintervall, Prüfintervall, usw.). Auch hier sind Daten der Vergangenheit notwendig, um Schätzwerte von Zeitdauern zu erarbeiten und Prognosen künftigen Zeitbedarfs anstellen zu können.

Aber auch die Flexibilität der Beschaffung muß kontrolliert werden. Die Flexibilität als Leistungsmerkmal stellt für die Beschaffung insbesondere eine Anforderung in qualitativer und struktureller Hinsicht dar. Die Flexibilität in quantitativer Hinsicht bezieht sich lediglich auf die Mengenkompo-

---

51   vgl. Hammann 1990, S. 12

nente der Beschaffung. Freiheitsgrade in bezug auf Änderungen der zu beschaffenden Materialmenge lassen sich durch eine entsprechende Liefervertragsgestaltung erreichen. Eine quantitative Flexibilität ist somit gegeben, wenn das abnehmende Unternehmen die Liefermenge auch kurzfristig bestimmen kann. Die Verwirklichung einer strukturellen Flexibilität geht hierbei mit dem Ziel einer quantitativen Flexibilität in einer komplementären Beziehung einher.

Die qualitative Flexibilität, die auf die Veränderungen der artmäßigen Dimension der Beschaffung abhebt, kann dadurch erreicht werden, daß durch die Beschaffungsmarktforschung Informationen darüber gewonnen werden, für welche Materialarten welche Lieferanten Wettbewerbsvorteile aufweisen. Eine weitere Möglichkeit zur Erzielung einer qualitativen Flexibilität besteht darin, mit den bisherigen Lieferanten im Hinblick einer gemeinsamen Forschung und Entwicklung auf dem Gebiet des Materialwesens eng zusammenarbeiten. Diese Art der zwischenbetrieblichen Kooperation verbessert einerseits die qualitative Flexibilität, während andererseits die strukturelle Flexibilität verschlechtert wird.

Die strukturelle Flexibilität, die als Ansatzpunkt für die Flexibilität organisatorische Regelungen betrachtet, wird durch solche zwischenbetrieblichen Kooperationen herabgesetzt, da hierdurch die Abhängigkeit des Unternehmens von seinen Zulieferern steigt.[52]

Die Kontrolle der unternehmensinternen Potentiale kann mittels eines Beschaffungs-Auditing durchgeführt werden. Auditing bedeutet im Grunde nichts anderes als "kritische Durchsicht" bestehender Sachverhalte in der Beschaffung. Dabei müssen sowohl die Ziele als auch die verschiedenen Politiken als auch die ihnen zugrundeliegenden Annahmen als auch die Planungs- und Organisationsstrukturen der Beschaffung analysiert werden. Kennzeichnend für alle Auditing-Konzepte ist eine gewisse Dualität einer rückwärts orientierten Analyse und einer in die Zukunft gerichteten präventiven Evaluation.

---

52 vgl. Brecht 1993, S. 295

Die einzelnen Bereiche des Auditing können wie folgt bezeichnet werden:

- **Beschaffungs-Strategie-Audit**: Im Rahmen dieses Teilbereiches ist die Frage der Kompatibilität der langfristigen unternehmerischen Zielsetzung mit den Umweltkonstellationen zu prüfen.
- **Beschaffungs-Organisations-Audit**: Die Angemessenheit der in der Unternehmung vorgefundenen organisationellen Regelungen im Hinblick auf die Erfordernisse der Umwelt und der Strategie ist einer kritischen Analyse zu unterziehen.
- **Beschaffungs-Planungs-Audit**: Das Beschaffungs-Informationssystem, das Beschaffungs-Planungs- und das Beschaffungs-Kontroll-Schema sollen daraufhin untersucht werden, ob sie adäquat organisiert sind und effektiv arbeiten.
- **Beschaffungs-Wirtschaftlichkeits- und Beschaffungs-Instrumenten-Audit**: Die einzelnen marketingpolitischen Maßnahmen sollen im Hinblick auf Rentabilitäts- und Kostendeckungsgesichtspunkte einer genauen Analyse unterzogen werden.

Die Tätigkeitsfelder des Auditing lassen sich wie folgt kennzeichnen:

- **Prämissen-Auditing**: Gegenstand dieser Kontrollaktivitäten sind die vielfältigen Annahmen über Gesetzmäßigkeiten der Unternehmung.
- **Ziel-Auditing**: In diesem Zusammenhang geht es um die grundsätzliche Ausrichtung der unternehmerischen Aktivitäten, wobei insbesondere die Adäquanz des Zielsystems untersucht werden soll.
- **Maßnahmen-Auditing**: Die Zusammensetzung der Beschaffungsinstrumente und die Höhe der einzelnen Budgets sollen in diesem Zusammenhang insbesondere daraufhin überprüft werden, ob die in der Praxis häufig festzustellende zeitliche Konstanz gerechtfertigt ist.
- **Prozeß-Auditing**: Die Ordnungsmäßigkeit und Zweckmäßigkeit der Informationsversorgung sind Gegenstand des äußerst weitreichenden Prozeß-Auditings.

Neben dieser Maßnahme ist als prozeßbegleitendes Hilfsmittel der Qualitätssteuerung das Qualitätsaudit zu nennen. Je nach Schwerpunkt der Betrachtung lassen sich diese Audits[53]

---

53   vgl. Wildemann 1988, S. 139

- produktbezogen,
- verfahrensbezogen (Prüfverfahren) und
- systembezogen (Einzelelemente des Qualitätssicherungssystems)

durchführen. In bezug auf die Sicherung der Qualität von Zukaufteilen bedeutet die Durchführung von Audits eine sehr nahe Zusammenarbeit von Lieferant und Abnehmer. Hierbei wird die Erfüllung von Anforderungen der Kaufteile durch den Abnehmer im eigenen Haus oder beim Lieferanten geprüft. System- und verfahrensorientierte Audits hingegen werden beim Lieferanten durchgeführt. Ziel hierbei ist es, durch die Einbeziehung der Mitarbeiter des Lieferanten in den Prüfprozeß das Verantwortungsbewußtsein durch Motivation zu steigern.

Abb. 24 macht deutlich, daß das Prämissen-Auditing nicht nur dem Strategiebereich, sondern allen Objektbereichen zuzuordnen ist. Dabei kommt diesem im Leitbildbereich mit Sicherheit eine weit größere Bedeutung als im Maßnahmenbereich zu. Umgekehrt ist die Bedeutung der Ergebniskontrolle für die Strategie-Kontrolle vergleichsweise gering, für die Maßnahmen-Kontrolle aber äußerst wichtig. Erst alle Maßnahmen der Beschaffungs-Kontrolle zusammen gewährleisten allerdings eine erhöhte Erfolgsträchtigkeit der Unternehmensführung.

traditionelle Einteilung	Hierarchie-bezogene Einteilung	detaillierte Einteilung
der betrieblichen Kontroll-Maßnahmen		
strategische Kontrolle	Leitbild-Kontrolle	strategische Überwachung, Prämissen-Auditing
	Strategie-Kontrolle	Organisations-Auditing, Strategie-Auditing, Prämissen-Auditing, Ergebniskontrolle
	Politik-Kontrolle	Prämissenkontrolle, Ergebniskontrolle, Maßnahmen-Auditing, Organisations-Auditing
operativ-taktische Kontrolle	Maßnahmen-Kontrolle	Ergebniskontrolle, Maßnahmen-Auditing, Prämissen-Auditing

Abb. 24: Ein Vergleich verschiedener Systeme der Beschaffungs-Kontrolle
Quelle: Böcker, 1988, S. 57

3.3.3.1   Kontrolle der Ausschöpfung des Versorgungspotentials

Für die Beurteilung der Marktchancen zur Realisierung der Versorgungssicherheit wird es notwendig, das Versorgungspotential und die Größen, die es beeinflussen, zu konkretisieren. Somit wird es zunächst nötig, die potentiellen Lieferanten und ihr jeweiliges Angebot aufgrund bestimmter Merkmale, z. B. der Betriebsgröße, der geographischen Verteilung, der Produktionskapazität, technologischer Eigenschaften der Produkte, Prüfungseinrichtungen etc.[54] zu definieren. Die Schwierigkeit bei der Bestimmung des Versorgungspotentials besteht darin, daß einerseits keine primären oder wesentlichen Faktoren bei der Bestimmung des Angebots übersehen werden dürfen, daß es aber andererseits unmöglich erscheint, alle relevanten Faktoren zu erfassen.[55]

Die Schätzung des **Versorgungspotentials** bedingt die Kenntnis aller Faktoren, von denen das Angebot der Beschaffungsobjekte beeinflußt wird. Bei der Bestimmung der potentiellen Lieferanten ist insbesondere die Branchenzugehörigkeit, die Betriebsgröße, die Kapazität, das Produktionsverfahren, das Investitionsvolumen sowie die geographische Verteilung von Wichtigkeit[56]. Letztendlich ist es aber unmöglich, alle Faktoren vollzählig zu erfassen, die das Angebot eines Beschaffungsobjektes beeinflussen könnten. Einen Versuch einer möglichst vollständigen Checkliste, die das Informationsspektrum abzudecken trachtet, macht Stark[57]. Grundlegende Techniken zur Schätzung des Versorgungspotentials sind die Lieferantenbefragungen, die multiple Regressionsanalyse und die Wachstumsfunktionen. Bei den Lieferantenbedingungen werden in einer Total- bzw. Teilerhebung alle potentiellen Lieferanten befragt, ob und in welchem Maße sie unter bestimmten Bedingungen ein Beschaffungsobjekt herstellen und anbieten würden. Für die Befragungen bieten sich insbesondere die computergestützten sowie die computerisierten Befragungen an. Ein Hauptmangel der Lieferantenbefragung besteht darin, daß es einem Anbieter im allgemeinen sehr viel leichter fällt zu sagen, er werde eine bestimmte Produktionsmenge produzieren und anbieten, als dieses Vorhaben auch tatsächlich realisieren

---

54   vgl. Hammann/Lohrberg 1986, S. 82
55   vgl. Piontek 1991a, S. 130
56   vgl. Stangl 1987, S. 160 ff.
57   vgl. Stark 1989/90, S. 54-59

zu können. Daher führen Lieferantenbefragungen oft zu Überschätzungen des Versorgungspotentials.

Das unausgeschöpfte Versorgungspotential dient dabei als Richtmaß einer Zielsetzung, die festlegen soll, inwieweit das Versorgungspotential je Beschaffungsobjekt innerhalb einer Kostenklasse und einer bestimmten Region noch ausgeschöpft werden soll.

Nun hängt die Versorgungssicherheit nicht nur vom Durchdringungsgrad des Versorgungspotentials pro Beschaffungsobjekt innerhalb einer Kosten-höchstgrenze ab, sondern auch von der Anzahl der Lieferanten innerhalb dieses Durchdringungsgrades. Im Sinne einer optimalen Versorgungs-sicherheit ist eine Risikostreuung durch Vermeidung einseitiger Lieferan-tenbindungen unumgänglich[58]. Zum Zwecke einer Einbeziehung der Risiko-streuung muß der Beschaffungsmarktbesetzungsfaktor in die oben ermittel-ten Kennzahlen mit einbezogen werden. Um den Besetzungsfaktor zu ermit-teln ist es erforderlich, die Gesamtheit der möglichen Lieferanten mittels der Beschaffungsmarktforschung zu bestimmen bzw. abzuschätzen.

3.3.3.2 Kontrolle der Ausschöpfung des Kostensenkungspotentials

Das **Beschaffungsobjekt-Kostensenkungspotential** (BOKSP) ergibt sich aus der Analyse der Möglichkeiten zur Beeinflussung einzelner Beschaf-fungsobjektpositionen und den daraus resultierenden Kosteneinsparungen. Hierbei spielen Fragen der Beschaffungmarktentwicklung sowie wettbe-werbsbedingte Einflüsse eine entscheidende Rolle[59]. Nicht ausgeschöpfte Kostensenkungspotentiale bedeuten letztlich entgangene Ergebnisbeiträge für das Unternehmen und sind demnach den Opportunitätskosten zuzurech-nen[60]. Um Kennzahlen für den Grad und die Möglichkeiten der Kostensen-kungsmöglichkeiten zu erhalten, bedarf es der Quantifizierung der BOKSP. Letztendlich scheint eine Transparenz und Praktikabilität dieser Analyse jedoch nur dann möglich, wenn das Bewertungsschema auf wenige Fakto-ren - aber ohne wesentlichen Verlust an Vollständigkeit und Sensibilität

---

58   vgl. Hammann/Lohrberg 1986, S. 144; Harlander/Platz 1991, S. 66
59   vgl. Bornemann 1987, S. 47
60   vgl. Oeldorf/Olfert 1987, S. 216

reduziert werden kann. Für die Beeinflussung der Kosten (und damit der BOKSP) ist eine Differenzierung der Kosten nach dem Grad ihrer Beeinflußbarkeit durch Beschaffungsmarketing unerläßlich, und zwar in:

- nicht durch das Beschaffungsmarketing beeinflußbare Kostenänderungen (z. B. Zölle, Steuern);
- kaum durch das Beschaffungsmarketing beeinflußbare Kostenänderungen (z. B. Preisänderungen aus Angebots- bzw. Nachfrageverschiebungen);
- gut durch das Beschaffungsmarketing beeinflußbare Kostenänderungen (z. B. Preisänderungen aus Preisverhandlungen und Lieferantenwechsel).

Aus der Zuordnung der Kosten zu diesen drei Rubriken ergeben sich die prozentualen und absoluten BOKSP. Durch den Vergleich der BOKSP mit den bisher realisierten Kostensenkungen konkretisiert sich die bisherige Beschaffungsmarketingleistung zur Kostensenkung. Die Differenz der ausgeschöpften und ausschöpfbaren Kostensenkung ist der Ausgangspunkt einer detaillierten Planung zur Kostensenkung.

In der Praxis sind für die Nichtausschöpfung der Kostensenkungspotentiale bei der Anlagenbeschaffung folgende Faktoren verantwortlich[61]:

- Die heterogene Zusammensetzung der Buying-Center-Mitglieder (Kaufleute, Ingenieure, Rechtsberater, Consulting Engineers etc.) verhindert bzw. blockiert eine Ausschöpfung der Kostensenkungspotentiale. Kommunikations- und Abstimmungsprobleme sowie Interessenkonflikte verhindern Synergieeffekte und reduzieren die Nachfragemacht des Beschaffers.
- Entscheidungen über die Vergabe von Beschaffungsentscheidungen werden oft schon in den ersten Schritten der Planung von der Technik oder der Kalkulation präjudiziert. Dem Beschaffer werden Kalkulationsspannen vorgelegt, in denen er sich bewegen muß. Sofern er die Spannen einhält, herrscht allgemeine Zufriedenheit. Die Folge ist fehlende Bereitschaft der Beteiligten zu einer aktiven Auseinandersetzung mit den Beschaffungspreisen, die laut Cecchini-Bericht zu einer Überhöhung der Beschaffungspreise von ca. 10 bis 20% innerhalb der EG führt. Von

---

61   vgl. Piontek 1991b, S. 56

einer Realisierung der Kostensenkung und dadurch von Wettbewerbs-
vorteilen mittels differenzierter Beschaffungsstrategien im Sinne
Leenders/Blenkhorns (1989) Reverse Marketing kann somit keine Rede
sein.

• Der hohe Beschaffungswert der Anlagen verleitet die Einkäufer - aus der
Erwartung möglicher negativer Konsequenzen einer Beschaffungsentscheidung - zur Ergreifung risikoreduzierter Maßnahmen. Einerseits
können negative Konsequenzen einer komplexen Beschaffungsentscheidung durch Versicherungen und Garantien begrenzt werden, andererseits
kann die Unsicherheit durch die Berücksichtigung zusätzlicher Informationen verringert werden. Obwohl eine steigende Informationsnachfrage
in empirischen Studien nicht immer bestätigt werden konnte, gilt sie in
der Regel bei Beschaffungsentscheidung mit hoher Komplexität. Der
Beschaffer sucht jedoch in der Praxis keine Informationen über potentielle negative Konsequenzen, sondern vielmehr Informationen über die
Wahrscheinlichkeit ihres möglichen Eintritts.

3.3.3.3 Wertmäßige Funktionskontrolle

Nicht nur die Erfolgswirksamkeit des Beschaffungsbereichs insgesamt soll
nachgewiesen und dokumentiert werden, sondern auch die Kontrolle der
Beschaffungswirtschaftlichkeit[62]. Dabei dürfen nicht - wie bisher geschehen
- die Kosten der Beschaffungsfunktionsausübung nur dem Gemeinkosten-
block zugerechnet werden. Im Sinne eines verursachungsgerechten Beschaffungscontrollings müssen diese Gemeinkosten - da es sich um funktional
differenzierbare Beschaffungseinzelleistungen handelt - aufgespalten werden[63]. Während für Fertigungsprozesse ein Mengengerüst durch Stücklisten
und Arbeitspläne vorgegeben sind, wurden bisher die Kosteneinflußfaktoren
in der Beschaffung weitgehend nicht untersucht und ausgewiesen. Die im
Beschaffungsbereich entstehenden Leistungen (bzw. Prozesse) sind aber
mindestens von gleicher Bedeutung zur Erzielung eines Markterfolgs wie
das kostengünstige Fertigen. Der Grad an **Kostentransparenz** ist im
Beschaffungsbereich im Verhältnis zu den dort immer noch steigenden
Kosten sehr gering. Nur ein verursachungsgerechtes Einbeziehen der rele-

---

62   vgl. Hammann 1990, S. 18
63   vgl. Hammann 1990, S. 20

vanten Gemeinkosten innerhalb des Beschaffungscontrollings zeigt Möglichkeiten auf, diese Kosten auch einzudämmen. Mittels der Prozeßkostenrechnung soll der Dominanz der Gemeinkosten innerhalb des Beschaffungsbereiches Rechnung getragen werden.

Das Gemeinkostenmanagement hat im Beschaffungsbereich die folgenden Ziele zu verfolgen:

- Sicherstellen der Wirtschaftlichkeit von Prozessen;
- möglichst verursachungsgerechte Zurechnung von Gemeinkosten auf Kostenträger im Rahmen der Kalkulation zur Preisfindung und -rechtfertigung;
- Identifikation von Kostenschwerpunkten in der Ablauforganisation. Darauf aufbauendes Planen und Unterstützen von Rationalisierungs- und Restrukturierungsmaßnahmen (Prozeßmanagement);
- Vorgabe für prozeßorientierte Kostenplanungen.

Folgerichtig ist ein **Prozeßkostencontrolling** schwerpunktmäßig auf eine differenzierte - nach Einzelleistungen aufgespaltete - Kontrolle und Verteilung der Gemeinkosten ausgerichtet. Für eine verursachungsgerechte Aufspaltung der Gemeinkosten kann es hilfreich sein, Beschaffungsteilfunktionen nach ihrer primären Verursachung oder Beeinflussung zu gruppieren. Gruppierungskriterien sind u. a.:

- Fertigungsbereichsbezug,
- Absatzbereichsbezug,
- Markterkundungsbezug,
- Auftragsbezug,
- Produktionsfaktorbezug.

Über eine detaillierte Prozeßanalyse und -kontrolle sowie über eine exakte und verursachungsgerechte Erfassung der mit den entsprechenden Beschaffungsaufgaben verbundenen Kosten unter Rückgriff auf die effektiven Kosteneinflußfaktoren wird ein nach innen gerichtetes Beschaffungscontrolling erst möglich.

Viele Kostensenkungspotentiale ruhen im allgemeinen als typische Gemeinkosten vor der Erfassung und Analyse der gängigen Kostenrechnungssysteme verdeckt im Unternehmen (vgl. Abb. 25). Diese Kosten werden als Gemeinkostenzuschläge gleichmäßig über alle Produkte oder Pro-

duktgruppen verteilt, ohne hier durch Differenzierung wirklich aufzudecken, ob nicht z. B. die Bestellungen für eine Produktgruppe erheblich
aufwendiger sind als andere. Ein erheblicher Anteil dieser Tätigkeit (und
damit Kosten) ist darüber hinaus eher unproduktiv, trägt also kaum zur
Wertschöpfung im Unternehmen bei, wie z. B. Informationssuchen, Bearbeitung fehlerhafter Bestellungen, usw.[64].Aktive Kostenkontrolle verlangt
hier die Initiative des verantwortlichen Einkäufers, diese Gemeinkosten
transparent darzustellen und vor allem in ihrer zeitlichen Entwicklung zu
analysieren.

	Bekannte Kosten	**Unbekannte Kosten**
produktive Kosten	⇒ Bezugskosten ⇒ Mehraufwand Transport ⇒ Mehraufwand durch Einzelbestellungen ⇒ Inventuraufwand ⇒ Lagerkosten	⇒ Lieferantenverhandlungen ⇒ Bestellungen/ Bestellüberwachung ⇒ Stammdatenpflege
unproduktive Kosten	entfällt, da weitgehend nicht spezifizierte Gemeinkosten	⇒ Klärungen/Rückfragen ⇒ Fehlerkosten ⇒ Auflösung von Reservierungen oder Kommissionierungen ⇒ Unterbrechung des Arbeitsflusses ⇒ Demotivation

Abb. 25: Beispiele für Flexibilitäts- und Komplexitätskosten im Einkauf
(Materialwirtschaft).

Quelle: Buff 1993, S. 19

---

64   vgl. Buff 1993, S. 20

4. Informationssysteme der Beschaffung

4.1 Ziele des Beschaffungsinformationssystems

Ein Beschaffungsinformationssystem dient primär als ein Instrument zur Unterstützung der Beschaffungsmarketingaufgaben bzw. -funktionen. Berg[1] hat die Aufgaben des Beschaffungsmarketing im Hinblick auf deren Art und zeitliche Reichweite in Maßnahmen des

- operativen Beschaffungsmarketing,
- taktischen Beschaffungsmarketing,
- strategischen Beschaffungsmarketing,

differenziert. Katzmarzyk[2] hält an dieser Dreiteilung fest, bezeichnet aber die Maßnahmen des operativen Beschaffungsmarketing als Funktionen der Einkaufsabwicklung, wobei deren Inhalte weitgehend identisch sind. Ein anderer Ansatzpunkt zur Klassifikation typischer Beschaffungsmarketingaufgaben ergibt sich aus der Möglichkeit, auf unterschiedliche Problemlösungscharakteristiken sowie auf Unterschiede in der Art und Nutzung von Informationsbasen abzustellen. Eine solche Differenzierung ließe sich grob nach

- strukturierten Aufgaben,
- unstrukturierten bzw. schwach strukturierten Aufgaben

vornehmen[3]. Eine solche Unterteilung hat gegenüber der ersten Einteilung den Vorteil, daß zugleich ersichtlich wird, welche Aufgabenstellung sich für eine EDV-Unterstützung eignet.

Viele beschaffungspolitische Entscheidungen lassen sich aber aufgrund ihrer Komplexität und der schnellen Änderungen der Beschaffungmarktkonstellationen schlecht strukturieren, so daß eine standardisierte Problemlösung nicht möglich ist[4]. Daher muß dem Entscheidungsträger im Beschaffungsmarketing ein Informationsinstrumentarium zur Verfügung gestellt werden, das ihn bei unstrukturierten und ad hoc zu fällenden Entscheidun-

---

1   vgl. Berg 1981, S. 15
2   vgl. Katzmarzyk 1988, S. 37
3   vgl. Seggewiß 1985, S. 22 ff.
4   vgl. Lindner 1983, S. 22 ff.

gen, wie z. B. bei der kurzfristigen Analyse von Marktsegmenten, bei kurzfristigen Einkaufsförderungsaktionen, bei der Untersuchung von unterschiedlichen Beschaffungswegen u. a. unterstützt.

Strukturierte Aufgaben sind durch ihren Wiederholungs- und Routinecharakter gekennzeichnet, wobei die Problemlösungen einfach und konstant sind. Bei den strukturierten Aufgaben handelt es sich hier um folgende Maßnahmen:

- Bestellanforderungsbearbeitung und -überwachung,

- Bezugsquellenermittlung,

- Angebotseingangsüberwachung,

- Angebotsvergleich,

- Bestellentscheidung,

- Bestellüberwachung,

- Wareneingangskontrolle,

- Dokumentation[5].

Diese Aufgaben eignen sich aufgrund der oben genannten Charakteristika für eine Automatisierung und werden auch schon zunehmend mit Hilfe elektronischer Datenverarbeitung in der Praxis unterstützt.

Unstrukturierte Aufgabenstellungen lassen sich durch ihre Situationsabhängigkeit, ihren Schwierigkeitsgrad, ihre Kommunikationsintensität, ihren Zeitdruck und durch ein geringes Maß an Routine kennzeichnen. Sie umfassen weitgehend die Aufgaben des taktischen und strategischen Beschaffungsmarketing:

- Lieferantenwahl, Kontrolle und Beurteilung der Lieferantenleistung,

- Systematische Marktbeobachtung, Marktanalysen, Marktumweltanalysen sowie detaillierte Analysen von Lieferantenunternehmen,

- Analysen zur Bestellmengenoptimierung sowie zur Reduzierung der Lagerbestände,

---

5   vgl. Berg 1981, S. 16; Fontana 1987, S. 9

- Nutzung des Know-how der Zulieferindustrie für die eigene Produkterstellung und für das eigene Fertigungsverfahren,

- Qualitäts- und Terminsicherung durch Steuerung des Produktions- und Fertigungsverfahrens des Lieferanten,

- Aufspüren und Bewertung neuer Materialien zur Versorgungssicherheit sowie neuer Technologien am Beschaffungsmarkt,

- Risikostreuung durch ad-hoc-Reservierung von Fertigungskapazitäten bzw. durch die Einschaltung von Alternativlieferanten,

- Beobachtung und Analyse der Entwicklung der Lohn-, Energie- und Materialkosten,

- Gestaltung der logistischen Prozesse u. a.[6].

Zur Lösung der Probleme und zur Unterstützung dieser Aufgaben müssen quantitativ analytische Methoden sowie neuartige situationsadäquate Problemlösungsmuster entworfen werden.

Ausgehend von den Informationen, die ein strategisches Informationsmanagement bereitzustellen hat, können folgende einzelne Aufgaben abgeleitet werden:

- Formulierung der Informationsstrategie.

  Die Informationsstrategie dient als Maßnahmenprogramm zur Entwicklung, Erhaltung und Nutzung von Informationen als Erfolgspotential des Beschaffungcontrolling. Zur Entwicklung dieser Strategie müssen das bestehende Informationsangebot sowie der beim Beschaffungscontrolling auftretende Informationsbedarf gegenübergestellt werden. Auf diese Weise können Informationslücken sowie ein "information overload" festgestellt werden. Die Informationsangebotsanalyse umfaßt die Erfassung der Informationsträger, die stellen- und abteilungsspezifische Zuordnung der Informationsträger sowie die Erfassung der Informationen auf den Informationsträgern.

  Der Vergleich des Informationsangebots und des Informationsbedarfs gilt als Grundlage für die Formulierung der Informationsstrategie.

---

6   vgl. Fontana 1987, S. 10; Berg 1981, S. 22 ff.; Katzmarzyk 1988, S. 41 ff.; Seggeweiß 1985, S. 78 ff.

- Organisation des Informationsmanagement

Zur Umsetzung der Informationsstrategie sind Maßnahmen zur Organisation des Informationsmanagement zu ergreifen. Die Aufgaben sind direkt aus der Informationsstrategie abzuleiten. Die Organisation des Informationsmanagement ist hinsichtlich ihrer strategischen Ausrichtung regelmäßig zu überprüfen und eventuell zu modifizieren.

- Festlegung der Informationsinfrastruktur

Die Entwicklung des Informationsversorgungsprozesses erfordert Entscheidungen über die Informationsgewinnung, die Informationsspeicherung und die Informationsübermittlung. In der Planung der Informationsstrukktur sind die Ist-Analyse des vorhandenen Informationssystems, die Art und Anzahl der Netze sowie die entsprechenden Informationsregelungen zu erheben. Zu klären ist ferner, wie eine Informationslücke hinsichtlich der strategischen Ausrichtung und der Erkennung von beschaffungsmarktrelevanten Diskontinuitäten zu schließen ist. Die Informationslücke besteht zwangsläufig aufgrund der Unvollkommenheit der strategischen Informationen[7]. So sind strategische Beschaffungsmarktinformationen in der Regel unvollständig, unbestimmt sowie unsicher und damit ungewiß. Diese Informationslücke kann aber nicht ex ante geschlossen werden, da der Informationsbedarf des Beschaffungscontrolling ständig aufgrund der Beschaffungsmarktdiskontinuitäten variiert.

Eine Reduktion der Informationslücke läßt sich höchstens durch eine Reaktion auf sehr vage Informationen - sogenannten schwachen Signalen des Beschaffungsmarktes - reduzieren. Die Frage, inwieweit schwache Signale zur Reduktion der Informationslücke beitragen können, ist davon abhängig, ob schwache Beschaffungsmarktsignale auf dem Beschaffungsmarkt identifiziert, verarbeitet und aggregiert werden können. Zur Gewinnung und Aufbereitung solcher schwachen Daten bedarf es insbesondere diverser Methoden und Modelle. Informationslücken entstehen aber auch innerbetrieblich. So müssen Informationen über Beschaffungsbereiche bereitgestellt werden, die intern durch strategisch ausgerichtete Entscheidungen beeinflußt werden. Die Beschaffungsstrategien als auch die Beschaffungsfunktionen variieren im Zeitablauf

---

[7]   vgl. Konrad 1991, S. 165 ff.

sowohl qualitativ als auch quantitativ. Folgerichtig müssen stets sowohl Informationen über ihre Ausprägung als auch über ihre Wirkung bereitgestellt werden. Zur wertmäßigen Überprüfung der Beschaffungsfunktionen sind ferner geeignete Schnittstellen zum Controlling bzw. Rechnungswesen herzustellen.

4.1   Bereitstellung von adäquaten Informationen

Ein strategisches Informationsmanagement hat zur Lösung schlechtstrukturierter Beschaffungscontrollingprobleme ein interaktives Mensch-Maschine-System zur Verfügung zu stellen. Durch die Übertragung der Beschaffungscontrollingaufgaben auf verschiedene Informationsverarbeitungssysteme soll ein effizienter Entscheidungsprozeß gewährleistet werden. Unter der Berücksichtigung des Prozeßcharakters hat das Informationsmanagement Informationen anzubieten, die dazu beitragen, daß

- Diskontinuitäten auf dem Beschaffungsmarkt rechtzeitig und richtig beschrieben werden können und insbesondere schwache Beschaffungsmarktsignale auf ihren Unternehmensbezug abtastbar werden. Ziel ist es hierbei, Veränderungen sowohl auf dem Beschaffungsmarkt als auch in der relevanten Umwelt bereits zum Zeitpunkt ihres inhaltlich noch unstrukturierten Entstehens zu erfassen.

- Beschaffungsteilziele, z. B. Risikostreuung, Kostenreduzierung nach Inhalt, Zeit und Segmentierung überprüft und eventuell korrigiert werden können. Dabei ist auch die Wirkung der Beschaffungsstrategien und Beschaffungsinstrumente zur Zielerreichung zu kontrollieren.

- eine Überprüfung der Beschaffungsfunktionen in quantitativer Hinsicht (insbesondere Mengen- und Zeitabweichungen) möglich wird. Darüber hinaus müssen auch die Wirtschaftlichkeit der Beschaffungsinstrumente überprüft sowie die Beschaffungsfunktionen qualitativ, d. h. inhaltlich und intensitätsmäßig, kontrolliert werden. Hierdurch soll die Koordination des Personal- und Arbeitsmitteleinsatzes durch eine ergebnis- und zielorientierte Steuerung optimiert werden.

- die Beschaffungsgemeinkosten verursachungsgerecht nach Einzelleistungen aufgespalten und kontrolliert werden. Ausgangspunkt bildet die Frage nach den Haupteinflußfaktoren der Kostenentstehung in den

Gemeinkostenbereichen. Durch die Kontrolle und Beeinflussung dieser Kosteneinflußgrößen sollen die Gemeinkosten reduziert werden.

Die Sicherstellung der Informationsversorgung beinhaltet die Forderung, daß das Beschaffungscontrolling die Bereitstellung aller im Prozeß der Beschaffungsführung notwendigen Informationen mit dem erforderlichen Aktualitäts-, Genauigkeits- und Verdichtungsgrad zu gewährleisten hat.

Das strategische Informationsmanagement hat somit sämtliche Phasen des Beschaffungmarktcontrollingprozesses zu unterstützen. Die Informationen haben sich dabei stets inhaltlich am Beschaffungscontrolling zu orientieren, um den fachlichen Problembezug zu ermöglichen.

Stangl[8] unterscheidet folgende Informationsarten für die Beschaffung:

1. Informationen für die Bedarfsplanung,

2. Informationen für die Ziel- und Strategieplanung,

3. Informationen für die Marktforschungsplanung,

4. Informationen für die Planung des Märkte- und Lieferantenportfolios,

5. Informationen für die Instrumentalplanung,

6. Informationen für die Kontrollplanung.

Doch nicht nur der Zweck der Information läßt sich als Systematisierungs-kriterium heranziehen, sondern ebenso die Herkunft der Information. Damit können Informationen gleichfalls nach den Beschaffungsprozeßphasen unterschieden werden, mit dem Unterschied, daß jetzt nicht wie oben der informationelle Input in die Prozeßphasen, sondern der entsprechende Output betrachtet wird. Somit ergeben sich als Informationsarten:

1. Informationen über den Bedarf,

2. Informationen über verfolgte Ziele und Strategien,

3. Informationen über Beschaffungsmärkte,

4. Informationen über das eigene Märkte- und Lieferantenportfolio,

5. Informationen über die eingesetzten Instrumente,

6. Informationen über Kontrollergebnisse.

---

8   Stangl 1988, S. 73

Abb. 26 zeigt die Inhalte eines strategischen Beschaffungsinformations-systems.

marktorientiertes strategisches Beschaffungs-Teilinformations-programm	unternehmensorientiertes strategisches Beschaffungs-Teilinformationsprogramm
⇨ Marktgröße relevanter Beschaffungs-märkte	⇨ Beschaffungsvolumen
⇨ Marktwachstum relevanter Beschaf-fungsmärkte	⇨ Beschaffungskostenanteil an den Gesamtkosten
⇨ Marktanteile relevanter Beschaffungs-objekte	⇨ Entwicklung des Produktions- und Absatzprogramms
⇨ Entwicklung der Vorratsmengen relevanter Ressourcen	⇨ Beschaffungsprogrammbreite und -tiefe
⇨ Entwicklung des Angebotes an Substitutionseinsatzfaktoren	⇨ Beschaffungsprogrammstrukturen
⇨ Preisentwicklungen relevanter Beschaffungsobjekte	⇨ Lagersystem-Auslastung
⇨ Entwicklung der Wettbewerbsstruktur in relevanten Beschaffungsmärkten	⇨ Transportsystem-Auslastung
⇨ Kapazitätsauslastungsgrade in relevan-ten Beschaffungsmärkten	⇨ Anzahl beschaffungsbedingter Produkti-onsstörungen aufgrund verspäteter Ma-terialbereitstellung bzw. aufgrund nicht qualitätsgerechter Materialbereitstellung
⇨ Recyclingentwicklungen in relevanten Beschaffungsmärkten	⇨ Kosten beschaffungsbedingter Produkti-onsstörungen

Abb. 26 Beispiel eines strategischen Beschaffungs-Informationsprogramms

Quelle: Reinschmidt 1989, S. 137

Fragt man sich, welche Informationen generell für die Entscheidungsfin-dung von Interesse sind und wie sie sich zuordnen lassen, kann man drei verschiedene Kategorien charakterisieren, mit der sich der Einkäufer aus-einandersetzen muß: Das Beschaffungsobjekt, das er kaufen will, sowie den Markt mit Anbietern und Konkurrenten.

Produktspezifische Informationen

Produktspezifische Informationen sind: Rohstoffzusammensetzung, physi-kalische und chemische Eigenschaften, Lagerfähigkeit, Lager- und Trans-portempfindlichkeit, Herstellungsverfahren etc. Es ist im Hinblick auf Eigenmarkt- und Vormarktaspekte wichtig, über Kenntnisse der Produkt-bestandteile und -eigenschaften zu verfügen. Nur so können auch Entwick-lungen bezüglich der Endprodukte analysiert werden. Para-Xylol zum Beispiel, Hauptbestandteil von Polyester, erfordert Mineralölverarbeitung. Deswegen muß die Textilindustrie, um Trendänderungen im Bereich Polyesterfaser rechtzeitig erkennen zu können, auch Analysen des Erdöl- und Erdgasweltmarktes durchführen.[9] Auch bei der Suche nach Substitutionsprodukten kommen dem Einkäufer spezifische Produktkenntnisse zugute. Eigenschaften und Funktionen der Substitute bezüglich der Verwendung im Endprodukt sind so leichter zu beurteilen.

Marktspezifische Informationen

Vor dem Hintergrund der produktspezifischen Informationen folgt die Analyse der *Marktstruktur* und -entwicklung. Bei der Marktstruktur wird sowohl die eigene wie auch die Position der Anbieter und Mitnachfrager untersucht. Je nachdem, ob der Beschaffungsmarkt durch oligopolistische, monopolistische oder polypolistische Angebotsstrukturen gekennzeichnet ist, haben die Einkäufer mehr oder weniger Handlungsspielraum. Bei polypolistischen Märkten zum Beispiel, in denen der Marktpreis für alle Marktteilnehmer gleich ist, wird man versuchen, durch intensive BMF (Beschaffungsmarktforschung) die Transparenz bezüglich Qualität und Lieferbedingungen im Markt zu erhöhen, um auf dem Wege den Wettbewerb zu intensivieren und die Einflußmöglichkeiten zu vergrößern.[10] Bei der Untersuchung der Nachfrage ist die Position der eigenen Unternehmung festzustellen. Dabei wird erkundet, wer die Nachfrager sind und wieviel Marktanteil sie besitzen. Man unterscheidet auch auf der Nachfrageseite das Nachfragemonopol, bei welchem der Einkäufer über eine starke Verhandlungsposition verfügt, das Nachfrageoligopol mit wenigen Nachfragern und das Nachfragepolypol mit geringen Einflußmöglichkeiten.[11]

Nach Feststellung der Marktstruktur ist die **Marktentwicklung** zu beobachten. Saisonale, konjunkturelle oder trendbedingte Marktschwankungen können sich sowohl auf Preise, Qualität, Lieferbedingungen wie auch auf die ursprüngliche Struktur der Märkte auswirken. Das ist z. B. der Fall bei trendbedingten Marktveränderungen wie technischer Fortschritt oder Rohstoffverknappung.

---

9   Bichler 1992, S. 50 f.
10   Harlander/Platz 1991, S. 103 ff.
11   vgl. Oeldorf/Olfert 1987, S. 200 f.

Lieferanteninformationen

Die Wahl der Lieferanten ist von erheblicher Bedeutung, und Fehlentscheidungen können verheerende Folgen für das Unternehmen haben. Obwohl die Anzahl der Lieferanten in der Tendenz erheblich zurückgeht, sollte auch hier durch die ABC-Analyse eine Eingrenzung vorgenommen werden und die A-Lieferanten im Mittelpunkt der beschaffungsmarktforschenden Untersuchung stehen. Informationen, die zur Beurteilung von Lieferanten benötigt werden, sind:[12]

Leistungsangebot (LA)

technisches LA

→ Produktionsprogramm
→ Aktualität der Fertigungsmethoden
→ Qualitätssicherung und -kontrolle
→ Know how
→ Innovationen
→ Kapazitäten
→ Beschaffungsprogramme
→ Vorlieferanten

soziales LA

→ Kooperationsbereitschaft

wirtschaftliches LA

→ Umsatzentwicklung
→ Kosten- u. Gewinnstruktur
→ Personalpolitik
→ Verkaufsprogramm
→ Marktanteil
→ Lieferfristen
→ Termintreue
→ Service etc.

Länderspezifische Informationen

Informationen über die unterschiedlichen Länder nehmen bei der internationalen BMF eine herausragende Stellung ein. Die BMF hat in diesem Zusammenhang vor allem die Aufgabe, durch systematische Informationsgewinnung Risiken vorzubeugen. Eine Länderstrukturanalyse beschäftigt sich dabei mit folgenden Aspekten :

Allgemeine Wirtschaftsdaten des Landes:

• Staatsoberhaupt, Mitglied internationaler Wirtschaftsorganisationen, Abkommen mit der Bundesrepublik Deutschland/EG, technische Vorschriften/Normen, Handelsklauseln, usw.

---

12   vgl. Bichler 1992, S. 50 f.

Wirtschafts- und sozialpolitische Einflüsse:

• Sozial- und Lohnpolitik (Tarfabschlüsse, Streikgefahr), Konjunktur, Währungs- und Handelspolitik, Konjunkturindikatoren (Industrieumsatz, Arbeitsmarkt, Außenhandelsvolumen, Preisindex etc.). Mentalität, Sprache, ethnologische Zusammensetzung u. a. Diese aufgelisteten Bereiche tangieren vor allem Preis, Quantität, Qualität, Lieferantenspektrum etc.

Staatspolitische Einflüsse:

• Kriegshandlungen, Versorgungsengpässe tangieren die Preisentwicklungen. Der Irankrieg z. B. verursachte enorme Preissteigerungen bei den Lieferländern und demzufolge auch bei den Mineralölkonzernen. Die Suche nach neuen Lieferanten begann.

• Enteignungen bewirken zum Teil tiefgreifende Veränderungen der Angebotsstruktur.

• supranationale Verträge.

Die Informationen müssen aber auch adäquat dargestellt werden. Abb. 27 gibt einen Überblick über die verschiedenen Darstellungsmöglichkeiten:

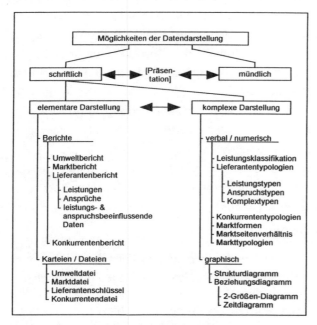

Abb. 27: Möglichkeiten der Datendarstellung
Quelle: Stangl, 1988, S. 250

Die schriftliche Darstellung läßt sich weiter differenzieren nach dem Ausmaß ihrer Komplexität. Bei der **elementaren Darstellung** werden die verschiedenen Informationen mehr oder weniger getrennt voneinander dargestellt; die Daten werden durch die Darstellung kaum zueinander in Beziehung gesetzt. Demgegenüber versucht man durch **komplexe Darstellung**
Einzelinformationen so miteinander zu kombinieren, daß die Interpretation
der dargestellten Daten im Hinblick auf den Informationsbedarf des Entscheidungsträgers möglichst schnell und exakt vollzogen werden kann.

4.2   Methoden- und Modellentwicklung

Die Informationsgewinnung reicht in der Regel bereits nicht aus, um den
bei der Beschaffungskontrolle auftretenden Informationsbedarf zu decken.
Die gewonnenen Informationen sind auszuwerten und aufzubereiten, wozu
Methoden und Modelle notwendig sind. Die Aufgabe besteht hier darin, den
Bedarf an Beschaffungsmethoden und -modellen aus dem im festgehaltenen
Informationsbedarf des Beschaffungscontrolling abzuleiten, d. h., die an die
Methoden und Modelle zu stellenden Anforderungen zu präzisieren. Das
Informationsmanagement hat die gestellten Anforderungen sowie die
Ergebnisse der Problemanalyse zu interpretieren und die Problemadäquanz
der entwickelten Methoden und Modelle des Beschaffungscontrolling zu
prüfen. So muß nicht ein typisches Management-Informations-System entwickelt werden, welches standardmäßig für alle Beschaffungsaufgaben eingesetzt wird, sondern ein **strategisches Entscheidungsunterstützungs-
system**, welches Erkenntnisse aus unterschiedlichen Bereichen aggregiert.
Hierbei können mit Hilfe von strategischen Informationen und deren Beziehungen antizipative Reaktionsinstrumente und Reaktionsmodelle entwickelt
werden, die bereits Lösungsmöglichkeiten vor dem Eintreten schwacher
Beschaffungsmarktsignale durchspielen.

Bei der Entwicklung computergestützter Modellkonzeptionen wird angesichts der Komplexität der Interdependenzen strategischer Beschaffungsentscheidungen eine explizite Ausformulierung kausaler Ketten unabdingbar.

Daten-, kontroll- und zustandsorientierte Methoden bilden den Ausgangspunkt für datenorientierte Gestaltungsansätze und dienen als Ausgangspunkt

für viele verfügbare computergestützte Methoden und Modelle[13]. Hierfür ist es zunächst einmal wichtig, die sachlogischen Datenstrukturen für die Beschaffungskontrolle zu entwerfen. Datenstrukturmodelle sind das klassische Werkzeug sowohl zur Beschreibung als auch zur Anwendung und Benutzung von Datenbanken. Zur Gestaltung ist neben der Darstellung statischer Strukturen auch die Erfassung des dynamischen Verhaltens des Beschaffungsmarktes wichtig. Zur Modellierung, Analyse von dynamischen Strukturen bieten sich insbesondere Petri-Netze an[14].

Neben den Datenstrukturbetrachtungen bedarf der Fluß der Daten Aufmerksamkeit. **Datenflußdiagramme** bieten Hilfsmittel zur Analyse, zum Entwurf und zur Darstellung von Systemelementen und ihrer Beziehung[15]. Mit ihrer Hilfe können Datenquellen, Datensenken und Datentransformationen sowie der Datenfluß zwischen Quellen, Senken, Speichern und Transformationen beschrieben werden. Um die Übersichtlichkeit zu steigern, werden Datenflußdiagramme hierarchisch angeordnet. Der geringe Strukturierungsgrad beschaffungscontrolling-relevanter Entscheidungen und Entscheidungsprozesse bewirkt, daß die konkreten Informationsbedürfnisse durch die Generierung und Beurteilung von Zwischenergebnissen erst während des Problemlösungsprozesses entstehen. Während des Controllingprozesses werden Informationen ausgewählt, zueinander in Beziehung gesetzt, Hypothesen aufgestellt und wieder verworfen, neue Daten ausgewählt und Prognosen abgeleitet. Dieser interaktive Problemlösungsprozeß erfordert somit eine flexible Zugriffsmöglichkeit auf die gespeicherten Informationen.

4.3 Auskunftssysteme

Es ist notwendig nicht nur Berichtssysteme, die die Strukturierung und Aggregation von relevanten Informationen vorab festlegen, sondern auch Auskunftssysteme zu entwickeln[16]. **Auskunftssysteme** erlauben gezielte Abfragen nach Einzelinformationen und ermöglichen flexible Recherchen, wenn auch nur auf der Basis des zugrundeliegenden Informationsmateri-

---

13   vgl. Maier 1990, S. 64
14   vgl. Heinrich/Burgholzer 1989, S. 101 ff.; Balzert 1989, S. 55 ff.
15   vgl. Maier 1990, S. 65
16   vgl. Both 1989, S. 132

als[17]. Die Unterstützung dieser Systeme dient somit der Problemerkennung und -strukturierung zum Zwecke einer Ist-Analyse des Beschaffungscontrolling. So können bei entsprechender Abfrageformulierung Diskontinuitäten auf den Beschaffungsmärkten analysiert und Informationen für Beschaffungsentscheidungen im Rahmen der strategischen Beschaffungsplanung geliefert werden, z. B. sind Indikatoren zu folgenden Bereichen sinnvoll:

Bereich	Diskontinuität
Energieversorgung:	- Ölembargo - Preisverfall des Öls - Kernkraftwerkstop

Politik:	- Zusammenbruch alter Allianzen
	  z. B. Konflikt Libyen/Ägypten
	- Revolutionen, z. B. Iran
	- Ausweitung staatlicher Angebots-
	  monopole

Wirtschaft:	- Nachfrageeinbrüche - Embargos - Binnenmarkt 1993 - Angebotszusammenbruch von Ost- block- und Entwicklungsländern

Kognitive Orientierungen:	- Wandel des Lieferantenangebots
	  in Richtung umweltschonender
	  Angebote.

Jedes dieser Ereignisse beendet einen Entwicklungstrend auf dem Beschaffungsmarkt und erfordert dadurch die Überprüfung der Beschaffungsinstrumente und Beschaffungsziele. Solche Krisensituationen frühzeitig wahrzunehmen oder zu erkennen, wäre kaum mit einer manuellen Modellierung möglich. Deshalb sind hochsensible computergestützte Modelle notwendig, die selbst kleinste Diskontinuitäten auf dem Beschaffungsmarkt und seinem Umfeld registrieren können. Da ein computergestütztes Beschaffungscontrolling detaillierte Daten verarbeitet, werden schon geringe Änderungen der Datenbasis im Gesamtergebnis ersichtlich, und der Auslöser der Diskontinuität kann bis zu seinem Ursprung zurückverfolgt werden.

---

17   vgl. Gaul 1990, S. 87

4.4 Entscheidungsunterstützungssysteme

Die Unterstützung des Beschaffungscontrolling ist mit der Hilfe der Berichts- und Auskunftssysteme eher in der Phase der Diskontinuitätenentdeckung und -strukturierung eines Beschaffungscontrollingprozesses angesiedelt. Die Entwicklung, Generierung und Überprüfung von Handlungsalternativen und die Auswahl einer Alternative werden nicht unterstützt. Deshalb ist es notwendig, zusätzlich diverse Modell- und Methodensysteme bereitzustellen. Dieses Systeme streben eine Strukturierung wichtiger Aspekte der dem Beschaffungscontrolling zugrundeliegenden Entscheidungssituationen an, mit dem Ziel einer formalisierten Behandlung der Beschaffungskontrolle. So soll es mit Hilfe dieser Systeme möglich werden, Diskontinuitäten auf dem Beschaffungsmarkt zu beschreiben bzw. zu erklären und Prognosen über zukünftige Entwicklungen zu liefern oder Vorschläge für geeignete Beschaffungsmarketingmaßnahmen zu unterbreiten. Explizite Modellvorstellungen bilden dabei die Grundlage für eine strukturierte und zielgerichtete Informationsgewinnung über Diskontinuitäten auf dem Beschaffungsmarkt und stecken darüber hinaus den Rahmen für ein problemgerechtes Beschaffungscontrolling ab.

Zur Durchführung der Kontrolle der qualitativen und quantitativen Beschaffungsfunktionen sind eine Reihe von Ablauflösungen und Methoden zu entwickeln, die eine eingehende Kontrolle aller Aktivitäten ermöglichen, Kennzahlensysteme, Checklisten, Prüfprofile sowie Entscheidungsmodelle bilden dabei das Rüstzeug für ein effizientes Beschaffungscontrolling. Neben einer Gegenüberstellung von Soll- und Ist-Werten des Aktivitätsniveaus und der Zielerreichung eignen sich vor allem Maßzahlen zur Kontrolle der Funktionserfüllung. Kennzahlensysteme dienen insbesondere zur Ermittlung von[18]:

- beschaffungsbereichsbedingten Abweichungen,
- lieferantenbedingten Abweichungen,
- wettbewerbsbedingten Abweichungen,
- unternehmensbedingten Abweichungen,
- marktregulationsbedingten Abweichungen.

---

18   vgl. Hammann 1990, S. 125

Zur Kontrolle inhaltlicher Funktionserfüllungen bietet sich die Entwicklung von Checklisten an, während zur Beurteilung des Erfüllungsgrades Funktionsprofile notwendig werden. Unterschiede in der Relevanzgewichtung der Funktionen können durch Punktbewertungsverfahren berücksichtigt werden. Die Beschaffungswirtschaftlichkeit kann ebenfalls durch Kennzahlen überprüft werden.

Zu den modellorientierten Ansätzen können noch qualitative Wissensinhalte, Heuristiken und Faustregeln kommen, die in wissensbasierten Ansätzen entwickelt werden können. Diskontinuitäten auf dem Beschaffungsmarkt entziehen sich in der Regel einer formalisierten Bearbeitung. Strategische Beschaffungsplanung und -kontrolle verlangen Kreativität, assoziatives Denken und intellektuelle Fähigkeiten, die durch wissensorientierte Systeme generiert werden können.

Das Beschaffungsinformationssystem dient nicht nur der Informationsaufbereitung bzw. -gewinnung sowie der Entscheidungsunterstützung, sondern im Sinne von "compunication" auch der unmittelbaren Umsetzung der vorher durch die anderen Systeme gewonnenen Entscheidungen, indem es betriebsübergreifend auf das Informationssystem der Lieferanten und der Transporteure zurückgreift. Die Komponenten des Beschaffungsinformationssystems zur Realisierung der inhaltlichen Aufgaben spiegelt Abb. 28 wider.

Zur Unterstützung der sowohl gut strukturierten als auch unstrukturierten Entscheidungen im Beschaffungsmarketing ist es notwendig ein Informationssystem zu entwickeln und zu implementieren, das dem Entscheidungsträger ein schnelles, flexibles und aufgabengerechtes Handeln ermöglicht. Aus diesem Grund lassen sich formale wie auch anwendungsorientierte Anforderungen stellen:

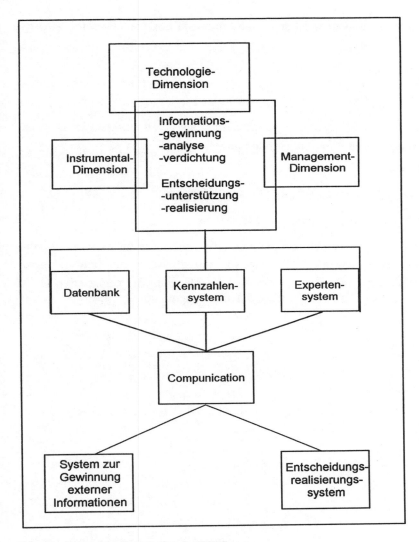

Abb. 28: Anwendungskonzeption der BIKS

Quelle: Piontek 1991a, S. 95.

Das Informationssystem ist so zu gestalten, daß es am einzelnen Arbeitsplatz

- überschaubar,
- beherrschbar,
- für Einmalanwendungen nutzbar,
- wartungsfreundlich und anpassungsfähig an Veränderungen im Beschaffungsbereich und in tangierenden Abteilungen

ist[19]

- sowie traditionelle manuelle Unterlagen ersetzt,
- Daten vor unberechtigtem Zugriff schützt.

- Durch eine ausreichende Kommunikationsinfrastruktur muß der flexible Zugriff auf unternehmensinternen und auf alle relevanten unternehmensexternen Datenbestände sowie die Einschleusung der selektierten Daten in die jeweiligen Auswertungsmodelle gewährleistet werden.

---

19   vgl. Fontana 1987, S. 12

5. Instrumente des Beschaffungscontrolling

5.1 Beschaffungorientierte Früherkennungssysteme

Früherkennungsinformationen sind spezielle Analyse- und Prognoseinformationen über die interne und externe Situation in der Beschaffung. Um die Komplexität der Verarbeitung der Fülle von Informationen zu reduzieren, sollte man sich auf die Überwachung von strategisch relevanten Bereichen konzentrieren. Ihre Bestimmung muß unternehmungsindividuell und in Abhängigkeit der spezifischen Beschaffungmarktgegebenheiten erfolgen.

"Ein möglichst rechtzeitiges Erkennen ("Signalisieren") der sich abzeichnenden Veränderungen (latente Gefährdungen/Chancen, Stärken/ Schwächen) setzt aber eine mit Hilfe besonderer betrieblicher (Informationssystem-)Verfahren gewonnene **spezifische Informationsart** voraus, die gewissermaßen mit **zeitlichem Verlauf** auf real bereits vorhandene, aber noch nicht allgemein auch als solche erkannte künftige Entwicklungen für die Erreichung betrieblicher Ziele aufmerksam macht."[1] Frühwarninformationen können die Form haben von

- bloßen Vermutungen
- mehr oder weniger gesicherten Prognosen
- kurzfristig erwarteten (quasi sicheren Ereignissen)
- im Fluß befindlichen, sich akzentuierenden Trends und Entwicklungen.

Insbesondere unter Berücksichtigung der jüngsten Ausrichtung auf strategische Aspekte erscheint der Begriff **"Früherkennungssysteme"** treffender als ähnliche Begriffe wie Frühaufklärungs-, Problemdeckungs-, Problemerkennungs- oder Frühanregungssysteme. Entscheidende Anregungen zur Entwicklung von diesen Systemen gehen auf Ansoff zurück. Kerngedanke dabei ist, daß sich überraschende Ereignisse durch sog. **"weak signals"** ankündigen. Neue Situationen, d. h. sich schwach abzeichnende Entwicklungstendenzen von strategischem Interesse, sollen anhand dieser schwachen Signale (schlecht definierter Informationen) möglichst frühzeitig identifiziert werden, um damit eine fortlaufende Problemanalyse und aus einer **aktiven** Position heraus Strategieüberprüfungen, ggf. Strategieanpassungen bzw. neue Strategieplanungen entwickeln zu können. Es wird heute

---

1   vgl. Hopfenbeck 1989, S. 533

als eine **zentrale Aufgabe** des **Controlling** angesehen, im Rahmen der betrieblichen Planungs- und Kontrollsysteme ein Früherkennungssystem zu entwickeln, das - in einem permanenten Prozeß - solche relevanten Informationen zur rechtzeitigen Identifikation von Diskontinuitäten liefert und damit zur Erhaltung und Schaffung von Erfolgspotentialen als Aufgabe der Beschaffungsplanung beiträgt.

Früherkennungssysteme haben demnach eine[2]:

- Informations- und Explorationsfunktion sowie eine
- Analyse-, Diagnose- und Prognosefunktion.

Sie helfen, Risiken rechtzeitig zu erkennen, mögliche zukünftige Chancen zu antizipieren und zu nutzen; sie sind damit ein unverzichtbares Instrument eines jeden Controlling.

Beschaffungsorientierte Früherkennungssysteme sind als Informationsinstrumente anzusehen, die auf Probleme und Chancen in der Versorgung und in der Kostensenkung zur Versorgung aufmerksam machen und mögliche Gefährdungen rechtzeitig signalisieren, um eine frühe Bekämpfung der "lokalisierten Gefahrenherde"[3] durch geeignete Strategien zu initiieren. Das Schwergewicht liegt dabei nicht nur auf der Problemdeckung, sondern auch auf der frühzeitigen Erfassung der relevanten Daten, so daß für den Entscheidungsprozeß noch ausreichend Zeit verbleibt. Demnach ist aus der Sicht der Beschaffungsmarketingplanung die Früherkennung auf die Verlängerung der Reaktionszeit ausgerichtet. Primäres Ziel dabei ist es, die zukünftigen Entwicklungen zu antizipieren sowie frühzeitig Hinweise auf tendenziell noch verborgene Entwicklungen zu erlangen, so daß der vorhandenen Tendenz zur Verlängerung von Erkenntnis-, Entscheidungs-, Realisierungs- und Wirkungslags entgegengewirkt wird.

---

2   vgl. Hopfenbeck 1989, S. 534
3   vgl. Geiß 1986, S. 323

5.1.1   Indikatorensysteme zur dynamischen Beschaffungsmarkt-
umweltanalyse

Mit zunehmender Komplexität und Dynamik der strategischen Beschaffungsprobleme kann der Informationsbedarf selten abgeschätzt werden, da
die Anzahl der möglichen zukünftigen Probleme nahezu unbegrenzt wird.
Objektive Aussagen über den optimalen Informationsbedarf können daher
nicht getroffen werden.

Für eine lückenlose Beobachtung der relevanten Umwelt wäre die Methode
der Totalerhebung am sinnvollsten, aber kaum praktizierbar. Die Folge wäre
nur ein **"information-underload"** im **information-overload"**. Von zentraler
Bedeutung für die Wirksamkeit eines Früherkennungssystems ist die Wahl
der richtigen Frühwarnindikatoren. Frühwarnindikatoren zeigen vorausei-
lend potentielle Veränderungen und Entwicklungen an, welche für mögliche
Gefährdungen in der Versorgung und für die Maßnahmen zur Kostenreduk-
tion von Bedeutung sein können. Dabei haben die Frühwarnindikatoren
zwei Hauptaufgaben zu erfüllen[4]:

*   Frühwarnindikatoren sollen die potentiellen Veränderungen mit einem
    bestimmten zeitlichen Vorlauf anzeigen.
*   Frühwarnindikatoren sollen eine Abschätzung der wahrscheinlichen
    Auswirkungen ermöglichen.

Die **Indikatorenauswahl** muß sich an den sachlogischen Beziehungen zwischen der Entwicklung einer Variablen und dem Entwicklungsverlauf einer
oder mehrerer anderer Variablen (Frühwarnindikatoren oder vorauseilende
Indikatoren) orientieren. Wenn z. B. zwischen der Kapazitätsauslastung und
der Termintreue eines Lieferanten ein Zusammenhang vermutet wird, bietet
es sich an zu überprüfen, ob zeitstabile, quantitative Zusammenhänge zwischen diesen Variablen bestehen.

Frühwarnindikatoren zu den generell externen Beobachtungsbereichen des
Beschaffungsmarketings lassen sich aus der Leistungsverflechtung der
Unternehmung mit der Volks- und Weltwirtschaft ableiten. In diesem
Bereich ist für die Früherkennung primär die Vorleistungsverflechtung von
Interesse: In Anlehnung an Hahn und Klausmann[5] ist es ratsam, die Indika-

---

4   vgl. Berg 1981, S. 88
5   vgl. Hahn/Klausmann 1986, S. 269

toren nach strukturellen, konjunkturellen, soziopolitischen und technologischen Gesichtspunkten zu ordnen. Entsprechend dieser Vierteilung lassen sich folgende Frühwarnindikatoren bilden[6]:

1. Konjunkturelle Frühwarnindikatoren nach Ländern/Regionen/Branchen/ Produkten
   - Industrieumsatz
   - Außenhandelsvolumen, Exportquote
   - Importquote
   - Investitionsquote
     - geplante Investitionen
     - angelaufene Investitionen
   - Kapazitätsauslastung
     - Auftragseingänge
     - Auftragsbestände
     - Lagerbestandsquote
   - Produktionshöhe
   - Arbeitslosenquote
   - Geschäftsklimaindex (IFO-Indikator)
   - Lohn- und Gehaltsentwicklung
   - Preisindex, Inflationsindex
   - Zinsindex, Diskontsatzentwicklungen
   - Wachstumsindikatoren, BSP
   - Zahlungsbilanzindikatoren

2. Strukturelle Frühwarnindikatoren nach Ländern/Regionen/Branchen/ Produkten
   - Bevölkerungsdichte bzw. -wachstumsrate
   - Gründungs- bzw. Konkursquote
   - Subventionsrate
   - Veränderungsrate der Arbeitsproduktivität
   - durchschnittliche Arbeitszeit
   - Arbeitsvolumen

3. Soziopolitische Frühwarnindikatoren nach Ländern/Regionen/Branchen/ Produkten
   - politischer Risiko-Index

---

6   vgl. Piontek 1991a, S. 180

- Lebensqualität (IFO-Indikator)
- Wahlergebnisse
- Kursstabilitätsindikatoren
- Streiktage
- Enteignungsvolumen
- Lieferboykottvolumen
- Dumpingquote
- Währungsstabilitätsrate
- Zollquote

4. Technologische Kennzahlen nach Ländern/Regionen/Branchen/ Produkten
   - Qualitätssteigerungsquote
   - Innovationsrate
   - geologische Reichweite von Rohstoffen
   - Verfahrensänderungsanzahl
   - Ausschußquote.

Bei den aufgeführten Signalen handelt es sich zunächst um schwache Signale. Im Verlauf der Entwicklungen werden aus diesen schwachen Signalen oft starke Signale. Die Frühwarnindikatoren zu den generell externen Beobachtungsbereichen entstammen dabei der Aufgabenumwelt des Beschaffungsmarketing, d. h. der Makroumwelt des Marktsystems. Die Konjunkturindikatoren sollen dabei unter Marktgesichtspunkten die konjunkturellen Schwankungen, die länder-, branchen- und produktspezifisch zu differenzieren sind, ermitteln. Die konjunkturellen Schwankungen drücken insbesondere die Marktmachtverhältnisse aus. So ist z. B. während der Hochkonjunkturphase der Beschaffungsmarkt in der Regel ein Verkäufermarkt, d. h. die Marktmacht liegt beim Anbieter, da die Nachfrage das Angebot übersteigt[7]. Im umgekehrten Fall, während der Rezession, liegt die Marktmacht in der Regel beim Abnehmer, d. h. es handelt sich um einen Käufermarkt, der durch verkürzte Lieferfristen, hohen Lieferservice, zunehmende Liefertreue usw. gekennzeichnet ist.

Zur Beurteilung der branchen- und produktspezifischen Marktkonjunktur sind eine Reihe von Konjunkturindikatoren notwendig, um die jeweiligen

---

7   vgl. Blom 1982, S. 137

Konjunkturen richtig zu beurteilen. Daher sind multikausale Theorien und deren Konjunkturindikatoren als führende Ursachen zum Aufbau von Frühwarnsystemen heranzuziehen. Die Konjunkturindikatoren haben die Aufgabe, Signale über mögliche Konjunkturentwicklungen und -beurteilungen zu liefern. Zu den relevanten Branchenkonjunkturen zählen dabei nicht nur die Lieferbranchenkonjunktur, sondern auch die Vormarktkonjunktur sowie die Konjunkturen der wesentlichen Abnehmerbranchen.

Neben diesen konjunkturellen und strukturellen Frühwarnindikatoren dienen die soziopolitischen und technologischen Kennzahlen einer, wenn auch mehrstufigen, Kausalanalyse. Die soziopolitischen Indikatoren kennzeichnen dabei Entwicklungen, die in der Regel nicht im Einflußbereich wirtschaftlicher Maßnahmen liegen. Der politische **Risikoindex** (z. B.) zeigt die Wahrscheinlichkeit von Umstürzen, radikalen Kursänderungen und Kriegen während der nächsten 5 - 10 Jahre[8] an, wobei derlei politische Änderungen oft zu Preissteigerungen, Lieferverkürzungen bzw. Lieferexpansionen, Verstaatlichungen von Lieferbranchen, staatlich geförderter Bevorratung etc. führen[9]. Das Enteignungsvolumen (z. B.), das das wertmäßige Besitzänderungsvolumen zeigt, hat tiefgreifende Auswirkungen auf die Angebotsstruktur eines Landes bzw. einer Branche.

Die technologischen Frühwarnindikatoren zeigen die Fähigkeit eines Landes bzw. einer Branche, den wachsenden Anforderungen der Abnehmer gerecht zu werden. Der Innovationsgrad (z. B.) zeigt dabei, wie sich ein Land bzw. eine Branche dem technologischen Wandel anpaßt.

Die kurze beispielhafte Analyse dieser Zusammenhänge zeigt, welche Interpretationsmöglichkeiten die Kenntnis der Frühwarnindikatoren zu den generell externen Beobachtungsbereichen bieten. Der Anwender hat allerdings zu verdeutlichen, auf welcher Systemstufe - Land/Branche/Produktgruppe - er sich befindet, um die Indikatoren richtig zu interpretieren. Der primäre Nutzen bei der Speicherung solcher Daten für die Früherkennung liegt darin, daß starke Frühwarnsignale, die zunächst in Ermangelung der Erkenntnisse als schwach betrachtet werden, erkennbar werden. Die zunächst schwachen Signale, die sich in jedem Ereignis verstärken, sorgen dafür, daß die Entwicklungen und die Zusammenhänge zeitlich eher

---

8   vgl. Berg 1981, S. 91
9   vgl. Blom 1982, S. 154

erkennbar sind. Die Speicherung und Auswertung von generellen externen Daten sollte sich dabei nicht nur auf Ereignisse konzentrieren, deren Folgen absehbar sind, sondern auch auf Signale, die umso eher als Überraschung empfunden werden, auch wenn der Beschaffer sich zunächst von diesen Ereignissen nicht betroffen fühlt.

5.1.2 Indikatorensysteme zur engen Beschaffungsmarktanalyse

Indikatoren zur engen **Beschaffungsmarktanalyse** sind Kennzahlen, die dem Unternehmer Aufschluß über die zukünftige Erfolgsträchtigkeit des jeweils relevanten Beschaffungsmarktes geben sollen.

Zunächst einmal sind produkspezifische Daten bezüglich der Marktstruktur zu ermitteln. Bei näherer Betrachtung der Marktstruktur wird erkennbar, daß auf den Märkten grundsätzlich verschiedene Arten von Veränderungen und Bewegungen festzustellen und zu unterscheiden sind. Blom[10] unterscheidet bei der Marktstrukturanalyse zwischen absoluten Merkmalen, z. B. Betriebsformen, und relationalen Merkmalen, z. B. Konkurrenzbeziehungen. Im Gegensatz zu den relationalen Indikatoren haben die absoluten Merkmale Aussage- und Frühwarncharakter auch ohne Vergleich zu anderen Größen. Hier sind vor allem der **Distributionsgrad**, die Zahl der eingeschalteten Absatzstufen und die Betriebsformen des Handels zu nennen. Der Distributionsgrad kennzeichnet den Prozentsatz an Händlern, die in einem Marktsegment einen bestimmten Artikel im Sortiment haben. Die Zahl der eingeschalteten Absatzstufen in einem Markt zeigt die alternativen Beschaffungs- und Absatzwege und verdeutlicht die Leistungsfähigkeit, Abhängigkeiten und Machtverhältnisse in einem Markt. Die Betriebsformen des Handels mit ihren Merkmalen bezüglich Betriebsgröße, Organisationsmitglieder, Preisstellung, Sortimentsanzahl etc.[11] kennzeichnen die Stärke und die Leistungsfähigkeit des Handels.

Von Bedeutung sind ferner quantitative Daten, die die Konkurrenz-, Kooperations-, Rollen- und Machtbeziehungen sowie die Kommunikationsstruktur des Marktes verdeutlichen. Die Konkurrenzsituation ist ein Indiz für die

---

10   Blom 1982, S. 107
11   vgl. Tietz 1985, S. 183 ff.

potentielle Marktmacht der Marktteilnehmer und bildet die Ausgangsbasis für die Entwicklung der Beschaffungsstrategien[12]. Kooperation bedeutet eine bewußte Verhaltensbeschränkung zum Nutzen der Kooperationsteilnehmer und stellt aus wettbewerbspolitischen Gründen eine Gefahr dar. Die Kommunikationsstruktur läßt sich durch die Anzahl der Kommunikationskontakte messen und spiegelt somit Marktverflechtungen und -beziehungen wider. Schließlich wird die Marktstruktur durch die Machtbeziehungen ersichtlich[13]. Die überwiegende Angebots- und Nachfragemacht bestimmt letztlich, ob der Anbieter oder Abnehmer seine Forderungen durchsetzen kann. In Abb. 29 sind die absoluten und relationalen Indikatoren aufgelistet.

Marktstrukturindikatoren

absolute Merkmale	relationale Merkmale
a) Distributionsgrad	a) Konkurrenzsituation
b) Zahl der eingeschalteten Absatzstufen	a_1) Anzahl aktueller und potentieller Nachfrager
c) Merkmale der Handelsbetriebsformen	a_2) Anzahl aktueller und potentieller Anbieter
c_1) Betriebsgröße	a_3) Marktanteil der einzelnen Anbieter
c_2) Preisentwicklungen	a_4) Anzahl der Substitutionsgüter
c_3) Organisationsmitgliederzahl	a_5) Zahl und Art der Markteingangsbeschränkungen
c_4) Sortimentsanzahl	a_6) Zahl und Art der Marktzugangsbeschränkungen
c_5) Bilanzsummen	a_7) Produktdifferenzierungsrate
c_6) Zahl der Standorte	a_8) Zahl und Intensität der Konkurrenzbeziehungen
b) Kooperationsbeziehungen	c) Kommunikationsstruktur
b_1) Zahl und Art der horizontalen Kooperationen	c_1) Zahl und Art der Kommunikationskontakte der Hersteller

---

12   vgl. Heege 1986, S. 20
13   vgl. Heege 1986, S. 16 ff.

b_2) Zahl und Art der vertikalen Kooperationen

c_2) Zahl und Art der Kommunikationskontakte der Absatzmittler

c_3) Zahl und Art der Kommunikationskontakte der Beeinflusser

c_4) Zahl und Art der Kommunikationskontakte der Serviceanbieter

c_5) Zahl und Art der Kommunikationskontakte der Beschaffungskonkurrenz

d) Angebotselastizität

e) Nachfragemacht

e_1) Bedarfsanteil

f) Angebotsmacht des Lieferanten

e_2) Jährliche Bedarfserhöhung

f_1) Anteil am Gesamtmarkt

e_3) Kostenüberwälzungsvolumen

f_2) Kapazitätsauslastung

e_4) Ertragskraft der Hauptfolgeprodukte

f_3) Gewinnschwelle des Lieferanten

e_5) Umstellungskosten

f_4) potentielle und tatsächliche Konkurrenzanzahl des Lieferanten

e_6) Anzahl der Lieferanten

e_7) Volumen der eigengefertigten Beschaffungsobjekte

f_5) Substitutionsgrad

f_6) Konjunkturindikatoren

f_7) Jährliches Marktwachstum.

Abb. 29   Absolute und relationale Indikatoren

Die verschiedenen Marktformen lassen sich auf den Beschaffungsmarkt transferieren. Die vertikale Marktstruktur stellt das Verhältnis zur "Marktgegenseite" in den Vordergrund. Die Marktseitenverhältnisse betrachten die Anzahl und den Marktanteil der Marktpartner.

Wenn die Zahl der Anbieter im Verhältnis zu den Nachfragern klein und damit der einzelne Marktanteil relativ groß ist, dann kontrolliert der Anbieter die Reaktionen der Nachfrager nur in ihrer Gesamtheit. Die Reaktion von einzelnen Nachfragern übt kaum einen Einfluß auf den Anbieter aus. Der umgekehrte Fall hat zur Folge, daß der Nachfrager bei Verhandlungen mit den Anbietern eine Machtposition besitzt.

Andernfalls kann von einer "gegenseitigen singulären Betrachtung der Marktpartner" gesprochen werden, oder die beiden anderen Verhältnisse stellen eine "kollektive Betrachtung der Nachfrager durch die Anbieter" et vice versa dar. Die kollektive Betrachtung bezieht sich auf die Anzahl und den damit zusammenhängenden Marktanteil der einzelnen Unternehmen. Im Falle der "vielen kleinen" Unternehmen werden diese von der Marktgegenseite als Kollektiv betrachtet, da die Reaktionen eines einzelnen Unternehmens für die Marktgegenseite belanglos sind.[14]

In Abb. 30 wird deutlich, auf welche Marktformen sich die Marktseitenverhältnisse beziehen.

Nachfrager Anbieter	ein Großer	wenige Mittelgroße	viele Kleine
ein Großer		gegenseitige singuläre Betrachtung der Marktpartner	kollektive Betrachtung der Nachfrager durch die
wenige Mittelgroße			
viele Kleine	kollektive Betrachtung der Anbieter durch	die Nachfrager	Anbieter

Abb. 30:   Marktseitenverhältnisse

Quelle: Brecht 1993, S. 150

Eine kollektive Betrachtung der Nachfrager durch die Anbieter erfolgt im Rahmen des Angebotsmonopols, -oligopols und des bilateralen Polypols. Die kollektive Betrachtung der Anbieter durch die Nachfrager kann im Rahmen des bilateralen Polypols sowie des Nachfragemonopols und des

---

14   vgl. Brecht 1993, S. 150

Nachfrageoligopols festgestellt werden. Eine gegenseitige singuläre Betrachtung der Marktpartner läßt sich beim bilateralen Monopol, den beschränkten Angebots- und Nachfragemonopolen und dem bilateralen Oligopol feststellen.

5.1.3 Lieferantenbezogene Indikatorensysteme

5.1.3.1 Allgemeine Lieferantenindikatoren

Indikatoren zur allgemeinen Situation des Lieferanten sind von besonderer Bedeutung. Mit Hilfe der **bilanzanalytischen Frühwarnindikatoren** lassen sich Erkenntnisse über die Gewinnsituation und die finanzielle Lage eines Lieferanten ableiten. Die Indikatoren lassen sich dabei aus den Ergebnisveröffentlichungen der Lieferanten gewinnen. Die hierbei ermittelten Informationen dienen dabei insbesondere zur Beurteilung der Überlebensfähigkeit bzw. Abhängigkeit der Lieferanten und deren Spielraum für Preisverhandlungen. Der **Liquiditätsgrad** der Lieferanten (z. B.) drückt das Verhältnis von Zahlungsverpflichtungen zu vorhandenen flüssigen Mitteln aus. Er zeigt somit, inwieweit der Lieferant seine Verbindlichkeiten decken kann. Ist der Liquiditätsgrad des Lieferanten zu niedrig, ist dies ein Signal für einen eventuellen Lieferantenkonkurs und damit für eine hohe Versorgungsunsicherheit des Abnehmers. Besondere Bedeutung kommt den Investitionsquoten zu, da sie einen Gradmesser für das zukünftige Angebotsvolumen des Lieferanten darstellen. Der Beschäftigungs- bzw. Kapazitätsauslastungsgrad des Lieferanten spiegelt in erster Linie seine wirtschaftliche Situation und damit seine Überlebenschance wider. Aber auch seine Möglichkeit, bei Bedarf des Abnehmers noch Zusatzaufträge zu fertigen und auszuliefern. Die Produktivitätskennzahlen drücken insbesondere die Leistungsfähigkeiten des Lieferanten aus und damit seine Fähigkeiten vollständig und termingerecht zu liefern. Zusätzlich dokumentiert sich durch die Produktivitätskennzahlen auch der technische Stand seiner Fertigungsverfahren. Die Kennzahlen zum Kundenindex zeigen die Umsatz- und Ausweichmöglichkeiten des Lieferanten, seine Überlebenschancen, seine Risikostreuung und seine Möglichkeiten in Preisverhandlungen. Lieferanten mit einem großen Kundenindex garantieren zwar eine hohe Versorgungssicherheit, haben aber aufgrund ihrer großen Unabhängigkeit vom einzelnen Abnehmer mehr Marktmacht, was sich insbesondere in Preisverhandlungen negativ auswirken könnte. Die Sortimentsstruktur mit ihren Kennzahlen zur Produktionsinnovation, -variation, -eliminierung, -diversifikation des Lieferanten verweist i. d. R. auf das beabsichtigte Leistungspotential des Lieferanten. Es ergeben sich hierdurch Hinweise auf die Fähigkeit und den Willen der Unternehmen mit den Abnehmern auch technischer, ökonomischer und organisatorischer Basis zu kooperieren. Die Bereitwilligkeit den Anforderungen der zukünftigen Marktnachfrage zu entsprechen, dokumentiert sich besonders in den Kennzahlen zu den Forschungs- und Entwicklungskapazitäten der Lieferanten. Die Produktlebenszyklusquote gibt dabei Auskunft über die Situation der Produkte des Lieferanten und den Zeitpunkt der möglichen Eliminierung. Das Serviceniveau endlich drückt den Lieferbereitschaftsgrad und damit die Fähigkeiten des Lieferanten zur termingerechten, einwandfreien und vollständigen Lieferung aus.

5.1.3.2   Indikatoren zum Lieferantenserviceniveau

Einen unmittelbaren und daher extrem starken Einfluß auf dieses Ziel haben die Indikatoren des Serviceniveaus der Lieferanten. Negative Entwicklungen dieser Indikatoren bzw. Kennzahlen sollten für den Einkauf ein Indiz höchster Warnung sein, da sie direkt und unmittelbar die Versorgungssicherheit gefährden. Demnach bedürfen diese Indikatoren einer genauen Beobachtung und sind durch detaillierte Analysen zu kontrollieren[15].

Informationen über den Servicegrad des Lieferanten sind für eine Früherkennung von enormer Wichtigkeit, da der Servicegrad des Lieferanten und die Versorgungssicherheit des Abnehmers in der Regel positiv miteinander korreliert sind. In welchem Umfang die Lieferanten einem Servicegrad gerecht werden, mißt die folgende Kennzahl:

$$\frac{\text{Befriedigtes Bedarfsvolumen}}{\text{Angefordertes Bedarfsvolumen}}$$

Letztendlich wird der Beschaffer nur dann in seinem Bedarfsvolumen befriedigt sein, wenn der Lieferant die Produkte termingerecht, vollständig und einwandfrei liefert. Demnach ist eine Aufspaltung der oberen Kennzahl

---

15   vgl. Piontek 1993b, S. 40 f.

notwendig. So kann man die "termingerecht und vollständig ausgelieferte Auftragszahl" zur "gesamten Auftragszahl" in Beziehung setzen, um eine auftragsbezogene Lieferbereitschaft zu ermitteln. Werden diese Kennzahlen noch um die Größe termingerecht und einwandfrei geliefertes Bedarfsvolumen sowie einwandfrei und vollständig ergänzt und für ihre Beurteilung aus Abnehmersicht modifiziert, ergeben sich folgende Kennzahlen:

$$\frac{\text{Termingerecht einwandfrei geliefertes Bedarfsvolumen } (BV)_T}{\text{Gesamtangefordertes Bedarfsvolumen}}$$

$$\frac{\text{Termingerecht und vollständig geliefertes Bedarfsvolumen } (BV)_T}{\text{Gesamtangefordertes } BV_T}$$

BV = Beschaffungsvolumen

T = Zeitperiode

Durch die Konkretisierung des befriedigten Bedarfsvolumens werden die Hauptkomponenten des Servicegrades des Lieferanten zum Zwecke einer ursachengerechten Analyse ins Verhältnis zu den gesamten Bedarfsvolumina des Abnehmers gesetzt.

Kontrolle der Lieferzuverlässigkeit

Nach der zeitlichen und produktspezifischen Differenzierung der einzelnen Kennzahlen müssen sie zum Zwecke einer ursachengerechten Analyse und damit zur Frühwarnung weiter untergliedert werden. Die **qualitative Lieferzuverlässigkeit** des Lieferanten ergibt sich aus der oben angeführten Kennzahl:

$$\frac{\text{Termingerecht und einwandfrei geliefertes } BV_{T.P.}}{\text{Gesamtangefordertes Bedarfsvolumen } (BV)_{T.P}}$$

P = Produktgruppendifferenzierung

Sie gibt das Verhältnis der einwandfreien und termingerecht gelieferten Bedarfsvolumina zu dem gesamten angeforderten Bedarfsvolumen wieder und spiegelt demnach neben der Termintreue auch die Qualitätstreue der Lieferanten wider. Negative Abweichungen vom Sollwert dieser Kennzahl führen zu erhöhten Beschaffungskosten durch Alternativbeschaffungen und zu Produktionsausfällen. Sie gelten demnach als Signal für unzureichende Lieferantenleistungen.

Kennzahlen zur Rückstandsmenge

Der nicht ständig verfügbare Lagerbestand des Beschaffungsvolumens führt leicht zu einer Rückstandsmenge des Lieferanten. Die **Rückstandsquote** drückt aus, welchen Teil des BV einer Periode aus den vorhandenen Lagerbeständen der Lieferant nicht termingerecht ausliefern kann:

$$\frac{\text{Rückstandsmenge}_{T,P,L}}{\text{Gesamtes BV}_{T,P,L}}$$

und verkörpert jene Mengeneinheiten des BV, die der Beschaffer nicht termingerecht erhält. Je höher die bisherige bzw. die erwartete Rückstandsquote ist bzw. sein wird, desto größer ist das Risiko, den Lieferanten auch in Zukunft mit der Belieferung zu beauftragen. Falls die Rückstandsquote eine Toleranzgrenze überschreitet, sollte der Lieferant in Zukunft nicht mehr beauftragt werden. Um den Grad der Gefährlichkeit der Rückstandsquote zu bestimmen, sind dessen Wirkungen zu analysieren.

Durch die Kennzahl:

$$\frac{\text{Rückstandsmenge}_{T,P,L}}{\text{Produktionsausfallvolumen}_{T,P,L}}$$

wird das Verhältnis der Rückstandsmenge zu dem sich daraus ergebenden Produktionsausfallvolumen des Beschaffers gekennzeichnet. Hierdurch ergibt sich ein konkreter Maßstab für die potentiellen Produktionsausfälle, die pro Bedarfsvolumen durch die nicht termingenauen Lieferungen entstehen. Je kleiner diese Kennzahl wird, desto größer ist die Schadensverursachung des Lieferanten beim Abnehmer durch seine verspäteten Lieferungen.

Anhand dieser entwickelten Kennzahlen und der daraus resultierenden zeit-, produkt- und lagerbezogenen Ermittlung des Lieferbereitschaftsgrades kann nun sehr gezielt ermittelt werden, wo Korrekturmaßnahmen in der Lieferantenauswahl bzw. -steuerung notwendig sind, um die Versorgungssicherheit des Unternehmens zu gewährleisten.

Hinsichtlich der Transportzeit ist eine Untergliederung zunächst nach der Anzahl der Lieferantentransportmittel sinnvoll, denn schon allein die Erhöhung der eingesetzten Transportmittel kann die Transportzeit entscheidend verkürzen. Die Kennzahl

$$\frac{BV_{T,P,L}}{\text{Zahl der Transportmittel}_T}$$

L = Lagerdifferenz

zeigt, inwieweit der Lieferant vorsieht, ein Bedarfsvolumen durch eine gewisse Anzahl von Transportmitteln anzuliefern. Im Sinne eines hohen termingerechten Versorgungsoptimums sollte die Kennzahl entsprechend gering ausfallen, d. h., daß der Lieferant genügend Transportmittel zur Auslieferung bereitstellt bzw. bereitstellen kann, damit insbesondere der Ausfall bzw. die Verspätung eines bestimmten Transportmittels nicht so stark ins Gewicht fällt. Auf jeden Fall stellen für den Abnehmer jene Lieferanten eine Gefahr dar, die aufgrund geringer durchschnittlicher Kapazitätsauslastungen und damit verbundener geringer Transportkosten das BV nur mit einer kleinen Anzahl von Transportmitteln anliefern können. Im Sinne einer möglichst kurzen Transportzeit ist der Lieferant vorzuziehen, der eine große Anzahl von Transportmitteln mit einer entsprechend kleinen Kapazität einsetzt.

Als weiterer Frühwarnindikator für das Serviceniveau des Lieferanten gilt die Servicezeit. Sie determiniert mit dem Servicegrad des Lieferanten. Die Servicezeit umfaßt die Zeitspanne zwischen einer Auftragserteilung und dem Empfang der Produkte. Sie beinhaltet demnach auch Aktivitäten des Abnehmers (z. B. Auftragsübermittlung) und kann dementsprechend durch ihn beeinflußt werden. Es sollen jedoch im Sinne einer Frühwarnung zu den externen Beobachtungsbereichen nur die Aktivitäten berücksichtigt werden, die innerhalb der Kontrollspanne des Lieferanten liegen.

Ausgangspunkt für die Analyse der Servicezeit des Lieferanten ist die Kennzahl

$$\frac{\text{Anzahl verfallener Liefertermine}_{T,P}}{\text{Gesamtzahl der Lieferungen}_{T,P}}$$

welche zeit- und produktgruppenspezifisch differenziert wird. Diese Kennzahl zeigt das Ausmaß der Lieferantentermintreue. Negative Veränderungen dieser Kennzahl beeinflussen die Rentabilität (erhöhte Beschaffungskosten) und sorgen für Produktionsausfälle beim Beschaffer.

Kontrolle der Lieferzeit

Zur näheren Analyse der Servicezeit des Lieferanten muß insbesondere seine Lieferzeit kontrolliert werden. Die Kennzahl

$$\frac{\text{Lieferzeit}_{T,P}}{\text{Angeliefertes BV}_{T,P}}$$

zeigt, wieviel Zeit der Lieferant zur Anlieferung eines bestimmten Bedarfsvolumens benötigt. Die Kennzahl und ihre Hauptkomponenten sind dabei im Zeitablauf zu analysieren. Die Lieferzeit je Bedarfsvolumen kann dabei über einen längeren Zeitraum als gewogener Mittelwert und unter Berücksichtigung zukünftiger Daten als Erwartungswert geschätzt werden. Abweichungen gelten dabei insbesondere für **JIT-Zulieferungen** als Warnsignal ersten Grades. Zum Zwecke einer Analyse bisheriger bzw. zukünftiger Abweichungen der Soll- und Ist-Werte ist die durchschnittliche Lieferzeit demnach in ihre einzelnen Bestandteile zu zerlegen. Auf diese Weise kann der Beschaffer die Ursachen und die Aufhebbarkeit einer zu hohen Lieferzeit beurteilen. Gewisse Bestandteile einer zu hohen Lieferzeit kann der Einkauf durch die Abnahme bestimmter Leistungen selbst verkürzen.

Eine Aufschlüsselung erfolgt durch die Größen:

$$\frac{\text{Auftragsabwicklungszeit}_{T,P}}{\text{Angeliefertes BV}_{T,P}}$$

$$\frac{\text{Versandzeit}_{T,P}}{\text{Angeliefertes BV}_{T,P}}$$

$$\frac{\text{Transportzeit}_{T,P}}{\text{Angeliefertes BV}_{T,P}}$$

Anhand dieser Größen läßt sich messen, wieviel Transport-, Versand- und Auftragsabwicklungszeit für die Auslieferung eines gewissen Bedarfsvolumens benötigt wird und welche Komponente die Hauptursache für eine hohe Lieferzeit darstellt.

5.2   Risikoanalysen

Risiken in der Beschaffung ergeben sich insbesondere in der internationalen Beschaffung und müssen bewertet und kalkuliert werden. Risiken können wie folgt eingeteilt werden:

- wirtschaftliches Risiko,
- politisches Risiko
- Transfer- und Währungsrisiko,
- Substitutionsrisiko.

Das **makro-ökonomische Risiko** des Imports entsteht vor allem aus der Wirtschaftspolitik, die von anderen Ländern verfolgt wird. Die Importchancen hängen vom Maß des wirtschaftlichen Wachstums, von den intendierten strukturellen Veränderungen und den finanzpolitischen Rahmenbedingungen des jeweiligen Landes ab. Ein konjunktureller Einbruch in einem Land führt regelmäßig zu einer überproportionalen Verringerung des Angebots ab: es kommt zu einem Abbau der freien Produktionskapazitäten.

Das **wirtschaftliche Risiko** im Außenhandel ist somit abhängig von der konjunkturellen Entwicklung auf den wichtigsten Beschaffungsmärkten. Ein weltwirtschaftlicher Überblick zeigt, daß die konjunkturelle Entwicklung und die strukturellen Veränderungen in den einzelnen Ländern sehr wohl unterschiedlich ausgeprägt sein können.

Das **politische Risiko** tritt in mittelbarer und unmittelbarer Form auf. Unmittelbares politisches Risiko entsteht im Zusammenhang mit militärischen Konflikten, innenpolitischen Auseinandersetzungen und revolutionären Unruhen, die zur Vernichtung der bestellten Produkte führen oder es nicht ermöglichen, daß sie ausgeführt werden (**Transferrisiko**). Der gegebene Zusammenhang der unterschiedlichen Außenhandelsaktivitäten führt zu einem charakteristischen Substitutionsrisiko im Außenhandel: Bisherige ausländische Kunden werden durch lokale Nachfrager ersetzt.[16]

Abb. 31 zeigt, welche Folge (Lieferausfall, nicht bedarfsadäquate Leistung, ungünstige Preisentwicklung) ein bestimmtes Ereignis im ungünstigsten Fall haben kann. Diejenigen Ereignisse und Einflüsse, die hier unter Lieferrisiko subsumiert sind, können in weniger ungünstigen Fällen somit auch zu nicht bedarfsadäquater Leistung bzw. zu einer ungünstigen Preisentwicklung führen.

Daß die Importabhängigkeit, die politische Instabilität in der Region, aus der beschafft wird, und die Ernteabhängigkeit bei einem Beschaffungs-objekt das Lieferrisiko vergrößern, bedarf wohl keiner Erklärung.

Die Einflüsse "Strukturelle Angebotsbeschränkungen" und "Nachlassender Lieferantenwettbewerb" beziehen sich auf den Monopolisierungsgrad des Angebots, wobei ersteres die statische, letzteres die dynamische Betrach-tung darstellt. Ein klassisches Beispiel für strukturelle Angebotsbeschrän-kungen stellen die sogenannten Rohstoffabkommen dar.

Lieferausfallrisiko	Leistungsrisiko	Entgeltrisiko

• Importunabhängigkeit
• politische Instabilität
• Ernteabhängigkeit
• strukturelle Angebots-
  beschränkungen
• nachlassender Liefe-
  rantenwettbewerb
  - Fusionen
  - Kartelle
  - Kooperationen
  - Ausscheiden von
    Lieferanten
• Streikwahrschein-
  lichkeit
• Lieferantenkonkurs-
  wahrscheinlichkeit
• etc.
	• Branchenrisiko
	  - Verringerung der
	    Angebotsmenge
	  - Erhöhung der Nach-
	    fragemenge
	  - starke Leistungs-
	    unterschiede
	  - schneller Leistungs-
	    wandel
	  - etc.
	• Lieferantenrisiko
	  - Qualitätsrisiko
	  - Gestaltungsmittel-
	    risiko
	  - Modalitätsrisiko
		• starke Preis-
		  schwankungen
		• Preisexplosion
		• Beschaffungs-
		  objektpreistrend >
		  Endproduktpreis
		• Inflation auf
		  Beschaffungsmarkt
		  > Inflation auf
		  Absatzmarkt
		• Rohstoffspekulation
		• Währungsverschie-
		  bungen
		• etc.

Abb. 31   Beschaffungsmarktrisiken

Quelle: Stangl 1988, S. 116

---

16   vgl. Piontek 1993e, S. 31 ff.

Zur Überprüfung des Beschaffungsrisikos bieten sich **Scoring-Modelle** an. Punktbewertungsverfahren oder Scoring-Modelle sind für Entscheidungsprobleme entwickelt worden, deren (optimale) Lösung nicht nur von

Bewertungskriterien	(Spalte a) Gewichtung (1,2,3)	(Spalte b) Risikozone 1 2 3 4 5 6 7 Chancenzone	(Spalte c) = a*b Summe
Allgem. volkswirtschaftliche u. wirtschaftspolitische Daten			
Bruttosozialprodukt	_____	1 2 3 4 5 6 7	_____
Inflationsraten (vergangene, prognostizierte)	_____	1 2 3 4 5 6 7	_____
Stabilität von Währung und Wechselkursen	_____	1 2 3 4 5 6 7	_____
Außenhandelsvolumina	_____	1 2 3 4 5 6 7	_____
Verschuldung	_____	1 2 3 4 5 6 7	_____
Wirtschaftssystem	_____	1 2 3 4 5 6 7	_____
Mitgliedschaft in Wirtschaftsgemeinschaften	_____	1 2 3 4 5 6 7	_____
Zugehörigkeit zu politischen Blöcken	_____	1 2 3 4 5 6 7	_____
Exportstrukturen			
Hauptexportgüter	_____	1 2 3 4 5 6 7	_____
Wichtige internationale Handelspartner	_____	1 2 3 4 5 6 7	_____
Exportförderungspolitik	_____	1 2 3 4 5 6 7	_____
Handelshemmnisse	_____	1 2 3 4 5 6 7	_____
Politische Situation			
Stabilität des politischen Systems	_____	1 2 3 4 5 6 7	_____
Krisenanfälligkeit bzgl.			
* militärischer Konflikte	_____	1 2 3 4 5 6 7	_____
* revolutionärer Unruhen	_____	1 2 3 4 5 6 7	_____
* Regierungsumstürze	_____	1 2 3 4 5 6 7	_____
Enteignungs-/ Verstaatlichungstendenzen	_____	1 2 3 4 5 6 7	_____
Rechtliche Situation			
Handelsusancen	_____	1 2 3 4 5 6 7	_____
Internationales Privatrecht	_____	1 2 3 4 5 6 7	_____
Exportbestimmungen	_____	1 2 3 4 5 6 7	_____
Durchsetzbarkeit rechtl. Fordeungen	_____	1 2 3 4 5 6 7	_____
Gerichtsbarkeit	_____	1 2 3 4 5 6 7	_____
Sozio-kulturelle Situation			
Gesellschaftssystem	_____	1 2 3 4 5 6 7	_____
Ausbildungsniveau der Bevölkerung	_____	1 2 3 4 5 6 7	_____
Landessprache / Fremdsprachen	_____	1 2 3 4 5 6 7	_____
Wertvorstellungen / Mentalität	_____	1 2 3 4 5 6 7	_____
Ethnolog. Zusammensetzung der Bev.	_____	1 2 3 4 5 6 7	_____
Sozio-kulturelle Distanz zum Abnehmerland	_____	1 2 3 4 5 6 7	_____

Gewichtung 1 = geringe Gewichtung   Zwischensumme: _____
3 = starke Gewichtung
(Fortsetzung nächste Seite)

(Fortsetzung von Vorseite)	(Spalte a)	(Spalte b)		(Spalte c) = a*b
Bewertungskriterien	Gewichtung (1,2,3) _____	Risiko- zone 1 2 3 4	Chancen- zone 5 6 7	Summe
		Übertrag Zwischensumme:		_____
Leistungs- und Infrastrukturen Stand der industriellen Entwicklung bzgl. * technologischer Standards	_____	1 2 3 4	5 6 7	_____
* Produktionsmittelkapazitäten	_____	1 2 3 4	5 6 7	_____
* Innovationsgrad	_____	1 2 3 4	5 6 7	_____
Verfügbark. / Qualität v. Arb.-Kräften	_____	1 2 3 4	5 6 7	
Kostenstrukturen bzgl. * Produktionsmittelkosten	_____	1 2 3 4	5 6 7	_____
* Lohn- /Lohnnebenkosten	_____	1 2 3 4	5 6 7	_____
Logistische Infrastruktur bzgl.* Transportmöglichkeiten	_____	1 2 3 4	5 6 7	_____
* Verkehrssysteme	_____	1 2 3 4	5 6 7	_____
* Inform.-/Kommunik.-technolog.	_____	1 2 3 4	5 6 7	_____
Gewichtung: 1 = geringe Gewichtung, 3 = starke Gewichtung		Gesamtsumme:		

Abb. 32   Beispielhaftes Scoring-Modell zur Auswahl von Beschaffungsmärkten

Quelle: Menze 1993,. S. 255

Kosten- und Erlösaspekten, sondern auch (oder sogar vorrangig) von qualitativen Überlegungen geprägt wird (z. B. Reparaturanfälligkeit und Servicequalität bei der Entscheidung über den Einkauf eines Produkts. Abb. 32 zeigt ein Scoring-Modell zur Auswahl von Beschaffungsmärkten.

Das dargestellte Scoring-Modell zur Auswahl von Beschaffungsmärkten ist ein erster Ansatz zur Operationalisierung der Risiken eines Engagements auf internationalen Beschaffungsmärkten. Eine Weiterentwicklung könnte berücksichtigen, inwieweit einzelne Indikatoren durch internationales Beschaffungsmarketing beeinflußt werden können.

5.3   Portfolio-Analyse

Die Grundidee und auch der Begriff "Portfolio" stammen aus dem Bereich der Finanzwirtschaft. Dort untersuchte Markowitz unter dem Stichwort "Portfolio Selection" bereits 1952 die optimale Zusammensetzung eines "Wertpapier-Portefeuille" unter Risiko- und Rendite-Gesichtspunkten. Demnach sollten einzelne Anlageoptionen nicht isoliert betrachtet werden, sondern die Renditeaussichten und Risiken sollten im Rahmen des gesamten Portefeuilles beurteilt werden[17].

Diese Sichtweise eines ausgeglichenen Wertpapier-Portfolios wurde dann auf diversifizierte Unternehmen übertragen, da die einzelnen Geschäftsbereiche auch als Renditeobjekte mit unterschiedlichen Chancen und Risiken interpretiert werden können. Dies macht deutlich, daß die Portfolio-Analyse ein Instrument zur Entwicklung einer Unternehmensgesamtstrategie ist.

Basis aller Portfoliokonzepte ist die analytische Segmentierung einer Unternehmung in strategische Geschäftsfelder (business units). Diese SGE's oder SGF's sollen dann anhand von einheitlichen Kriterien ihres Erfolgspotentials beurteilt werden.

Somit dient die Portfolio-Analyse:

- der Identifikation, Diagnose und Prognose unternehmensbezogener Marktschwächen und -stärken sowie umweltbezogener Risiken,
- dem Entwurf alternativer Strategien zur zielorientierten Handhabung von Chancen und Risiken sowie zur Ausnutzung der Marktmacht,
- der Bewertung und Auswahl von Beschaffungseinzelstrategien und Strategiebündeln.

Trotz dieser Vorzüge eignet sich die Portfolio-Analyse in ihrer bisherigen Form nur bedingt für die strategische Früherkennung. Zwar berücksichtigt die Beschaffungs-Portfolio-Technik wichtige Frühwarnindikatoren und Kennzahlen, der Forderung Ansoffs, Kirschs und Roventas[18], die Portfolio-Analyse so zu erweitern, daß sie auch zur Verstärkung schwacher Signale beiträgt, wird allerdings in den bisherigen Ansätzen nicht Rechnung getragen. So könnten im Gegensatz zu den sonst üblichen Punktpositionsmengen der "Strategischen Geschäftseinheiten" in der Portfolio-Matrix bestimmte Bereichspositionierungen vorgenommen werden, um sogenannte Unschärfeflächen aufzuzeigen. Hierdurch könnte es vermieden werden, daß dem Beschaffungs-Management von vornherein wichtige zentrale Informationen entgehen und eine voreilige und nicht zukunftsorientierte Konsensbildung verhindert wird[19].

---

17   vgl. Markowitz 1952)
18   Ansoff/Kirsch/Roventa 1983, S. 237 ff.
19   Ansoff/Kirsch/Roventa 1983, S. 253 ff.

5.3.1   Die Beschaffungsmarkt-Unternehmensstärken-Matrix

Das Beschaffungsmarkt-Unternehmensstärken-Portfolio wurde von Kraljic, einem Mitarbeiter der McKinsey & Co., entwickelt. Kraljic geht einerseits davon aus, daß Probleme der Ressourcenverfügbarkeit und steigende Rohstoffpreise einen ständig zunehmenden Einfluß auf den Unternehmenserfolg ausüben.[20]

Als Dimensionen benennt er die Stärke des Lieferantenmarktes und die "Relative Unternehmensstärke". Die Bewertung der Stärke des Lieferantenmarktes erfolgt mittels der Kriterien:[21]

- Marktgröße

- Marktwachstum

- Kapazitätsauslastung

- Rentabilität der Lieferanten

- Gewinnschwelle

- Eintrittsbarrieren

- Einzigartigkeit des Produktes

- Logistische Stabilität

- Kostenstruktur der Lieferanten.

Die relative Wettbewerbsstärke wird durch folgende Teildimensionen bewertet:

- Einkaufsvolumen

- Bedarfsentwicklung

- Relativer Marktanteil

- Umstellkosten bei Lieferantenwechsel

- Make-Möglichkeiten.

Das Portfolio besteht aus einer 9-elementigen Typologie, aus der drei Grund- oder Normstrategien ableitbar sind (vgl. Abb. 33)

---

20   vgl. Welge 1985, S. 370
21   vgl. Kraljic 1977, S. 73

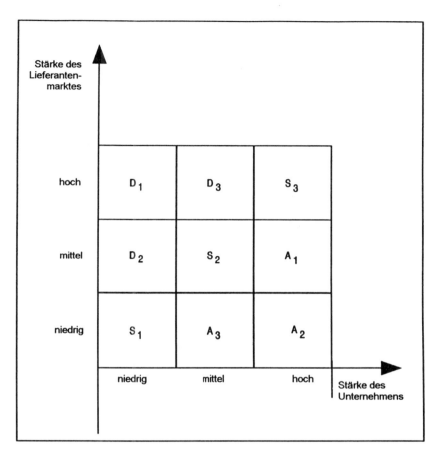

Abb. 33: Die Normstrategien der Beschaffungsmarkt-Unternehmensstärken-Matrix
(analog zu Kraljic 1977, S. 76)

Kraljic unterscheidet die *Strategien* der aktiven Ausschöpfung ($A_{1...3}$), der Diversifikation ($D_{1...3}$) und des selektiven Vorgehens ($S_{1...3}$). Strategien der aktiven, vorsichtigen *Ausschöpfung* eignen sich für strategische Einkaufsprodukte, bei denen das Unternehmen im Markt eine bedeutende Rolle spielt und wobei die Lieferantenstärke mit 'gering' oder 'mittel' bewertet wird. Hier gilt es, die relative Schwäche des Lieferantenmarktes aktiv, jedoch auch vorsichtig auszuschöpfen. Bezogen auf diese Einkaufsprodukte kann das Unternehmen aktiv in die Preispolitik eingreifen und das gebundene Kapital durch eine möglichst geringe Lagerhaltung minimieren.

Strategien der *Diversifikation* werden für strategische Einkaufsprodukte empfohlen, bei denen die Marktstellung des Unternehmens recht schwach ist. Hier gilt es, aktiv nach Substitutionsprodukten und -verfahren zu suchen und neue Lieferanten zur Versorgungssicherung auszuwählen. Gilt es, bei den Feldern $A_{1...3}$ das Produktionsprogramm auf Möglichkeiten des Fremdbezuges hin zu überprüfen, muß sich das Unternehmen in den Feldern $D_{1...3}$ fragen, ob eine Eigenfertigung dieser Produkte nicht kostengünstiger ist.

Zwischen diesen beiden Positionierungen liegen die strategischen Einkaufsprodukte, bei denen *selektiv vorzugehen* sein wird. Da eine Kongruenz zwischen der Stärke des Unternehmens und den Lieferantenmarktes vorliegt, sollte nach neuen Lieferanten gesucht werden, wie andererseits der Abhängigkeit von als wichtig erachteten Lieferantenbeziehungen durch eine vergrößerte Lagerhaltung zu begegnen ist.

5.3.2   Das Lieferanten-Abnehmer-Marktmacht-Portfolio

Das Lieferanten-Abnehmer-Marktmacht-Portfolio wurde von Heege (1986) entwickelt. Es dient dazu, die eigene **Marktmacht-Position** mit der des Lieferanten zu vergleichen und gegebenenfalls Möglichkeiten zur Vergrößerung der Abnehmermacht aufzuzeigen.

Die Vorgehensweise der Beschaffungsrisiko- bzw. Marktmacht-Portfolioanalyse vollzieht sich in mehreren Schritten. Zunächst sind die kritischen Beschaffungsobjekte und -märkte sowie deren Lieferanten zu bestimmen[22]. Danach sind die quantitativen Frühwarnindikatoren der Schlüsselfaktoren zu bestimmen und zu gewichten[23]. Einen Überblick über die zum Aufbau des Marktmacht-Portfolios notwendigen Schlüsselfaktoren gibt Heege[24]. Diese Schlüsselfaktoren zum Marktmacht-Portfolio gilt es nun durch die in dem Kennzahlensystem vorhandenen Kennzahlen bzw. Frühwarnindikatoren zu quantifizieren, was wie folgt vorgenommen werden kann:[25]

---

22   vgl. Heege 1986, S. 12
23   vgl. auch Heinrich/Burgholzer 1988, S. 198 ff.
24   Heege 1986, S. 20 und S. 26
25   vgl. Piontek 1991a, S. 219

Kriterien der Angebotsmacht	Kennzahl
I Marktdaten	
A) Struktur des Angebots	Anzahl der tatsächl. Anbieter
B) Konjunkturlage	Konjunkturindikatoren
C) Einzigartigkeit d. Produktes	Substitutionsgrad
D) Durchschn. jährl. Marktwachstum	Marktanteilwachstum je Lieferant
E) Möglichkeit des Auftretens potentieller Wettbewerber	Anzahl der potentiellen Anbieter
II Lieferantendaten	
A) Anteil d. Lieferanten am Ges.-Markt	Marktanteil des Lieferanten
B) Leistungsfähigkeit d. Lieferanten	Serviceniveau des Lieferanten
C) Auslastung der Kapazität	Kapazitätauslastungsgrad
D) Gewinnschwelle	Break-even-point d. Lieferanten
Kriterien der Nachfragemacht	
I Besonderheiten des Bedarfs	
A) Anteil d. Bedarf am Gesamtmarkt	Bedarfs- bzw. Nachfrageanteil
B) Jährliche Bedarfserhöhung	Jährliche Bedarfserhöhung in %
II Möglichkeiten der aktiven Marktforschung	
A) Möglichkeiten der Eigenfertigung	"Make"-Anteil des Bedarfsvolumens
B) Lieferantenentwicklung	Anzahl der Lieferantenvermehrungen
III Sachverhalte in anderen Unternehmensbereichen	
A) Möglichkeiten zur Überwälzung von Kostensteigerungen	potentielles Kostenüberwälzungsvolumen
B) Ertragskraft des Hauptprodukts	Ertragsquote des Hauptprodukts
C) Umstellungskosten	Umstellungskostenvolumen

Nach der Auflistung der wichtigsten Kennzahlen müssen diese nun aufgrund ihrer Bedeutung gewichtet werden. Die Gewichtung hängt davon ab, welche Kriterien in der Vergangenheit besonders zur Versorgungssicherheit und Marktmacht der Unternehmen beigetragen haben. Die Gewichtung wird dabei so vorgenommen, daß die Summe der Gewichtungen je Lieferanten 100 % ergibt. Alsdann ist die strategische Position zur Versorgungssicherheit und der Marktmacht im Istzustand zu bestimmen. Hierfür ist es notwendig, die einzelnen Kennzahlen zu klassifizieren. Generelles Kriterium für diese Bewertung ist die Abweichung des Kennzahlwertes von einem Durchschnittswert für diese Kennzahl. Die Bewertung erfolgt durch folgende Skala:

Beim Macht-Portfolio:

- 1 Punkt = die Marktstärke ist gering,
- 2 Punkte = die Marktstärke ist durchschnittlich
- 3 Punkte = die Marktstärke ist hoch.

Nach Bestimmung des Ist- und Ideal-Portfolios sind die Soll-Portfolios zu entwickeln, indem man einen Kompromiß zwischen Ist-Portfolio und Ideal-Portfolio bildet. Ausgehend von der Position der Komponenten im Istzustand wird ihr Kreissymbol solange in Richtung Idealzustand verschoben, bis eine den strategischen Beschaffungszielen entsprechende und realisierbare Position gefunden wird (s. Abb. 34). Nach dieser Positionierung wird dann versucht, für die Realisierung des Soll-Portfolios die entsprechenden Norm- und Standardstrategien bzw. Alternativstrategien zu entwickeln[26].

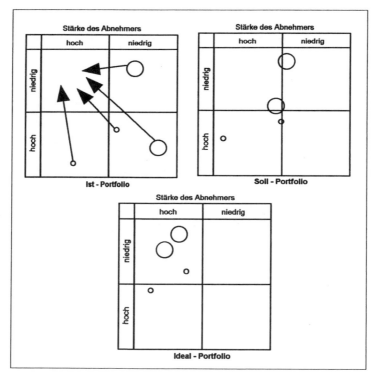

Abb. 34:   Ist-Ideal- und Soll-Marktmachtportfolio
Quelle: Piontek 1993d, S. 243

---

26   vgl. hierzu insb. Heege 1986; Lindner 1983

Aus dieser Vier-Felder-Matrix lassen sich den einzelnen Feldern entsprechend "Verhaltensmuster" ableiten:

Marktmacht des Abnehmers

	niedrig	hoch
hoch	**A** **Kategorie I** **Emanzipation** Lieferant mit starker Marktposition	**B** **Kategorie III** **Geschäftsfreunde** einem marktmächtigen Abnehmer steht ein (mehrere) gleichmächtiger Zulieferer gegenüber
niedrig	**C** **Kategorie IV** **Anpassung und** **Selektion** hier stehen sich schwache Abnehmer und schwache Zulieferer gegenüber	**D** **Kategorie II** **Chancen-** **realisierung** Lieferant mit schwacher Marktposition

Marktmacht des Zulieferers

Abb. 35:   Marktmacht-Portfolio

Quelle: Harting 1989, S. 39

Standardstrategien für das Marktmacht-Portfolio haben Biergans und Koppelmann entwickelt:

Beschaffungspolitische Problemelemente		Lieferantenposition schwach	Lieferantenposition stark
		Chancenrealisierung	Emanzipation
	Make or buy	Eigenfertigung nicht aufnehmen, evtl. drosseln, aber im Auge behalten	Eigenfertigung ausbauen bzw. damit beginnen
	Substitution	verfolgen	intensiv suchen
	Wertanalyse	Mitarbeit des/der Lieferanten anstreben, Qualitätswettbewerb gezielt fördern	in Eigenregie forcieren
	Neue Lieferanten	Kontakte anknüpfen	intensive Suche nach alternativen Versorgungsquellen; Auslandskontakte pflegen
	Lieferantenförderung	zwecks Leistungssteigerung der Lieferanten	um kleinere Lieferanten zu leistungsstarken Konkurrenten zu machen
	Kooperation auf der Nachfrageseite	nicht erforderlich	erwägenswert
	Lagerhaltung	Bestände niedrig halten, Lagerhaltung auf Lieferanten abwälzen	durch hohe Lagerbestände Abhängigkeit mindern
	Preispolitik	Preise aktiv ausreizen, Nebenleistungswettbewerb steigern	Preise halten und gezwungenermaßen "schweigen"
	Mengen	gezielt auf die leistungsfähigsten Lieferanten verteilen	konzentrieren, soweit wie möglich
	Kontrakte	kurzfristige Verträge - Spotkauf	langfristige Verträge

Abb. 36:   Standardstrategien des Marktmacht-Portfolio

Quelle: Biergans/Koppelmann 1982, S. 41-47

5.3.3   Das Beschaffungsmarktattraktivitäts-Wettbewerbsvorteils- Portfolio

Die Marktattraktivitäts-Geschäftsfeldstärken-Matrix wurde entscheidend durch die General Electric Company und die Beratungsgesellschaft McKinsey & Company geprägt. Bei diesem Portfolio handelt es sich bei der Marktattraktivitäts-Geschäftsfeldstärken-Matrix um ein *"Multifaktoren-Konzept"*. Abb. 37 zeigt die Vielzahl der Kriterien zur Beurteilung der Beschaffungsmarktattraktivität und der Wettbewerbsvorteile auf:

Beschaffungsmarktattraktivität	relativer beschaffungsbezogener Wettbewerbsvorteil
1. ALLGEMEINE UMWELTFAKTOREN - demographische Faktoren - politisch-gesetzliche Faktoren - ökologisch/technologische Faktoren 2. BESCHAFFUNGSMARKT-WACHSTUM UND -GRÖSSE 3. BESCHAFFUNGSMARKT-QUALITÄT - Wettbewerbsverhalten etablierter Lieferanten - Eintrittsbarrieren für neue Lieferanten - Möglichkeit des Auftretens von Substitutionsmaterialien - Verhalten konkurrierender Abnehmer - Möglichkeiten des Auftretens neuer Abnehmergruppen - Verhalten von Arbeitnehmern und deren Organisationen - Marktbezogene Eingriffe des Staates 4. VERSORGUNGSRISIKO DES BESCHAFFUNGSMARKTES - Verhalten von Vorlieferanten - Störanfälligkeit von Distributionskanälen - Recyclinganteil bei Lieferanten / Vorlieferanten - Relative Knappheit von Rohstoffvorkommen - Gefahr politisch bedingter Angebotsverknappungen	1. RELATIVE BESCHAFFUNGSMARKTPOSITION - Beschaffungsmarktanteil - Beschaffungsmarketingpotential - Austrittsbarrieren usw. 2. RELATIVES TECHNOLOGISCHES LEISTUNGSPOTENTIAL - Anpassungsmöglichkeiten des Produktionsapparates - Faktorsubstitutionsmöglichkeiten - technischer Rationalisierungsgrad - Flexibilität des potentiellen Fertigungsprogramms - Lagerfähigkeit der Einsatzfaktoren - Reifenotwendigkeit der Einsatzfaktoren - Forschungs- und Entwicklungskapazität - Erfahrungen mit neuartigen Technologien usw. 3. RELATIVES FINANZIELLES LEISTUNGS-POTENTIAL - Anteil der Beschaffungskosten an den Ges.Kosten - Eigenkapitalbasis / Verschuldungsspielräume - Abhängigkeit von Kapitalgebern - Rechtsformabhängige Finanzierungs restriktionen usw. 4. RELATIVES ORGANISATIONALES / PERSONALES LEISTUNGS-POTENTIAL - Flexibilität der Aufbau- /Ablauforganisation - Qualität der Führungssysteme - Abhängigkeit von Mutterunternehmung - Motivation / Wertvorstellungen - Aus- und Weiterbildung - Innovationsklima usw. 5. RELATIVES INFORMATIONALES LEISTUNGSPOTENTIAL - Systematisierung von Systemaufbau- u. ablauf - Umfang der Informationsaufnahme - Automatisierungsgrad usw.

Abb. 37   Kriterien zur Beurteilung der Beschaffungsmarktattraktivität und des relativen beschaffungsbezogenen Wettbewerbsvorteils der beschaffenden Unternehmung

Quelle: Friedl 1990, S. 223

In den Neun-Felder-Portfolios werden je drei Felder (Teilklassen) weiter zu einer übergeordneten Klasse (Hauptklasse) zusammengefaßt (vgl. Abb. 38).

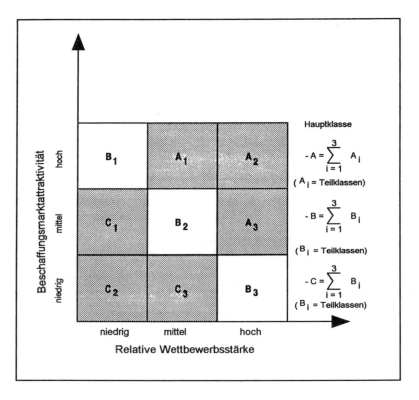

Abb. 38:   Beschaffungsmarkt-relative Wettbewerbsstärken-Portfolio

Quelle: Lindner 1983, S. 273

Aus dem Portfolio lassen sich folgende Strategien ableiten:[27]

• Risikoabwehrstrategien (Feld A) werden in einer Situation empfohlen, die durch eine hohe Beschaffungsmarktattraktivität mit einer niedrigen Wettbewerbsstärke verbunden sind. Ein erfolgversprechender Ansatz dürfte hier vornehmlich in Maßnahmen zur Verbesserung der Wettbewerbsstärke zu sehen sein. Risikoabwehrstrategien stellen sich demzufolge als Maßnahmenbündel dar, die auf den Aufbau bzw. die Erhaltung von Transaktionspotentialen abzielen. Als konkretisierende Detailstra-

---

27   vgl. Lindner 1983, S. 292

tegien können hier folgende Risikoabwehrstrategien genannt werden:

⇒   Erhöhung von Sicherheitsbeständen,

⇒   Schaffung neuer Lagerkapazitäten

⇒   Abschluß von längerfristigen Lieferverträgen;

⇒   Modernisierung des Produktionsapparates zur Verbesserung der Anpassungsfähigkeit,

⇒   Suche nach Materialeinsparungsmöglichkeiten,

⇒   Verbesserung des 'Know how' zur Erleichterung einer eventuellen Rückwärtsintegration,

⇒   Anpassung des Standortes an die Orte der Ressourcenvorkommen.

•   Umgekehrt sind die beschaffungsmarkt-beeinflussenden Strategien (Feld C) für eine Situation konzipiert, in der eine geringe Beschaffungsmarktattraktivität mit einer hohen Wettbewerbsstärke verbunden ist. Eine erfolgversprechende Strategie muß daher vornehmlich darauf gerichtet sein, ein größeres Potential zur Beeinflussung der Transaktionspartner, der konkurrierenden Lieferanten oder der sonstigen relevanten Gruppen aufzubauen. Beispielhaft können folgende **Detailstrategien** genannt werden:

⇒   systematische Unterstützung neueintretender Lieferanten, z. B. nach dem Prinzip der verlängerten Werkbank,

⇒   Kooperation mit anderen Beschaffungsunternehmen,

⇒   Verbesserung der Distributionskanäle anstreben,

⇒   Suche nach Recyclingmaterial,

⇒   Erschließung neuer Beschaffungsquellen, z. B. über die Beteiligung an der Rohstoffsuche,

⇒   Verstärkung des Beschaffungsmarketing.

•   Der Bereich der Übergangsstrategien (Feld B) im Beschaffungs-Portfolio erstreckt sich auf diejenigen Positionierungen, die sich durch eine annähernd gleiche Bewertung der beiden Dimensionen auszeichnen. Es ist daher nicht ohne weiteres möglich, eindeutig intern oder extern ansetzende Detailstrategien zu entwickeln.

5.3.4   Das Versorgungsrisiko-Portfolio

Die Ableitung von objektivierten Handlungsempfehlungen in der Beschaffung bedarf der Ableitung einer Reihe von aussagefähigen Gesichtspunkten, die über das Versorgungsrisiko Auskunft geben. Die Auswahl der Kriterien kann verschiedenen Ursprungs sein, z. B. aus theoretischen Erkenntnissen oder aus Resultaten empirischer Überlegungen.[28] Damit wird deutlich, daß an dieser Stelle die Erstellung dieses Portfolios von den individuellen Verhältnissen des Anwendungsbereiches abhängig ist.

Abb. 39 zeigt zwei Bewertungslisten mit exemplarischen Faktoren, die vermutlich einen wesentlichen Einfluß auf das **Versorgungsrisiko** ausüben[29].

I <u>Kriterien für die Bewertung der Gefahr marktbedingter Versorgungsstörungen</u>	**Kennzahl**
a) Ausmaß der Abhängigkeit vom Ausland und die Gefahr politisch bedingter Angebotsstörungen	Importquote und politische Risikoindikatoren
b) die langfristige physische Verfügbarkeit der Rohstoffe im Vergleich zur Nachfrage	langfristige Ressourcenvolumen in bezug auf die Nachfragemenge
c) die Gefahr künstlich erzeugter Angebotsverknappungen	Anzahl der Anbieter Politische Risikoindikatoren
d) der Konzentrationsgrad des Weltangebots	potentielle Lieferanten in der Welt
e) den Recyclinganteil im Gesamtverbrauch	Recyclinganteil am Gesamtverbrauch
f) die Zuverlässigkeit der ausgewählten Lieferanten	Qualitäts-, Quantitäts- und Termintreuegrad
g) die Störanfälligkeit des Transportweges	prozentualer Anteil der Transportausfälle, Transportkapazitätsauslastung
II <u>Kriterien für die Bewertung der internen Anfälligkeit gegenüber Versorgungsstörungen</u>	Kennzahl
a) Konsequenzen aus dem Lieferantenausfall	Fehlmengenkostenanteil
b) Konsequenzen aus dem Materialausfall	Deckungsbeitragsreduzierung
c) Produktionsflexibilität	Umstellungskosten

Abb. 39   Bewertungskriterien

---

28   vgl. Hubmann/Barth 1990, S. 27
29   vgl. Piontek 1993d, S. 23

Um Handlungsempfehlungen abzuleiten, wird die Matrixebene in Felder unterteilt. Diese Teilflächen werden Normstrategien zugeteilt. Ziel der Ableitung von Handlungsempfehlungen ist es, unter Berücksichtigung der unternehmensinternen und -externen Strukturen den vorhandenen Handlungsspielraum der gegebenen Marktpotentiale optimal zu nutzen und zu erweitern. Den vier gebildeten Feldern in dem Portfolio werden entsprechend des Versorgungsrisikos und des Ergebniseinflusses grundsätzliche Handlungsempfehlungen zugeordnet (s. Abb. 40).

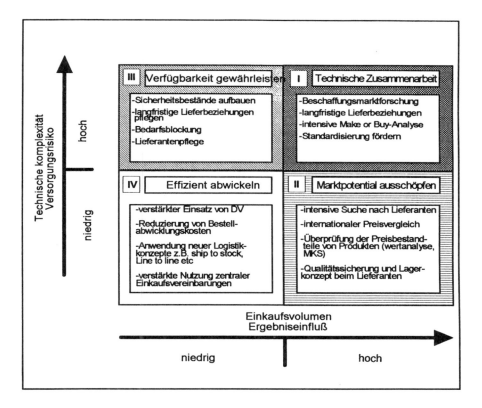

Abb. 40:   Strategien aus dem Versorgungsrisiko-Portfolio

Quelle: Hubmann/Barth 1990, S. 29

5.3.5   Das ABC-Versorgungsrisiko-Portfolio

Das ABC-Versorgungsrisiko-Portfolio wurde von Harting[30] entwickelt. Es klassifiziert zunächst die Portfolio nach ihrer Wertigkeit in einer ABC-Analyse. Menge und Wert der in einer **ABC-Analyse** erfaßten Güter stehen erfahrungsgemäß in einem bestimmten Verhältnis, so daß

- etwa 15 % der Güter etwa 80 % Anteil am Gesamtwert haben (**A**-Güter),
- etwa 35 % der Güter etwa 15 % Anteil am Gesamtwert haben (**B**-Güter),
- etwa 50 % der Güter etwa 5 % Anteil am Gesamtwert haben (**C**-Güter).

Ein Unternehmen kann umso erfolgreicher rationalisieren, je mehr Anstrengungen bei den A-Gütern unternommen werden. Bei C-Gütern dagegen werden hohe Anstrengungen nur einen kostenmäßig geringen Nutzen bringen. Danach werden die Objekte nach ihrem Risiko beurteilt, so daß sich folgende Matrix ergibt:

ABC-Ausprägung

	A-Artikel	C-Artikel
hoch	**Feld 1** **Schlüsselprodukte** Zielkonflikt: Sicherheit und Wirtschaftlichkeit. Lieferbereitschaft gefärdet	**Feld 3** **Enpaßprodukte** Hohe Vorratshaltung erforderlich, dadurch Beschaffungskosten- erhöhung
niedrig	**Feld 2** **Hebelprodukte** Lieferbereitschaft nicht gefärdet, keine Beschaffungsrisiken. Preise, Konditionen und Kapitalbindung optimieren	**Feld 4** **unproblematische Produkte** keine Beschaffungs- probleme, Controlling nur sporadisch

Versorgungsrisiko

B-Artikel werden situativ A- oder C-Artikeln zugeordnet

Abb. 41:   Versorgungsrisiko-ABC-Portfolio

Quelle: Harting 1989, S. 43

---

30   Harting 1989, S. 43

Dabei lassen sich folgende Strategien den einzelnen Produkteinteilungen zuordnen:

Standardstrategien des Versorgungsrisiko-ABC-Portfolio			
Schlüsselprodukte	Hebelprodukte	Engpaßprodukte	unproblematische Produkte
• exakte Bedarfsvorhersage • langfristige Beschaffungspläne • moderne Prognosenmethoden • Bedarfsmarktforschung (Preis-, Verfügbarkeitsprognosen, Risikoanalyse) • Aufbau eines Frühwarnsystems • Das order-splitting soll zwar nicht übertrieben werden, aber auch Billigpreisländer und preisgünstige Zulieferer sollten als Bezugsquelle trotz des Beschaffungsrisikos in Erwägung gezogen werden. • Make-or-buy • Optimieren der Logistik • Abwägung zwischen hohen Lagerbeständen und Kapitalbindungskosten • Laufende Bestandskontrollen	• Preisleistungsverhältnisse überprüfen • Lagerbestandskostenverringerung • gezielte Preisstrategien durch: leistungsstarke Zulieferer Produktpreisanalysen Einsatz von Wertanalysen Angebotsanalysen optimale Lieferantenauswahl • Lagerbestände minimieren durch: Just-in-time Sicherheitsbestandsreduzierung Flexibilität Materialflußoptimierung	• drohende Betriebsunterbrechung erkennen • Vermeidung von Fehlmengenkosten • hohe Sicherheitsbestände • großzügige Bestellmengenpolitik • Abschluß langfristiger Verträge • Lieferantenpflege • Marktanalysen • Lieferantenzuverlässigkeit kontrollieren	Problem der Reduzierung von: • Bestellabwicklungskosten • materialwirtschaftlichem Aufwand durch: Standardisierung/ Normteile einfache Beschaffungsmarktanalyse Sammelbestellungen große Bestellmengen Vereinfachung des Produktqualitätsicherungssystems einfache Lagerhaltung Aber mit den Gefahren, die damit verbunden sind, wie Schwund, Lagerkostenerhöhung, ist keine Auswahl des optimalen Lieferanten möglich.

(Zeilenbeschriftung vertikal: Vorgehensweise zur Versorgungsrisikominimierung)

Abb. 42   Standardstrategien des Versorgungsrisiko-ABC-Portfolio

Quelle: Harting 1989, S. 45

5.3.6   Global Sourcing Portfolio

Die Einbeziehung von ausländischen Beschaffungsmärkten erfordert von einem internationalen Unternehmen nicht nur eine Vervielfachung der im Binnenmarkt realisierten Beschaffungsaktivitäten, sondern auch eine umfassende und konsequente organisatorische sowie methodische Umstellung des gesamten Beschaffungsprozesses. Das macht eine umfassende Sichtweise erforderlich, die landesspezifisches und länderübergreifendes Denken und Handeln sowie die Vielfalt von Varianten zur Erschließung von internationalen Beschaffungsmärkten berücksichtigt. Die Einbeziehung grenzüberschreitender Aktivitäten und die damit verbundenen Lösungen der mannigfaltigen Problemstellungen bilden das wichtigste Merkmal des internationalen Beschaffungsmarketing. Unter internationalem Beschaffungsmarketing wird eine Konzeption zur marktorientierten, umweltangepaßten, politisch und kulturell sensiblen Koordinierung und Steuerung weltwirtschaftlicher Beschaffungsprozesse verstanden.[31]

Das Global Sourcing Portfolio[32] reflektiert, daß dynamische und komplexe Umweltveränderungen Chancen aber auch Bedrohungen aufweisen. Als marktbezogene Dimension wird die Technologieattraktivität benutzt, die über die Indikatoren Problemlösungspotential, Diffusionspotential, Implementierungspotential und Differenzierungspotential bewertet wird. Dem steht als unternehmensbezogene Dimension der Einfluß auf das Erfolgspotential gegenüber, welches mittels einer nach Wert, Menge, Volumen oder Anwendungsbereich differenzierten ABC-Analyse ermittelt wird (vgl. Abb. 43).

---

31   vgl. Piontek 1994a, S. 11
32   Gruschwitz 1993, S. 118 ff.

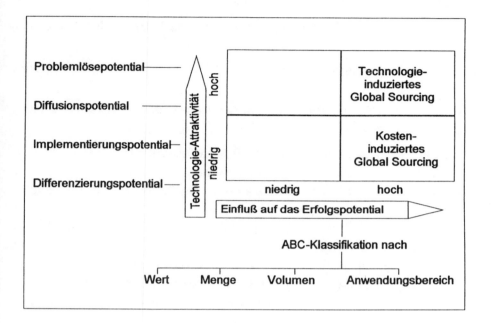

Abb. 43   Global Sourcing Portfolio

Quelle: Gruschwitz 1993, S. 118

Anhand dieser Matrix bieten sich zwei Alternativen für das Global Sourcing Portfolio. So gibt es technologisch attraktive Beschaffungsgüter, die einen großen Einfluß auf das **Erfolgspotential** des Unternehmens haben (technologieinduziertes Global Sourcing) und technologisch wenig attraktive Beschaffungsgüter, die aber auch einen großen Einfluß auf das Erfolgspotential ausüben (kosteninduziertes Global Sourcing).

Die **Technologieattraktivität** von Inputfaktoren wird anhand der Indikatoren Problemlösungspotential, Diffusionspotential, Implementierungspotential und Differenzierungspotential ermittelt.

Der Einfluß, den Produkte auf das Erfolgspotential des beschaffenden Unternehmens ausüben. kann mit Hilfe einer ABC-Analyse erfaßt werden. Die Unterscheidung zwischen wichtigen und weniger wichtigen Objekten erlaubt eine Konzentration auf bedeutsame A-Objekte und eine Effizienzsteigerung.

Strategien für das Global Sourcing bieten sich bei Objekten mit großem Einfluß auf das Erfolgspotential (A-Objekte) und

- niedriger Technologieattraktivität (kosteninduziertes Global Sourcing) oder
- hoher Technologieattraktivität (technologieinduziertes Global Sourcing) an.

Die Beschaffungspolitik bei einem *kosteninduzierten Global Sourcing* läßt sich folgendermaßen kennzeichnen:[33]

- aggressive Bearbeitung weltweiter Beschaffungsmärkte;
- Aufbau und Nutzung von Nachfragemacht;
- Stimulierung des Anbieterwettbewerbes durch Second Source-Politik bzw. Multiple Sourcing-Politik;
- Nutzung aller Gestaltungsmöglichkeiten, um ein besseres Preis-Leistungs-Verhältnis zu erzielen;
- Förderung und Qualifizierung der weltweit wichtigsten Lieferanten;
- Aufbau eines internationalen Informationssystems über Lieferantenleistungen (insbesondere Preisinformationen), um weltweit die günstigste Bezugsquelle erschließen zu können.

Im Gegensatz dazu erfordert ein *technologieinduziertes Global Sourcing* andere Strategiekombinationen:

- partnerschaftliche Zusammenarbeit mit Auslandslieferanten ("technical support", Beteiligung an FuE-Projekten);
- Unterstützung bei technisch anspruchsvollen Verfahren;
- Einflußnahme auf Produktionsprozeß und Qualitätssicherung;
- gemeinsame Standardisierungsbemühungen von technisch anspruchsvollen Beschaffungsobjekten;
- langfristige Verträge;
- Tendenz zum Single Sourcing;
- Optimierung des Informationsflusses zwischen Auslandslieferanten und Abnehmern (UN/EDIFACT-Standard, Electronic Mail).

---

33   vgl. Gruschwitz 1993, S. 125

5.3.7 Lieferantenorientierte Portfolios

Menze[35] differenziert Anbieter nach den Dimensionen "Generelle Leistungsfähigkeit" (als Indikatoren hierfür können bspw. Qualität, Preise, Kapazitäten, Termingerechtigkeit, Flexibilität, Entwicklungspotential usw. dienen) und "Internationale Management-Kompetenz" (als Indikatoren bieten sich z. B. internationale Erfahrungen, Kontakte im Abnehmerland, internationale datentechnische Infrastruktur, Sprachkenntnisse usw.) an (vgl. Abb. 44):

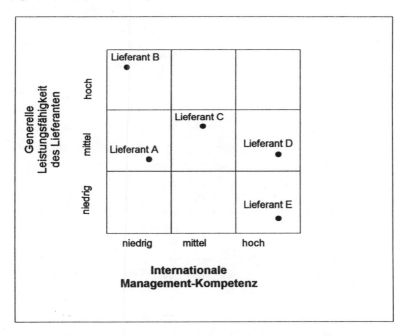

Abb. 44: Positionierung internationaler Lieferanten nach den Kriterien "Generelle Leistungsfähigkeit" und "Internationale Management-Kompetenz"

Quelle: Menze 1993, S. 294

Der zunehmende Bedarf an Problemlösungs-Lieferanten im Rahmen von Just-in-time und der damit verbundene hohe Koordinations- und Logistikaufwand machen eine strenge Lieferantenauswahl erforderlich und führen zwangsläufig zu einer Verringerung der Lieferantenzahl. Es ist daher zu entscheiden, unter welchen Voraussetzungen und Bedingungen **Multiple Sourcing** - zugunsten von **Single- oder sicherheitshalber Double Sourcing**

---

35   Menze 1993, S. 293

- aufgegeben werden sollte. In der Automobilindustrie wird konsequent die Strategie der Lieferantenkonzentration verstärkt. Abhängig ist dies insbesondere von der Marktmacht eines Unternehmens, aber auch von der Art des Teilespektrums.

Abb. 45 zeigt das auf einer derartigen Teile- und Lieferantenstrukturierung aufbauende Beschaffungs-Portfolio.

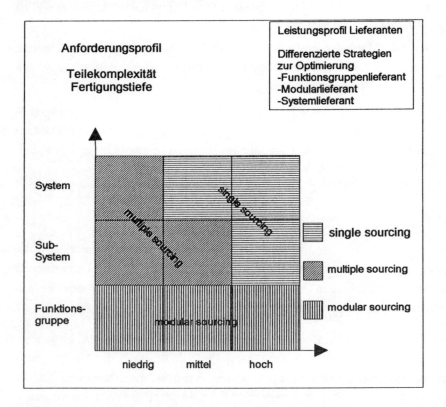

Abb. 45: Beschaffungs-Portfolio zur Teile- und Lieferantenklassifizierung
Quelle: Straube/Kern 1993, S. 30

Aufbauend auf einer durchgehenden Materialklassifizierung ergeben sich folgende grundsätzliche Lieferantenklassen[36]:

---

36   vgl. Straube 1993, S. 31

- Der *Teilelieferant* liefert Bauteile, DIN- und Normteile sowie Material. Das Hauptkonzept zur Lieferantenauswahl bildet der Preiswettbewerb, wobei die direkten Lieferantenbeziehungen zu Teilelieferanten abgebaut werden sollen.

- Der *Funktionsgruppenlieferant* liefert nach Funktion, Werkstoff oder Verwendung zusammenhängende Funktionsgruppen. Die direkten Lieferantenbeziehungen zu Funktionsgruppenlieferanten sollen kurz- und mittelfristig abgebaut werden.

- Der *Modularlieferant* liefert einbaufertige Subsysteme. Im Vergleich zum Funktionsgruppenlieferanten kommt als neue Anforderung die komplette Vormontage hinzu.

- Zukünftig sollen sich die Lieferantenbeziehungen der Automobilhersteller weitgehend auf *Systemlieferanten* beschränken. Der Systemlieferant trägt die Verantwortung für die selbständige Entwicklung, Fertigung, Montage und Anlieferung.

5.3.8 Das Ressourcen-Portfolio

Bei beschränkten Ressourcen müssen aus der Vielzahl der Materialien die strategisch wichtigen ausgefiltert werden. Aus den beiden Dimensionen Kostenentwicklung und Verfügbarkeit haben Ansoff und Leontiades den Ansatz der Ressourcen-Matrix entwickelt[37].

Aus diesen beiden Portfolios werden jeweils kritische Produkte bzw. Ressourcen entwickelt. Diese Gegenüberstellung stellt damit die Verknüpfung von Beschaffungs- und Absatzbereich dar. Kritisch ist anzumerken, daß die beiden Dimensionen "Kostenentwicklung und Verfügbarkeit" nicht unabhängig sind (vgl. Abb. 46).

---

37   vgl. Pekayvaz 1985, S. 155

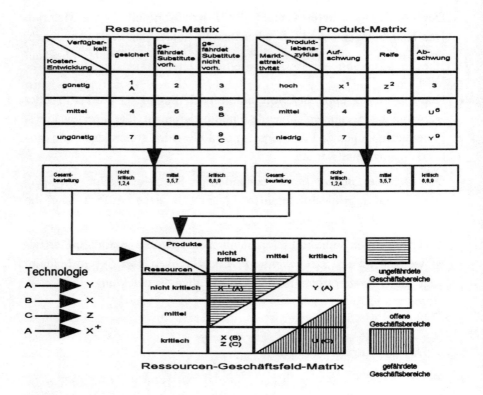

Abb. 46: Das Ressourcen-Geschäftsfeld-Portfolio
Quelle: Pekayvaz 1985, S. 156

Die Strategieempfehlungen enthalten demgemäß für die drei Bereiche von Ressourcen-/Geschäftsfeld-Kombinationen sowohl absatz- als auch beschaffungsmarktorientierte Empfehlungen. In den ungefährdeten Geschäftsbereichen empfiehlt sich für Produkte die Wachstums- und Investitionsstrategie; für Ressourcen primär dagegen die Abschöpfungsstrategie. Die Strategie für die gefährdeten Bereiche bedeutet Desinvestition.

Für die Produkte mit unkritischen Ressourcen im offenen Geschäftsbereich wird die Abschöpfungsstrategie, für die Ressourcen selbst die Strategie des "aktiven Ausschöpfens" entwickelt.[38]

---

38   vgl. Pekayvaz 1985, S. 157

5.3.9 Materialkostensenkungspotential-Portfolio

Der hohe Einfluß der Materialkosten auf das Betriebsergebnis und die Wettbewerbssituation eines industriellen Unternehmens erfordert die Durchführung von Kostensenkungsmaßnahmen durch Marketingaktivitäten im Einkauf. Bevor Kostensenkungsaktivitäten jedoch gezielt eingeleitet werden können, ist zu ermitteln, wo **Materialkostensenkungspotentiale** (MKS-Potentiale) liegen.

Die MKS-Potentialanalyse stellt ein Instrument dar, mit dessen Hilfe die Struktur des Einkaufsvolumens untersucht wird, um diejenigen Materialfelder bzw. Positionen herauszufiltern, bei denen Kostensenkungspotentiale bestehen[39]. Das Vorhandensein und die Realisierbarkeit von MKS-Potentialen wird von unternehmensinternen und -externen Erfolgsfaktoren beeinflußt. Als externe Faktoren sind die Gegebenheiten auf den Einkaufsmärkten anzusehen.

Die Höhe der MKS-Potentiale ist von der Beurteilung der Erfolgsfaktoren abhängig, deshalb werden die Erfolgsfaktoren für jedes Materialfeld bzw. jede -position bewertet. Anschließend werden die Bewertungszahlen der einzelnen Erfolgsfaktoren addiert. Dabei erscheint eine Durchführung der MKS-Potentialanalyse im allgemeinen besonders für diejenigen Materialbereiche sinnvoll, welche einen großen Anteil am Einkaufsumsatz haben (z. B. A-Teile). Die somit bewerteten Materialbereiche können nun in einer Einkaufsmatrix mit den beiden Dimensionen Unternehmensflexibilität und Einkaufsmarktattraktivität eingeordnet werden (s. Abb. 47).

Je höher und weiter rechts das Materialfeld eingeordnet wird, desto größer ist das **relative MKS-Potential**. Umgekehrt ist ein mögliches Versorgungsrisiko um so höher, je mehr die Position von Materialfeldern durch eine niedrige Unternehmensflexibilität und niedrige Einkaufsmarktattraktivität gekennzeichnet ist. Um die voraussichtliche Entwicklung des Materialbedarfs in die Einkaufsmatrix zu integrieren, werden für jeden Materialbereich zwei Kreise dargestellt. Ein Kreis zeigt den Materialbedarf in der vergangenen Periode, der andere den Materialbedarf in der zukünftigen Periode. Die Größe der Kreise richtet sich nach dem Einkaufsvolumen des jeweiligen Materialbereichs, denn der Ergebniseinfluß der Materialfelder

---

39   vgl. Katzmarzyk 1988, S. 177-180

richtet sich nicht nur nach der Höhe des geschätzten MKS-Potentials, sondern auch im wesentlichen nach dem Anteil am Gesamteinkaufsvolumen.

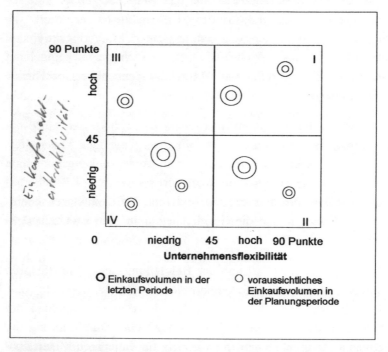

Abb. 47: Darstellung der Kostensenkungspotentiale und der Bedarfsentwicklung in einer
Einkaufsmatrix

Quelle: Katzmarzyk 1988, S. 190

In dieses Portfolio können auch Zielpositionen eingezeichnet werden. Um
die Lage des Kreises innerhalb eines Rechtecks zu verschieben, sind takti-
sche Maßnahmen nötig. Will man hingegen von einem Feld ins andere Feld
"springen", sind strategische Beschaffungsmaßnahmen nötig[40].

5.3.10 Kritik an der Portfolio-Methode in der Beschaffung

Zusammengefaßt kann festgehalten werden, daß die Portfolio-Methode
unter der Verwendung von Kennzahlen als Instrument zur strategischen
Kontrolle und Planung aufgrund folgender Vorteile geeignet ist:

---

40   vgl. Katzmarzyk 1988, S. 191 f.

- Analyse der strategischen Ausgangssituation der Unternehmung,
- Generierung der Versorgungsrisiken und Machtfaktoren in einem Modell,
- Entwurf der Ideal- und Sollpositionen,
- Planungsinstrument insbesondere zum Entwurf von Strategien.

Trotzdem vermitteln die Portfolio-Analyse und die dazu gehörigen Kennzahlen nur eine Sicht aus der "Vogelperspektive"[41]. Die Methode, die sich auf eine geringe Anzahl möglicher Einflußfaktoren beschränkt, hat nur globalen Charakter, so daß Subjektivität, Wunschvorstellung und Willkür bei der Gewichtung der Kriterien und der Auswahl der Kriterien in das Konzept einfließen.

Es ist wichtig, daß Portfolio-Konzepte nicht nur bei der Analyse, sondern auch bei weiteren Planungsschritten behilflich sein könnten. Es handelt sich zumeist um statische Modelle, die nur eine geringe Unterstützung bei Planungsentscheidung und Kontrolle bieten, was im Gegensatz dazu Portfolios im Absatzbereich ermöglichen. Oft ist die Erstellung von Zielportfolios aufgrund der Wahl der Dimension nicht möglich. Damit ist auch eine Kontrolle nicht durchführbar.[42]

Es müssen Konzepte entwickelt werden, die sich nicht nur an der Beschaffung des Unternehmens, sondern an der Gesamtunternehmensstrategie orientieren und dynamische Komponenten berücksichtigen. Es sollte bedacht werden, daß die Existenz eines materialwirtschaftlichen Objektes hauptsächlich vom zugehörigen Absatzprodukt des Produktionsprogrammes abhängt. Darum ist auch der materialwirtschaftliche Bereich an den Absatzerfordernissen auszurichten. Er kann nicht isoliert betrachtet werden. Hornung[43] unternimmt den Versuch, ein absatz- und materialwirtschaftlich orientiertes Portfolio zusammenzuführen. Dazu zieht er das Marktattraktivitäts-Wettbewerbsvorteil-Portfolio heran.

---

41   vgl. Hartwig 1987, S. 17
42   vgl. Kunsch/Mayerhofer 1990, S. 30
43   Hornung 1993, S. 18

5.4   ABC-Analyse und XYZ-Analyse

Die ABC-Analyse ist eine analytische Methode, die es ermöglicht, Wesentliches von Unwesentlichem zu unterscheiden. Dadurch wird es möglich, die unternehmerischen Aktivitäten auf die ermittelten Schwerpunkte zu lenken und durch Rationalisierungs- und andere geeignete Maßnahmen die Wirtschaftlichkeit erheblich zu steigern. Die ABC-Analyse findet in allen Unternehmensbereichen Anwendung. Auch im Einkauf sind verschiedene **Ansätze** möglich:

• Analyse des Bestellwertes nach Menge und Wert der Materialarten bzw. -gruppen
• Analyse des Einkaufsumsatzes nach Zahl der Lieferanten
• Analyse der Lieferantenrechnungen nach Zahl und Rechnungswerten.

Die ABC-Analyse des Bestellwertes nach Menge und Wert gibt Aufschluß über das Mengen-Wert-Verhältnis der benötigten Materialien, d. h., es werden die Anteile der einzelnen Materialarten oder -gruppen am Gesamtwert der Materialien ermittelt. Dadurch ist es möglich, wesentliche von unwesentlichen Einkaufsvorgängen zu unterscheiden. Im folgenden sollen die einzelnen Schritte diese Analyse aufgezeigt werden.

Im ersten Schritt werden zunächst alle Materialpositionen aufgelistet, die jeweiligen Bedarfsmengen festgestellt und mit den entsprechenden Einkaufspreisen multipliziert. Anschließend werden im zweiten Schritt die ermittelten Jahresbedarfswerte aller Positionen nach absteigender Reihenfolge sortiert und kumuliert. Im dritten Schritt bildet man für jeden so geordneten Jahresbedarfswert den prozentualen Anteil am Gesamtwert und addiert wieder die Prozentzahl. Ebenso wird der prozentuale Anteil jeder Materialposition an der Gesamtzahl der Positionen gebildet und kumuliert.[44] Schließlich wird im letzten Schritt eine ABC-Einteilung der Materialpositionen vorgenommen, indem bei zwei bestimmten kumulierten Prozentanteilen am Gesamtbedarfswert - z. B. bei 80 % und bei 95 % - jeweils eine Grenze gezogen wird.[45]

Die Analyse der Materialien nach Mengen-Wert-Relation wird meist ergeben, daß ein verhältnismäßig hoher Anteil an den Bedarfswerten auf nur

---

44   vgl. Katzmarzyk 1988, S. 123
45   vgl. Grochla et al. 1993, S. 98

einen geringen Mengenanteil entfällt. Diese Materialpositionen werden dann als A-Teile bezeichnet. Umgekehrt werden die Materialpositionen, die nur einen geringen Anteil an den Bedarfswerten, aber einen hohen Mengenanteil aufweisen, als C-Teile bezeichnet. Man kann die durchgeführte ABC-Analyse auch in einer graphischen Darstellung (Lorenz-Kurve) verdeutlichen.

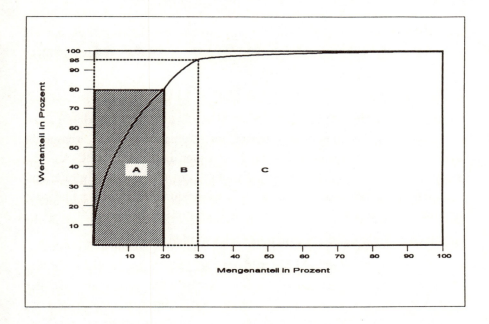

Abb. 48: Beispiel für eine ABC-Verteilung
Quelle: Arnolds/Heege/Tussing 1986, S. 37

Die Grafik zeigt, daß 20 % der Positionen einen Wertanteil von 80 % (A-Teile), weitere 10 % der Positionen einen Wertanteil von 15 % (B-Teile) und die restlichen 70 % der Positionen einen Wertanteil von 5 % (C-Teile) aufweisen. Diese beispielhafte Einteilung ist für die meisten Betriebe mehr oder weniger typisch. Eine Einteilung der Materialpositionen in drei Klassen ist zwar nicht zwingend, aber in der Praxis am häufigsten. Ebenso ist die Wahl der Prozentsätze für die Klassifizierung frei.

Die ABC-Analyse stellt sowohl ein Instrument der **Planungsfunktion** als auch der **analytischen Funktion** dar. Sie kann zukunfts- und vergangenheitsorientiert durchgeführt werden.

Für die Planung ist eine am zukünftigen Bedarf orientierte ABC-Analyse hilfreich, da künftige Änderungen in der Bedarfsstruktur berücksichtigt und so schnellere Anpassungsreaktionen in der Maßnahmeplanung ermöglicht werden. Eine auf vergangenheitsbezogene Daten basierende ABC-Analyse ist in der Kontrollphase notwendig, um durch einen Soll-Ist-Vergleich und eventuelle Abweichungsanalysen auf die Maßnahmenrealisierung und/oder die Planerstellung für die Nachfolgeperiode eingreifen zu können.

Eine Differenzierung des Artikelspektrums nach den Mengen-Wert-Anteilen der einzelnen Materialpositionen genügt jedoch meist nicht für die Bestimmung der jeweils geeignetesten Bewirtschaftungsmethode. Mit der **XYZ-Analyse** wird daher eine Differenzierung des Artikelspektrums im Hinblick auf die Vorhersagegenauigkeit und die Regelmäßigkeit des Verbrauchs beabsichtigt. Dabei gilt für:[46]

X-Artikel: konstanter Verbrauch, nur gelegentliche Schwankungen, hohe Vorhersagegenauigkeit;
Y-Artikel: trendmäßiger Verbrauch, saisonale Schwankungen, mittlere Vorhersagegenauigkeit;
Z-Artikel: unregelmäßiger Verbrauch, niedrige Vorhersagegenauigkeit;

Als Kennzahl für das Verbrauchsverhalten einer Materialposition kann der Schwankungskoeffizient SQ herangezogen werden. Dieser reagiert sehr

---

46   vgl. Höchst/Stausberg 1993, S. 19

empfindlich, wenn plötzlich Bedarfseinbrüche nach oben oder unten erfolgen. Dabei kann folgende Formel verwendet werden:[47]

$$SQ_i = \frac{n \cdot SQ_{i-1} + SF \cdot \left| 1 - \dfrac{T_i}{V_i} \right|}{n + 1}$$

Dabei bedeuten:

SQ_{i-1} = bis zur iten Periode fortgeschriebener SQ-Wert
n = Intervalle innerhalb einer Periode[1]
SF = Sicherheitsfaktor
T = tatsächlicher Verbrauch
V = Vorhersagewert
i = laufende Periode

Der Quotient $\dfrac{T_i}{V_i}$

ermittelt das Verbrauchsverhalten einer Materialposition in der laufenden Periode. Ein Zuordnung kann wie folgt aussehen:[48]:

X-Teil SQ ≤ 1
Y-Teil SQ $> 1 \leq 5$
Z-Teil SQ > 5

Allgemein kann festgehalten werden, daß AZ-Produkte im Gegensatz zu CX-Teilen hinsichtlich Einkauf und der Dispositionen problematische Produkte darstellen. Die XYZ-Analyse trägt erst in Kombination mit der ABC-Analyse "Früchte", d. h. bietet konkrete Handlungsempfehlungen.

Abb. 49 und 50 zeigen Vorschläge zur Vertragsgestaltung auf der Grundlage der ABC-XYZ-Kombination und zur Wahl der Dispositionsart.

---

47   vgl. Hartmann 1993, S. 155
48   vgl. Hartmann 1993, S. 156

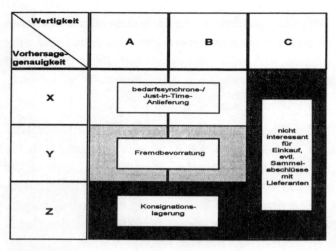

Abb. 49 Optimierungskonzept zur Vertragsgestaltung auf der Grundlage der ABC-XYZ-
Matrix

Quelle: Hartmann 1994, S. 28

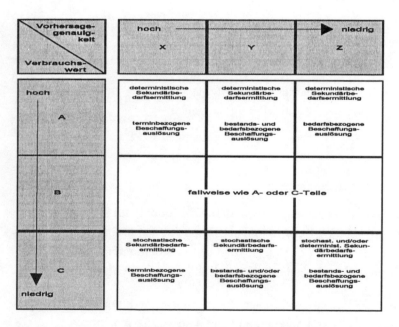

Abb. 50 Vorschläge zur Wahl der Dispositionsart in Abhängigkeit von der ABC-XYZ-
Klassifizierung der Teile

Quelle: Höchst/Stausberg 1993, S. 19

Eine artikelklassenspezifische Vorgehensweise innerhalb aller Funktionen der Disposition deckt erhebliche Rationalisierungspotentiale auf und zeigt durch einen anschließenden ziel- und anforderungsgerechten Einsatz von Dispositionsstrategien bzw. -verfahren, wie diese Potentiale auch auszuschöpfen sind.

Neben der Auswahl artikelklassenspezifischer Dispositionsmethoden können die Ergebnisse der Analysen auch zur Bestimmung unterschiedlicher **Automatisierungsgrade** herangezogen werden. Bewirkt wird hierdurch die Entlastung des Disponenten von Routinetätigkeiten, um über die Konzentration auf problematische Artikel eine Verbesserung der Dispositionsgüte zu erreichen. Hochwertige Artikel, die einen unregelmäßigen Verbrauch aufweisen und deren Bedarfe deshalb nur eine niedrige Vorhersagegenauigkeit aufweisen (sog. AZ-Artikel), sollten manuell disponiert werden.[49]

5.5   Beschaffungsrevisionen

Beschaffungsrevisionen werfen die Fragen nach Prüfweg und Auswahl der einer Prüfung zu unterziehenden Beschaffungsobjekte auf. Ferner muß überprüft werden, welche Beschaffungsfunktionen wahrgenommen werden und wenn, welche Beschaffungstätigkeiten realisiert werden. Eine Vorgehensweise zur Objektselektion hat Koppelmann entworfen.

1. Bewertung des Beschaffungsobjektes
   anhand der Auswahlkriterien.
   ⇓
2. Auswahl der zur Beschreibung des Beschaf
   fungsobjektes markanten Kriterien.
   ⇓
3. Hierarchisierung der markanten Kriterien
   ⇓
4. Führt die Ausprägung des wichtigsten
   Kriteriums zur BMF-Entscheidung?   _____ja_____⟶
   ⇓

---

49   vgl. Höchst/Stausberg 1993, S. 20

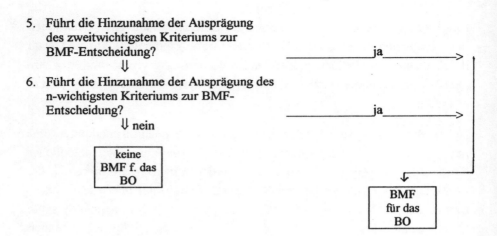

5. Führt die Hinzunahme der Ausprägung des zweitwichtigsten Kriteriums zur BMF-Entscheidung?
⇓
6. Führt die Hinzunahme der Ausprägung des n-wichtigsten Kriteriums zur BMF-Entscheidung?
⇓ nein

keine BMF f. das BO

BMF für das BO

Abb. 51   Vorgehensweise zur Objektselektion

Quelle: Koppelmann 1986, S. 356

Der Aufwand, der mit der systematischen Erfassung von Informationen verbunden ist, läßt sich natürlich nicht für jedes Beschaffungsobjekt rechtfertigen. Für welche Beschaffungsobjekte letztendlich Beschaffungsmarktforschung (BMF) durchzuführen ist, hängt von verschiedenen Faktoren ab:

- Zur Bestimmung besonders wichtiger Produktgruppen wird überwiegend die ABC-Analyse zur Hilfe genommen. Sie geht von der Annahme aus, daß sich mit ca. 20 % der beschafften Teile (A-Teile) ein *Beschaffungswert* von 80 % abdecken läßt. Man kann jedoch die BMF auch auf die A-Teile zu konzentrieren. Die ABC-Analyse ist jedoch als alleiniges Kriterium nicht ausreichend. Andere Faktoren müssen hinzugezogen werden, um nicht zu einer einseitigen Betrachtungsweise zu gelangen.[50]
- *Ziel- und Strategieänderungen* können zur Auswahl eines Objektes führen, wenn unternehmensspezifische Veränderungen vom Markt nicht notwendigerweise nachvollzogen werden. Dann muß die BMF eruieren, wie sich der Markt bezüglich des "Kurswechsels" verhalten wird.
- Für Objekte, die mit hohen *Beschaffungsrisiken* verbunden sind, muß BMF ebenfalls schwerpunktmäßig betrieben werden. Beschaffungsrisiken können in Form von Liefer-, Leistungs- und Absatzrisiken etc. auftreten.

---

50   vgl. Koppelmann 1986, S. 310

• Als letztes Kriterium ist die *Kontinuität des Bedarfs* zu nennen. Kontinuierlicher oder erstmaliger Bedarf eines Objektes rechtfertigen systematische Informationsgewinnung eher als einmaliger oder unregelmäßiger Bedarf.

Abb. 52 zeigt eine Zusammenstellung der zur Auswahl relevanten Kriterien.

Ziel- oder Strategieänderungen Zieländerungen • Zielausmaßänderung • Zielzeitänderungen • Zielinhaltsänderungen Strategieänderungen
Beschaffungsrisiken Marktrisiken • Lieferausfallrisiken • Leistungsrisiken • Preisrisiken Betriebliche Risiken • Materialwirtschaftsrisiken • Produktionsrisiken • Absatzrisiken • Finanzrisiko • F & E-Risiko
Wertmäßige Bedeutung des Beschaffungsobjektes • Absoluter Wert • Relativer Wert
Bedarfskontinuität • Kontinuierlicher Bedarf • Unregelmäßiger Bedarf • Erstmaliger Bedarf

Abb. 52   Kriterien zur Auswahl marktforschungsrelevanter Beschaffungsobjekte

Quelle: Koppelmann 1986, S. 344

Westermann schlägt zur weiteren Vorgehensweise der Beschaffungsrevision vier Möglichkeiten vor:[51]

1. Es werden in der Reihenfolge der sachlogischen Funktionsabläufe sämtliche Teilfunktionen des Materialwirtschaftsbereichs geprüft, also z. B. hintereinander:

---

51   vgl. Westermann 1990, S. 56

- Wertanalyse
- Make or buy
- Bedarfsplanung
- Bestandsplanung
- Beschaffungsplanung
- Beschaffungsmarktforschung und -erkundung
- Angebotseinholung
- Lieferantenwahl
- Auftragsvergabe
- Terminverfolgung
- Einkaufserfolgsermittlung
- Warenannahme
- Warenprüfung
- Rechnungskontrolle
- Einlagerung
- Lagerhaltung
- Lagerentnahme.

Dabei werden die einzelnen, vorher ausgewählten Beschaffungsobjekte durch alle vorgenannten **Teilfunktionen** hindurch in der Reihenfolge der Arbeitsabläufe verfolgt. Wesentlicher Vorteil dieser Vorgehensweise ist, daß Mängel, insbesondere Unredlichkeiten, die an den Schnittstellen zwischen den einzelnen Teilfunktionen entstehen, sofort aufgedeckt werden können.

2. Hier erfolgt die Prüfung in der **sachlogischen Reihenfolge** der Arbeitsabläufe, aber es werden bei jeder Teilfunktion weitgehend unterschiedliche Güter untersucht. Diese Methode empfiehlt sich insbesondere, wenn die Prüfung der einzelnen Funktionen zu lange dauert und somit die Funktionsträger der nachgelagerten Teilfunktionen von der Auswahl der Güter erfahren und vorbeugende Vertuschungsmaßnahmen ergreifen.

3. Es werden sämtliche Teilfunktionen des Beschaffungswesens nicht in der sachlogischen Reihenfolge der Funktionsabläufe geprüft, sondern es können in jedem Teilbereich die **gleichen** oder jeweils **unterschiedliche Objekte** geprüft werden. Bestimmungsgründe der Reihenfolge sind hierbei verdachtsorientierte Gesichtspunkte. Besonders wenn konkrete Verdachtsmomente vorliegen und frühzeitige Warnung der Verdächtigen zu befürchten ist, empfiehlt es sich, im Kernbereich des Verdachts überraschend mit der Prüfung sofort zu beginnen.

4. Es werden nur **einzelne Teilfunktionen** geprüft, und zwar in den geprüften Teilfunktionen entweder unterschiedliche oder identische Beschaffungsobjekte. So sollte geprüft werden, wenn eine Prüfung aufgrund von Verdachtsmomenten erfolgt, die sich nur auf bestimmte, ganz begrenzte Bereiche beziehen.

Mit der Durchführung können betriebsinterne Stellen, die eigene Revisionsabteilung, beauftragt sein (interne Revision). Sie kann allerdings auch von betriebsfremden Stellen (externe Revision) vorgenommen werden.[52]

5.6 Einkaufskapazitätsrechnung

Die EKP-Rechnung geht auf Katzmarzyk[53] zurück und stellt ein Instrument dar, das die interne Stoßrichtung des Einkaufscontrolling verfolgt. Mit ihrer Hilfe kann die Personalkapazität einer Einkaufsabteilung quantitativ untersucht werden. Ziel ist es dabei, die Einkaufsmarketing- und Einkaufsentwicklungskapazität der Einkaufsabteilung zu ermitteln, festzustellen, wie sich diese Kapazität auf die unterschiedlichen Materialfelder einer Einkaufsabteilung verteilt und ob sie überhaupt ausreicht, um die sich aus der Einkaufszielsetzung ergebenden Anforderungen zu erfüllen. Ferner soll festgestellt werden, bei welchen Tätigkeiten die Schwerpunkte der Einkaufsmitarbeitergruppen liegen.

Die Auswertung der gewonnenen Informationen aus der EKP-Rechnung bildet die Grundlage für eine **ergebnisorientierte Steuerung** des Einkaufs, da eine zielorientierte Verwendungsplanung und -kontrolle der Einkaufskapazität ermöglicht wird.

Die Durchführung einer EKP-Rechnung beruht auf einer Befragung der Mitarbeiter der Einkaufsabteilung über einen bestimmten Zeitraum. Zu diesem Zweck werden Befragungsbögen erstellt, die an die Mitarbeiter verteilt werden. Der erste Bogen beinhaltet eine Auflistung der im Einkauf anfallenden Tätigkeitsbereiche. Um eine einheitliche Zuordnung der einzelnen Tätigkeiten zu den Tätigkeitsbereichen durch die Befragten zu gewährleisten, ist im Vorfeld ein Aufgabenkatalog zu erstellen. Da der Materialbedarf

---

52 vgl. Kopsidis 1992, S. 206
53 vgl. Katzmarzyk 1988, S. 126 f.

eines Industrieunternehmens i. d. R. heterogen strukturiert ist, enthält der zweite Befragungsbogen eine Auflistung der unterschiedlichen Materialfelder.[54] Nach Ablauf des Befragungszeitraums beginnt die Auswertung der eingetragenen Daten. Die von jedem Mitarbeiter ermittelten tätigkeits- und materialbezogenen Zeitsummen werden getrennt nach Mitarbeitergruppen auf Sammelbögen übertragen, addiert und in Prozentwerte umgerechnet. Anschließend addiert man die Zeitsummen der einzelnen Mitarbeitergruppen, um Aussagen über die Struktur der gesamten Personalkapazität einer Einkaufsabteilung im Hinblick auf Tätigkeiten und Materialfelder zu ermöglichen (vgl. Abb. 53).

Struktur der Tätigkeitsschwerpunkte in Prozent Übertrag aller Mitarbeitergruppen-Zeitsummen der Einkaufsabwicklungstätigkeiten							
Mitarbeitergruppen	**Summe EKL, GL, FE**	**%**	**Summe EA**	**%**	**Summe EKL, GL, FE, EA**	**%**
1. Stammdatenpflege						
2. Disposition						
3. Bestellschreibung						
4. Bestellüberwachung						
5. Wareneingang						
6. Sonstige Tätigkeiten						
7. Schulung, Weiterbildung						
8. Berichtswesen						
9. Summe (1-8)						
Übertrag aller Mitarbeitergruppen-Zeitsummen der Einkaufsabwicklungstätigkeiten						
10. Einkaufsmarktbeobachtung, Kontakte mit Lieferanten						
11. Techn. Bearbeitung						
12. Wertanalyse						
13. Verhandlungen						
14. Schulung, Weiterbildung						
15. Berichtswesen						
16. Summe (10-15)						
17. Summe (9 plus 16)		100%		100%		100%

EKL = Einkaufsleiter GL = Gruppenleiter   EA = Einkaufsassistent FE = Facheinkäufer

Abb. 53 Struktur der Tätigkeitsschwerpunkte

Quelle: Katzmarzyk 1988, S. 142

---

54   vgl. Katzmarzyk 1988, S. 139 f.

Struktur der Materialfelder in Prozent							
Übertrag der auf Materialfelder verteilten Einkaufsabwicklungszeitsummen aller Mitarbeitergruppen							
Mitarbeitergruppen:	**Summe EKL, GL, FE, EA**	**%**	**Summe EA**	**%**	**Summe EKL, GL, FE, EA**	**%**	
1. Bauelemente							
2. Elektrotechnische Erzeugnisse							
3. Chemische Erzeugnisse							
4. Stahl und Eisen							
5. NE-Metalle							
6. OEM-Produkte, Handeswaren							
7. Gemeinkosten, Dienstleistungen, FuE-Bedarf							
8. Investitionsgüter							
9. Summe (1-8)		100%		100%		100%	
Übertrag der auf Materialfelder verteilten Einkaufsabwicklungszeitsummen aller Mitarbeitergruppen							
10. Bauelemente							
11. Elektrotechnische Erzeugnisse							
12. Chemische Erzeugnisse							
13. Stahl und Eisen							
14. NE-Metalle							
15. OEM-Produkte, Handeswaren							
16. Gemeinkosten, Dienstleistungen, FuE-Bedarf							
17. Investitionsgüter							
18. Summe (1-8)		100%		100%		100%	

Abb. 54   Berechnung der Struktur der Gesamtarbeitszeit

Quelle: Katzmarzyk 1988, S. 144

Durch die Einkaufskapazitätsrechnung erfährt man insbesondere:[55]

- den durchschnittlichen Anteil der Einkaufsabwicklung und des Einkaufsmarketing an der **gesamten Arbeitszeit** und dessen Aufteilung in Tätigkeitsschwerpunkte

- die Verteilung der Einkaufsabwicklungszeit und der Einkaufsmarketingzeit auf die **jeweiligen Materialfelder**.

---

55   vgl. Katzmarzyk 1988, S. 145

• die Ermittlung der Einkaufsabwicklungs- und Einkaufsmarketingkapazität pro Jahr.

Durch diese Ermittlung wird eine Steuerung der Personalkapazität einer Einkaufsabteilung sowohl im Hinblick auf die sich aus der Einkaufszielsetzung ergebenden Einkaufsaufgaben als auch im Hinblick auf die sich aus den unterschiedlichen Materialfeldern ergebenden Anforderungen und Materialkostensenkungspotentiale möglich.

5.7   Nutzwertanalyse und Expertensysteme zur Lieferantenselektion

Die Nutzwertanalyse stellt ein in der Beschaffung seit langem bewährtes Instrument dar. Im Rahmen eines Scoring-Verfahrens werden für die einzelnen Strategiealternativen die Erreichungsgrade bei den ausgewählten Katalogkriterien geschätzt. Die Nutzwertanalyse eignet sich für solche Entscheidungssituationen in der Beschaffung, die sich dadurch auszeichnen, daß:[56]

• mehrere Zielsetzungen vorliegen (multidimensionales oder multiples Zielsystem: Mehrfach-Zielsetzung),
• die Zielgrößen qualitativer und/oder quantitativer Natur sind,
• eine Anzahl von Alternativen zu vergleichen ist,
• eine große Anzahl entscheidungsrelevanter Einflußgrößen zu beachten ist, deren Interdependenzen meist nicht angegeben werden können,
• die persönliche, subjektive Einschätzung bzw. Beurteilung dieser Größen durch den Entscheidungsträger eine erhebliche Rolle spielt.

Somit dient die Nutzwertanalyse in der Beschaffung insbesondere der **Lieferantenauswahl**. Die Aufgabe des Lieferantenauswahlsystems muß es sein, unter Berücksichtigung der verschiedenen Bestimmungsfaktoren, wie Risiken in der Umwelt des Lieferanten, Potentiale des Lieferanten, Qualität, Preis des Beschaffungsgutes den besten Lieferanten zu ermitteln.

---

56   vgl. Welge 1985, S. 518

- Preis
- Zuverlässigkeit
- Lieferzeit
- Lieferflexibilität
- Forschungs- und Entwicklungsaktivitäten
- Marktstellung

haben zur Entwicklung von Planungsmethoden bzw. Auswahlmethoden geführt.[58] Hierbei werden in der Regel zunächst in Haupt- und Unterkriterien unterteilte Zielkriterienkataloge erstellt und Bewertungsmaßstäbe festgelegt, um die Lieferanten nach einem Punktesystem zu beurteilen und auszuwählen. Hierbei werden Maßstäbe wie Liefer- und Qualitätszuverlässigkeit oder der Preis als qualitative Kriterien in Kategorien unterteilt.

Die Bewertung der Lieferantendaten erfolgt nach einem Punktesystem, das je nach dem konkreten Fall eine beliebige Ausprägung haben kann. Anschließend sind die Lieferanten mit den meisten Punkten auszuwählen. Die rechnergestützte Durchführung solcher Verfahren bedarf zwar starker Interaktion, ist aber effizient, wenn ein großer Teil der Daten aus der Datenbasis gewonnen werden kann. Im einzelnen vollzieht sich die Nutzwertanalyse in folgenden Schritten:

1. Festlegung der Zielkriterien
2. Gewichtung der Zielkriterien
3. Aufstellen der Zielertragsmatrix
4. Transformation der Zielertragsmatrix in die Zielwertmatrix.

Der Nutzwert je Zielkriterium und Alternative errechnet sich aus der Multiplikation von Gewichtsfaktor und der Note (als "Güte" der Zielerfüllung). Als Ergebnis der Entscheidungsanalyse zeigt der Gesamt-Nutzwert je Alternative (Summe aller Zielkriterien je Alternative) mit der höchsten Ausprägung die bestmögliche Strategie (gemäß der Zielsetzung) an (vgl. Abb. 55).

---

58   vgl. Hammann/Lohrberg 1986, S. 155; Engelhardt/Günter 1981, S. 63

Lieferanten Auswahl mit der Nutzwertanalyse (kardinale Nutzwertmatrix)

j	Auswahl-kriterien kj (a)	Zielertrag eij (b)		Bezugswert Standardwerte (c)		Transformations-formel d = f (b, c)	Zielwert wi e = f (d) L1 L2 L3 L4 L5	Gewicht gi % (f)	gew. Zielwert nij L1 L2 L3 L4 L5 g = e x f
11	Kurze Lieferzeiten	geforderte Lieferzeit	t	Standard-Lieferzeit	t'	$2-(t/t')$		5%	
12	Lieferzeittreue	MAD der Lieferzeit	MAD t	MAD d. Lieferzeit	MAD t'	$2-(MAD\ t/MAD\ t')$		6%	
13	Geringe Mindestmenge	Mindestmenge	M min	wirtschaftl. Losgröße	WL'	$2-(M\ min/WL)$		4%	
14	Mengentreue	MAD der Liefermenge	MAD m	MAD d. Liefermenge	MAD m'	$2-(MAD\ m/MAD\ m')$		10%	
15	Qualitätsniveau	Qualitätsklasse	Qk			$0,2 \times Qk$		5%	
16	Qualitätstreue	MAD d. geford. Qualität	MAD q	MAD d. Qualität	MAD q'	$2-MAD\ q/MAD\ q'$		10%	
17	Flexibilität bei Änderungen	durchschn. Storno-Param.	c2	Storno-Parameter	c2	$2-(c2/c2')$		6%	
18	Kapazität des Lieferanten	Kapazitätsklasse	kapk	Kapazitätsklasse	kapk	$0,2 \times Kapk$		4%	
I	**Sicherheit Summe**							**50%**	
21	Materialeinstandskosten	Materialeinstandskosten/Einh.	Km	Materialeinstandskosten/Einh.	Km'	$2-(Km/Km')$		8%	
22	Beschaffungskosten	Beschaffungskosten/Einh.	Kb	Beschaffungskosten/Einh.	Kb'	$2-(Kb/Kb')$		8%	
23	Lagerhaltungskosten	Lagerhaltungskosten/Einh.	Kl	Lagerhaltungskosten/Einh.	Kl'	$2-(Kl/Kl')$		8%	
24	Fehlmengenkosten	Fehlmengenkosten/Einh.	Kf	Fehlmengenkosten/Einh.	Kf'	$2-(Kf/Kf')$		8%	
25	Preistreue	MAD des Preises	MAD p	MAD d. Preises	MAD p'	$2-(MAD\ p/MAD\ p')$		8%	
II	**Kostenminimierung Su.**							**40%**	
31	Ruf	Ruf-Klasse	RK			$0,2 \times RK$		2%	
32	Konditionen	Konditionen-Klasse	KonK			$0,2 \times KonK$		3%	
33	Gegenseitigkeitsgeschäft	kumul. Umsatz lfd. Jahr	Uk	kumul. Einkaufsumsatz	EUk	Uk/EUk aber max=2		2%	
34	Technisches Know.how	Know-how-Klasse	KhK			$2 \times KhK$		1%	
35	Verbundenes Unternehmen	Ja/Nein				1 oder 0		2%	
III	**Sonstige Ziele Summe**							**10%**	
	Summe						Nutzwert Ni	**100%**	

Abb. 55   Aufbau der Nutzwertanalyse zur Auswahl des optimalen Lieferanten

Quelle: Harting 1990, S. 40

Nachteilig an der Nutzwertanalyse ist, daß ihr ein statisches Modell zugrundeliegt, d. h. sie geht von den vorhandenen, gespeicherten Daten der gegenwärtigen Situation aus und berücksichtigt die zukünftige Entwicklung (Konjunktur, Preise, Qualitätsveränderungen) nicht.

Ein weiterer Nachteil dieser Methode liegt in der relativen Starrheit der Bewertung und in methodischen Schwächen begründet. Zwar können die Zielkriterien mit einigem Aufwand verändert bzw. ergänzt werden, Interdependenzen werden jedoch trotzdem nicht genügend berücksichtigt[59]. Gerade aber das Zusammenspiel von Einzelkriterien ist bei der Lieferantenauswahl von enormer Wichtigkeit[60]. So hat z. B. die Kombination von Preisgünstigkeit und kurzer Lieferzeit eine andere Bedeutung als die Qualitätsmerkmale in Verbindung mit der Lieferzeit. Konventionelle Systeme, die solche Interdependenzen berücksichtigen, wie z. B. die Entscheidungstabellentechnik[61], werden schnell bei der Auswahl der vielfältigen Kriterien unübersichtliche und dadurch auch benutzerunfreundlich.

Expertensysteme (XPS) bieten hingegen weiterreichende Möglichkeiten, da u. a. das Bewertungsschema durch Hinzufügen oder Abändern von beliebig mehr Regeln in der Wissensbank einfach zu erweitern ist. Die Folge hiervon ist, daß aufgrund dieses lockeren Verbundes keine starre Struktur entstehen kann. Zusätzlich erläutert die Erklärungskomponente jeden Schritt zur Auswahl und erhöht dadurch die Benutzerfreundlichkeit und die Akzeptanz. Prototypen stellen die beiden Modelle EES (Einkäufer-Expertensystem) und BELI (Bauleit-EinkaufsInformationssystem) dar.

5.7.1 EES

Das EES wurde an der TU Berlin entwickelt und ist inhaltlich grundsätzlich auf den Bereich der Lieferantenselektion begrenzt. Innerhalb vorgegebener Grenzen ist zusätzlich eine Bestellmengenoptimierung auf der Grundlage einer Analyse vorliegender Preislisten möglich[62].

---

59   vgl. Bogaschewsky 1988, S. 310
60   vgl. Mai 1992, S. 103 ff.
61   vgl. hierzu Heinrich/Burgholzer 1988, S. 247
62   vgl. Suhr 1988, S. 34

Die Datenbank besteht aus drei Teilkomponenten: der Lieferanten-Datenbank, der Preislisten-Datenbank und der Artikel-Datenbank.

Die Lieferantenbewertung vollzieht sich in drei Schritten[63]:

1. Vorbewertung aufgrund der Vergangenheitsdaten.
2. Beurteilung der aktuellen Bedarfssituation.
3. Abschließende Bestellmengenoptimierung.

Die Lieferantenselektion vollzieht sich nach folgenden Regeln[64]:

- Der Bestellwert soll im Sinne einer langfristigen Sicherheit in der Versorgung nicht zu hoch sein.
- Bei wenigen Lieferanten für ein Produkt wird zur Reduzierung des Risikos verstärkt nach alternativen Lieferanten gesucht.
- Bestimmte Lieferanten werden vorzugsweise für einen Artikel herangezogen, falls konkurrierende Lieferanten die Produkte nicht wesentlich zu einem günstigeren Preis anbieten.
- Das EES macht Vorschläge, die den Forderungen am ehesten gerecht werden. Nichterfüllbare Forderungen (bezüglich Lieferzeit, Qualität und Menge) werden an den Anfordernden zurückgemeldet.
- Test der Zahlungsart, ehe eine Bestellung abgeschickt wird. Es wird geprüft, ob eine Rechnung sofort zu bezahlen ist, um Skonti auszunutzen, wobei auch der Zinssatz für die Aufnahme von dem dafür notwendigen Fremdkapital berücksichtigt wird.

Die relative Enge der Problemstellung und die modellhaft vereinfachte Ausrichtung ist ohne Zweifel für die Lieferantenauswahl fruchtbar, weil sie erschwerende Aspekte (Auswahl der Lieferanten nach JIT-Gesichtspunkten, Bereitschaft zu Gegengeschäften, Lieferantenimage etc.) nicht berücksichtigt. Zusätzlich unterliegt der Ansatz der Gefahr des Modell-Platonismus, d. h. der Praxisferne seiner Prämissen (langfristige Sicherheit in der Versorgung und Streuung des Risikos als einzige Zielkriterien, Harmonie des Risikostreuungsziels mit der Kostenminimierung).

---

63   vgl. Suhr 1988, S. 34
64   Krallmann/Bader 1986, S. 147

5.7.2 BELI

Beli ist in Zusammenarbeit mit der Siemens AG ebenfalls von der TU Berlin entwickelt worden. Bei diesem XPS handelt es sich um eine Weiterentwicklung des Vorläufers EES. Ausschlaggebendes Motiv für die Entwicklung des Beli war die Möglichkeit, die bei dem EES zugrundegelegten Annahmen in der Praxis zu überprüfen und Rückschlüsse für weitere Entwicklungen zu erhalten[65].

Maßgebliches Ziel des Einsatzes von Beli soll zunächst sein, weitgehend objektivierte Entscheidungsgrundlagen für die Zuteilung von Bezugsmengen auf die Lieferanten zu schaffen. Das System führt dabei verschiedene Modellrechnungen durch, bei denen unterschiedliche Aspekte der Beschaffungspolitik berücksichtigt werden. Auf diese Weise werden sogenannte Szenarien entwickelt, die Entscheidungen über die Bedarfsverteilung auf die einzelnen Lieferanten objektivieren soll. Dabei können folgende Phasen unterschieden werden: In der ersten Phase werden die Lieferanten durch ihr **Verhalten** in der Vergangenheit durch Kriterien wie Preis, Qualität und Lieferzeit klassifiziert. Die Bewertung der Lieferanten erfolgt durch einen Tripel (r^p, r^q, r^i) mit den Werten bezüglich Preis, Qualität und Lieferantentreue. Innerhalb der Beurteilungssystematik werden die Abstände zwischen den einzelnen Lieferanten durch räumliche Entfernungen dokumentiert (vgl. Abb. 56). In der zweiten Phase erfolgt die **Bestellmengenaufteilung** in der Weise, daß ein Lieferant eine um so größere Menge zugesprochen bekommt, je besser er in der Bewertung beurteilt wird. Die Vollständigkeit der Kriterien können diese Systeme aber nicht gewährleisten. Außerdem ist die Kombination und die Gewichtung der Einflußfaktoren intersubjektiv nicht nachvollziehbar und unterliegt somit einer gewissen Willkür. So wurden für die drei Kennzahlen keinerlei Qualitätsprüfungen in multivariaten Umweltmodellen vorgenommen. Darüber hinaus können Mengenrestriktionen bei der Bestellmengenverteilung, z. B. bei Gegengeschäften, nicht berücksichtigt werden[66].

---

65   vgl. Suhr 1988, S. 35
66   zur weiteren Kritik vgl. Piontek 1991a, S. 251 ff.

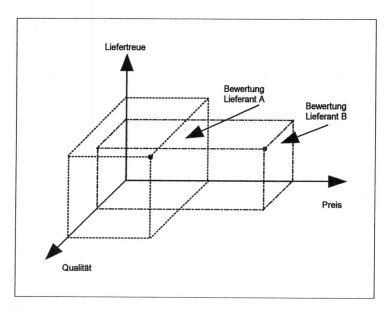

Abb. 56   Bewertung von Lieferanten
Quelle: Kelemis/Suhr 1987, S. 24

5.7.3 Expertensystem zur strategischen Lieferantenauswahl

Expertensysteme müssen zur strategischen Lieferantenauswahl lieferanten-
bezogene Frühwarnindikatoren[67] zur Beurteilung jedes in Frage kommenden
Lieferanten heranzuziehen, und zwar in der Art, wie er zur Erfüllung der
strategischen Teilziele beiträgt. Dies bedeutet, daß ein Lieferant nur dann
im Auswahlprozeß berücksichtigt werden kann, wenn seine Kennzahlen,
z. B. Serviceniveau, auch befriedigende Werte annehmen. Da die Kennzahlen allein für sich betrachtet wenig darüber aussagen, ob sie gut, befriedi-
gend oder unbefriedigend sind, müssen sie vom XPS klassifiziert werden.
Durch die Klassifizierung sollen die Kennzahlen bewertet und vergleichbar
gemacht werden. Kriterium für die Bewertung ist dabei die Abweichung des
Kennzahlenwertes von einem Mindestwert für diese Kennzahlen, den der
Anwender vorher festlegen muß[68]. Hierfür ist es jedoch notwendig, einen
Grenzwert festzulegen, der angibt, wie weit eine Kennzahl vom Mindest-

---

67   eine Übersicht gibt Stark 1990, S. 54 ff.
68   vgl. Piontek 1991, S. 257 ff.

wert abweicht, um entsprechend bewertet zu werden. Bei der Bewertung ist jedoch zu beachten, daß die Kennzahlen in einer hierarchischen Ordnung stehen.

Abhängig von der **dreiteiligen Klassifizierung** in den Bewertungen und bei n Sohnkennzahlen gibt es 3^{n+1} Zustandraumelemente der möglichen Vater- und Sohnbewertungen, so daß für jede der n Sohnkennzahlen und für die Vaterkennzahl genau drei Bewertungen möglich sind. Entsprechend verhält sich die Beziehung bei n Enkelkennzahlen, d. h. für jede der n Enkelkenn-zahlen gibt es genau drei Bewertungsmöglichkeiten. Bei dem Servicegrad, wo es drei Sohnkennzahlen (Termintreue, Qualitäts- und Quantitätsgrad) existieren, bedeutet dies z. B. folgende Zustandselemente:

$$(0, \qquad 1, \qquad 1) \quad \Rightarrow \quad 1$$

Termin- treuegrad	Qualitäts- grad	Quantitäts- grad	Servicegrad

Die Kennzahlen Termintreue, Qualitäts- und Quantitätsgrad determinieren die Vaterkennzahl Servicegrad. Das arithmetische Mittel der Sohnkennzah-len ist gleich 0,66. Da 0,66 näher an 1 als an Null liegt, ist die Vaterkenn-zahl des Lieferanten mit 1 = gut zu bewerten.

Die Bewertung hat sich dabei von unten nach oben zu vollziehen, d. h. die Kennzahlenwerte der untersten Ebene bestimmen die jeweils darüber lie-genden Werte (Urenkel→ Enkel→ Sohn→ Vater).[69]

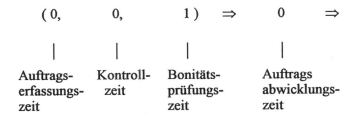

$$(0, \qquad 0, \qquad 1) \quad \Rightarrow \quad 0 \quad \Rightarrow$$

Auftrags- erfassungs- zeit	Kontroll- zeit	Bonitäts- prüfungs- zeit	Auftrags abwicklungs- zeit

---

69   vgl. Piontek 1992, S. 44 ff.

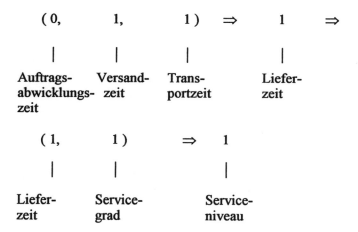

$$(0, \qquad 1, \qquad 1) \quad \Rightarrow \quad 1 \quad \Rightarrow$$

| | | | |

Auftrags-   Versand-   Trans-   Liefer-
abwicklungs- zeit   portzeit   zeit
zeit

$$(1, \qquad 1) \qquad \Rightarrow \quad 1$$

| | |

Liefer-   Service-   Servicezeit   grad   niveau

Anhand der Höchstwerte, die die einzelnen Lieferanten für die Vaterwert-kennzahlen erhalten, werden sie selektiert. Zur Verdeutlichung der deklarierten Wissensrepräsentation in den Regeln ist in Abb. 57 auch die prozedurale Wissensrepräsentation abgebildet.

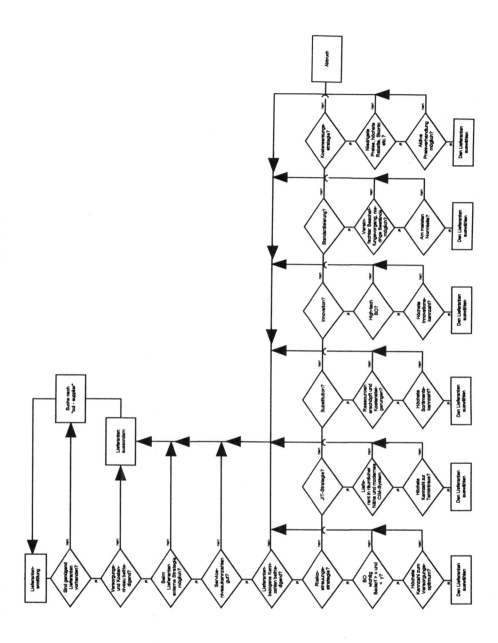

Abb. 57 Prozedurale Wissensrepräsentation zur strategischen Lieferantenauswahl

Quelle: Piontek 1992, S. 45

5.8   Budgetierung

Ein Budget ist: der zahlenmäßige Ausdruck der Planung - also das Budget von Umsatz, Kosten und Finanzen - das Budget ist sachbezogen; es wird zum Ziel, sobald ein Budget-Verantwortlicher bestimmt ist.

Ein Budget kann demnach interpretiert werden als:

1. Eine Menge von Mitteln, die
2. einer organisatorischen Einheit
3. für einen bestimmten Zeitraum
4. zur Erfüllung der ihr übertragenen Aufgaben
5. zur eigenen Verantwortung
6. durch eine verbindliche Vereinbarung

zur Verfügung gestellt wird.[69]

Das Budget erfüllt im einzelnen folgende Funktionen:[70]

• Planungsfunktion:
  mit der Erstellung des Budgets wird die Zukunft des Unternehmens im vornhinein festgelegt.
• Bewilligungsfunktion:
  Im Rahmen seines Budgets kann jeder eigenverantwortlich entscheiden.
• Motivationsfunktion:
  Durch die Budgetierung werden Leistungsanforderungen und -ergebnisse sichtbar.
• Kontrollfunktion:
  Durch den Vergleich zwischen Plan und Ist werden Abweichungsanalysen möglich.

Die Budgetierungstechniken lassen sich wie folgt differenzieren:

---

69   Streitferdt 1983, S. 212
70   vgl. Schierenbeck 1989, S. 113

Budgetierungsformen	Merkmale
progressive Budgetierung retrograde Budgetierung	Vom einzelnen Teilbereich ausgehend und sich meist nach dem Engpaß richtend. Ausgangspunkt ist eine bestimmte, unternehmenspolitisch gesetzte Sollgewinngröße für die Gesamtunternehmung; keine Engpässe, wie bei der progressiven Budgetierung.
simultane Budgetierung sukzessive Budgetierung	Die Festlegung der Aktionsvariablen der gegenseitig abhängigen Teilbudgets erfolgt gleichzeitig und endgültig. Die Festlegung der Teilbudgets erfolgt - ausgehend z. B. von einer Engpaßgröße - hintereinander. Das fertige Teilbudget ist Datum für das noch aufzustellende Teilbudget.
flexible Budgetierung starre Budgetierung	Ausgangspunkt ist die Tatsache, daß bei der Budgetierung Entscheidungen unter Unsicherheit und Ungewißheit getroffen werden müssen. Daher wird u. U. für alternative Entwicklungen budgetiert, sog. Eventualbudgets erstellt. Hier sind keine Eventualbudgets und keine Anpassung der Werte an eingetretene Veränderungen vorgesehen.

Abb. 58: Formen der Budgetierung
Quelle: Stark, o. J., S. 51

Budgetsysteme können nach verschiedenen Gesichtspunkten wie folgt unterschieden werden:[71]

- **starre Budgets** sind Größen, die während einer Budgetperiode unbedingt einzuhalten sind, **flexible Budgets** enthalten Größen, die sich unter geänderten Bedingungen, z. B. bei Beschäftigungsschwankungen, verändern lassen.

- Gemäß den unterschiedlichen organisatorischen **Verantwortungsbereichen** lassen sich z. B. Abteilung-, Kostenstellen- oder Projektbudgets unterscheiden.

---

71   vgl. Schierenbeck 1989, S. 113

In der Beschaffung erfüllt die Budgetierung einen zweifachen Zweck. Zum einen ist sie ein *Prognoseverfahren*, das Festschreibungen für die Zukunft vorsieht, zum anderen ist sie ein *Erfolgskontrollverfahren*, das die erzielten Ergebnisse einer Bewertung unterwirft. Als Ergebnisplanung ermöglicht sie Angaben über die Verwendung der mittels Finanzplan bereitgestellten Mittel. Insofern ergänzen sich der Finanzplan in der Beschaffung und das dazugehörige Budget. Der eine gibt Auskunft über die Mittelherkunft, der andere über die Mittelverwendung. Damit ist gleichzeitig das Ziel des Budgets als Mittel zur zweckmäßigen Verwendung der zur Verfügung stehenden Mittel auf der Basis der Zielsetzung der Beschaffung definiert[72].

Aufgabe der beschaffungsorientierten Budgetierung ist es, alle Maßnahmen der Beschaffung kosten- und leistungsoptimal vorzubereiten. Demnach muß der geplante Erfolg wertmäßig errechnet und überwacht werden. Hierfür ist es notwendig, alle Kostendaten, die die Beschaffung induziert hat, zu ermitteln, um realistische Standardwerte zu errechnen.

Kosten für Leistungen des Lieferanten oder *Beschaffungsobjektkosten* können ohne Schwierigkeiten als *Einzelkosten* ermittelt werden. Bedeutsam für die Stimmigkeit der Beschaffungskalkulation ist, daß möglichst alle separat disponierbaren Leistungen des Lieferanten kalkuliert werden.

Dies gilt sinngemäß auch für *Kosten der in Anspruch genommenen Leistungen Dritter* wie von Spediteuren, Maklern und anderen. Für die Produktkalkulation zur Fundierung kurzfristiger Entscheidungen dürfen neben den als Einzelkosten erfaßbaren Beschaffungsobjektkosten nur die für einzelne Beschaffungsobjekte zusätzlich anfallenden Kosten für *Beschaffungsaktivitäten* zugerechnet werden. Für die Kalkulation geeignet sind grundsätzlich alle verfeinerten Verfahren der Verrechnungssatzkalkulation, soweit sie *direkt funktionale* und auch *indirekt funktionale* Beziehungen von Kalkulationsobjekt und Verbrauchsmengen der Kosten zur Auflösung unechter Gemeinkosten zugrunde legen. Eine Schlüsselung von Gemeinkosten hat zur Folge, daß aus Gründen der Disponierbarkeit die zugerechneten und die tatsächlichen Kostenbeeinflussungsmöglichkeiten im Beschaffungsbereich auseinanderfallen können. Besonders in Fällen sehr unterschiedlicher Leistungserstellungen kann die Prozeßkostenrechnung weiteren Aufschluß über

---

72 vgl. Harlander/Platz 1991, S. 153

die *langfristigen Kostenzusammenhänge* in der Beschaffung für gezielte Untersuchungen, etwa zur Aufdeckung von Rationalisierungspotentialen, gewähren, indem vor allem kostenstellenübergreifende Kostentreiber für das Herstellkosten-Controlling identifiziert werden.[73]

Die Kalkulation der Beschaffungskosten für die Einsatzfaktoren als *Bestandteil der Herstellkostenermittlung* umfaßt die Beschaffungsobjekt-kosten und die mit diesen in Beziehung stehenden Kosten von Beschaf-fungsaktivitäten.

Weitere *Kostenelemente der Beschaffungskosten* können nur unter Inkauf-nahme größerer Kalkulationsungenauigkeit und für *bestimmte Kalkulations-zwecke* der Produktkalkulation einbezogen werden. Abb. 59 zeigt beispiels-weise ein Kalkulationsschema für Beschaffungskosten.

---

73   vgl. Pampel 1993, S. 197

	Kalkulationsobjekte und -verfahrensschritte					
	Kostenstrukturelemente der Beschaffungskosten	einmalig für Kooperations- lebenszyklus anf. Kosten	periodisch anfallende Kooperationskosten	losgrößen- fixe Kosten	mengenpro- portionale Beschaf- fungskosten	Vollkosten pro Mengeneinheit des Beschaf- fungsgutes
1	Beschaffungsobjektkosten				direkt Erfassung als Einzelkosten	direkt Erfassung als Einzelkosten
2	Kosten für Fremdleistungen Dritter				direkt Erfassung als Einzelkosten	direkt Erfassung als Einzelkosten
3	Kosten von auf einzelne Beschaf- fungsobjekte bezogenen Leistungen, z. B. Qualitätsprüfung eines Stückes				Verrechnung von Sekundär- kosten mittels Verrech- nungssatz	Verrechnung von Sekundär- kosten mittels Verrech- nungssatz
4	Kosten für auf Bestellose bezogene Leistungen, z. B. Disposition und Bestellung, Warenannahme der Lieferung			Verrechn. v. Sekun- därkosten mittels Verrech- nungssatz		leistungsmen- genbezogene Verrechnung losgrößenfixer Kosten
5a	Kosten der Kooperation für ein Jahr * Kosten für Kooperations- aktivitäten des Einkaufs, der Forschung und Entwicklung, der Logistik, der Qualitätssicherung etc., z. B.: Durchführung eines Qualitätssicherungsaudits		Verrech- nung von Sekundär- kosten mittels Verrech- nungssatz	Verrech- nung v. 5a u. 5b zusam- men mittels voll kosten-		leistungsmen- genbezogene Verrechnung der auf den Zwischen- kostenträger Kooperation kumulierten periodisch
5b	Kooperationsbereitschaftskosten des Einkaufs sowie weiterer Unternehmensbereiche, z. B.: Anmietung einer Standleitung für dxie Datenfernübertragung	-	kooperati- onsbez. Erfassung von Pri- märkosten	orien- tierter- Prozeß- kosten- sätze		anfallenden Kooperations- kosten
6	Kosten für Leistungen des Koopera- tionsaufbaus des Einkaufs und weiterer Unternehmensbereiche z. B.: Datenbankrecherchen, Lieferantenbesuche, Mitarbeiterschulung	Verrechnung sekundärer Kosten mittels Prozeßkosten- satz und Kumulation auf Produkt				leistungsmen- genbez. Ab- schreibung d. aktivierten ku- mulierten Ko sten d, Koope- rationsaufbaus
7	Kosten für Leistungen des Kooperationsaufbaus z. B.: Kosten durch Unterstützung des Zulieferers zur Erschließung alternativer Absatzmöglichkeiten, Entschädigungszahlungen	Bestimmung von Sekundär- kosten per Plan-Verrech- nungssatz u. von Plan- einzelkosten				leistungsmen- genbez. Ver- rechnung anti- zipativ zu bil- dender Rück- stellungen für Kooperations- abbaukosten

Abb. 59 Kalkulationstableau für die Beschaffungskosten im Rahmen einer laufenden
Kooperation
Quelle: Pampel 1993, S. 198

Nach der Ermittlung der Kostendaten ergeben sich folgende Ansatzpunkte der Standardisierung[74]:

"• *Organisationskostenstandards*
Die Organisationskosten lassen sich nach den einzelnen Personal-, Raum- und Organisationsmittelkostenarten aufgliedern und nach den verschiedenen materialwirtschaftlichen Verrichtungen differenzieren.

• *Materialpreisstandards*
Die Preisentwicklung der einzelnen zu beschaffenden Güter und Dienstleistungen ist von den Datenkranzänderungen des Beschaffungsmarktes abhängig. Das bedeutet, daß die Beschaffungsmarktforschung als Mittel der Marktvorbereitung hier Perspektivdaten auf der Basis von Vergangenheitswerten und Dynamiktendenzen bereitstellen muß, damit konkrete Aussagen in der Form von Materialpreisstandards gemacht werden können.

• *Bezugskostenstandards*
Hierzu sind sämtliche Kosten zu zählen, die auf dem Wege zwischen Lieferanten und eigener Materialannahme im weitesten Sinne anfallen. Diese Kosten unterliegen ebenfalls der Marktentwicklung und werden in der Regel zwischen den beteiligten Marktpartnern ausgehandelt. Dabei ist allerdings zu beachten, daß neben preissteigernden aus preismindernde Faktoren eine Rolle spielen. Die Festlegung einzelner Standards erfolgt hier auf der Basis einer Verkehrsträgeranalyse. Die Bezugskostenstandards sind nicht pauschal festlegbar, sondern bedürfen einer Differenzierung nach den unterschiedlichen Bezugskriterien.

• *Vorratswertstandards*
Werden Bestellungen zu großzügig angesetzt oder zu frühzeitig geordnet, entstehen hohe Kapitalbindungskosten in Form von Zinsen. Diese Kostenart gilt es mit ihrem durchschnittlichen Jahresbetrag zu ermitteln und als Standardwerk vorzugeben. Auf der Basis des Jahresbedarfs und der Materialpreisstandards läßt sich der Kapitalbedarf ermitteln, der unter Berücksichtigung der optimalen Bestellhäufigkeit die durchschnittliche Kapitalbindung pro Bestellzyklus ergibt. Dieser Kapitalbindungsansatz kann dann auf Monats- oder Quartalsniveau hochgerechnet werden und als Kapitalbindungsstandard in das Budget einfließen."

---

74   vgl. Harlander/Platz 1991, S. 156-157

Nach der Ermittlung der Standards können folgende Budgets gebildet werden (vgl. Abb. 60):

- Einkaufswertbudget
- Bezugskostenbudget
- Vorratswertbudget
- Verwaltungsbudget

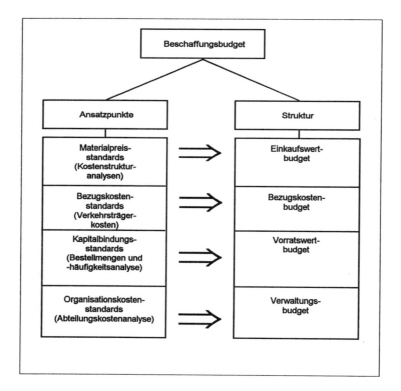

Abb. 60   Ansatzpunkte und Struktur des Beschaffungsbudgets

Quelle: Harlander/Platz 1991, S. 156

Durch die Trennung zwischen Leistungsseite (Einkaufsbudget) und Kostenseite (Beschaffungskostenbudget) ist eine differenzierte Kontrolle in bezug auf die Leistungsfähigkeit (Wirtschaftlichkeit) der Beschaffung in einer abgelaufenen Periode wie auch eine Prognose über die Entwicklung bei einzelnen Beschaffungskostenarten durchführbar.

Durch diese Art der Aufgliederung der Beschaffungsbudgetierung in eine Planung

1. der voraussichtlich zu bezahlenden Einkaufspreise (den späteren Materialkosten) und

2. in Beschaffungskosten, die später direkt oder indirekt den Materialkosten zugeschlagen werden,

lassen sich Unterlagen für die *Bestimmung von Standardkostensätzen* gewinnen.[75]

Gegenstand der Einkaufswertbudgetierung sind die sich aus der Mengenplanung durch Bewertung mit Mengen- oder Stückpreisen für eine Planperiode ergebenden Materialkosten (erwartetes Einkaufsvolumen). Die hier zur Bewertung herangezogenen Preisvorstellungen für die Planperiode beruhen entweder auf subjektiver Preisschätzung oder auf objektiver Kostenanalyse und Preisprognose.

Da der Lieferant in der Regel bestrebt ist, seinen Gewinnanteil geheim zu halten und deshalb auch nicht bereit ist, genaue Auskunft über seine Kosten zu geben, versucht die Beschaffung die Kalkulation des Lieferanten nachzuvollziehen.

Bei der Duchführung der Preisstrukturanalyse geht man so vor, daß man zunächst einmal die Kostenarten, die für das zu untersuchende Produkt von Bedeutung sind, festlegt und bewertet. Anschließend lassen sich dann durch Addition der einzelnen Beträge je Kostenart die gesamten Stückkosten für das Produkt berechnen. Aus der Differenz zwischen Preis und den errechneten Stückkosten ergibt sich der dem Lieferanten verbleibende Gewinn.

Für die Ermittlung der Bestandteile, aus denen sich die Stückkosten zusammensetzen, eignet sich das gebräuchliche Kalkulationsschema. Dabei müssen Einzel- und Gemeinkosten getrennt ermittelt werden. Die Aufzählung der Kosten muß nicht für jedes Produkt geeignet sein, enthält jedoch die wichtigsten Preisbestandteile eines Erzeugnisses (vgl. Abb. 61). Im konkreten Einzelfall einer Untersuchung der Preisbestandteile wird es erforderlich sein, einige der aufgeführten Kostenkategorien weiter zu differenzieren; das wird abhängig sein von der Komplexität des zu untersuchenden Arti-

---

75   vgl. Stark, o. J., S. 52

kels, der relativen Bedeutung der einzelnen Kostenkategorie innerhalb der Gesamtkosten und der Größe des Auftrages.[76]

Fertigungsmaterial + Materialgemeinkosten	Materialkosten	S E
+ Fertigungslohn + Fertigungsgemeinkosen	Fertigungskosten	L B
+ Sondereinzelkosten der Fertigung		S T
Forschungs- und Entwicklungskosten		- K
+ Verwaltungsgemeinkosten		O
+ Vertriebsgemeinkosten		S T
+ Sondereinzelkosten des Vertriebs		E N
+ Gewinnaufschlag		
= Preis		

Abb. 61: Die wichtigsten Preisbestandteile eines Produktes

Quelle: Arnolds, Heege, Tussing 1990, S. 146

In der Praxis wird die Preisstrukturanalyse meistens als Vollkostenrechnung durchgeführt, d. h. alle fixen und variablen Periodenkosten werden auf die Produkte umgerechnet. Dieses Verfahren ist trotz der Problematik, die der Vollkostenrechnung als Instrument für Entscheidungszwecke anhaften, im Rahmen der Preisstrukturanalyse als sinnvoll anzusehen.

In bestimmten Sonderfällen der Beschaffung interessiert sich jedoch der Abnehmer auch für die Frage, wie hoch die vom Beschäftigungsgrad abhängigen variablen Kosten eines zu beschaffenden Artikels sind. Den bedeutendsten Teil dieser variablen Kosten machen die Fertigungsmaterialien und die Fertigungslöhne aus; ein anderer Teil ist in den Gemeinkosten enthalten. Der Preisanalytiker muß also versuchen, die verschiedenen Gemeinkostenarten in fixe und variable Kostenbestandteile zu differenzieren. Das auszufüllende Kalkulationsgerüst könnte dann etwa wie folgt aussehen:

---

76   vgl. Arnolds, Heege, Tussing 1990, S. 139.

Fertigungsmaterial	....
+ variable Materialgemeinkosten	....
+ Fertigungslöhne	....
+ variable Fertigungsgemeinkosten	....
+ variable Verwaltungs- und Vertriebsgemeinkosten	....
+ umsatzabhängige Sondereinzel kosten des Vertriebs	....
= variable Kosten	....

Abb. 62 Preisstrukturanalyse auf der Basis von Teilkosten

Quelle: Arnolds, Heege, Tussing 1990, S. 146

Schwierigkeiten können sich bei der praktischen Durchführung der Preisstrukturanalyse vor allem aus drei Gründen ergeben[77]:

- weil spezielles Informationsmaterial, das zur Beantwortung der Frage nach der Höhe der Stückkosten eines Produktes erforderlich ist, nicht beschafft werden kann;
- weil aufgrund der Art des zu untersuchenden Produktes oder des Fertigungsprozesses die Durchführung einer Preisstrukturanalyse zu kompliziert wird;
- weil die Qualifikation der mit dieser Aufgabe betrauten Mitarbeiter nicht ausreicht.

Die einzelnen Preise der Lieferanten können in Preisvergleichen analysiert und verglichen werden. Die Bedeutung des partiellen Preisvergleichs für die Beschaffung liegt vor allem darin, daß durch ihn[78]

- "eine gründlichere Vergleichbarkeit der Angebote erreicht und somit der Wettbewerb zwischen den Lieferanten intensiviert werden kann. Denn der Wettbewerb erstreckt sich jetzt nicht nur auf den Gesamtpreis, sondern darüber hinaus auch auf die einzelnen Preisbestandteile, die zum

---

77 vgl. Arnolds, Heege, Tussing 1990, S. 150
78 vgl. Arnolds, Heege, Tussing 1990, S. 155.

Gegenstand des Gesprächs in einer Vergabehandlung gemacht werden können.

- der Einkäufer in die Lage versetzt wird, den Anbieter konkret auf Schwachstellen in seiner Leistungserstellung hinzuweisen. Eventuell lassen sich durch die Beseitigung dieser Schwachstellen Preisermäßigungen erzielen.

- der Einkäufer zu Überlegungen angeregt wird, ob es vom ökonomischen Standpunkt sinnvoll und technisch möglich ist, bestimmte Teilleistungen bzw. Arbeitsgänge beim jeweils günstigsten Lieferanten in Auftrag zu geben oder in der eigenen Unternehmung durchzuführen. Manchmal wird es zweckmäßig sein, bestimmte Teilleistungen aus einem Gesamtauftrag herauszunehmen und sie an einen anderen Lieferanten bzw. an spezialisierte Hersteller zu vergeben. Diese Möglichkeit ist vor allem dann gegeben, wenn der Lieferant beabsichtigt, für die Erstellung bestimmter Teilleistungen (z. B. Härten des Materials, galvanische Bearbeitung) Unterlieferanten einzusetzen.

- der Einkäufer sein technisches Wissen und seine Kenntnisse auf dem Gebiete der Kostenstruktur wesentlich verbessern kann."

Neben dem Einkaufswertbudget muß die Beschaffungskostenbudgetierung erstellt werden. Die im Rahmen dieses Teils der Beschaffungsbudgetierung interessierenden ausgabenerzwingenden Kosten unterscheiden sich in direkte Einzel- und indirekte Gemeinkosten. Der Umfang der zuletzt genannten Kostenart kann dabei vom Beschaffungsumfang abhängig oder relativ unabhängig (fix) sein, was die Bestimmung der Budgetwerte erschwert. Operationale, wirklichkeitsnahe Werte in der Kostenbudgetierung bedingen eine möglichst *umfassende Kostenanalyse* zu den Beschaffungsteilprozessen

1)   Bezug,

2)   Verwaltung (Administration) und

3)   Bereitstellung

als den Kostenstellen der Beschaffungskostenbudgetierung[79]

- **Bezugskostenbudget**

Unter Bezugskosten sollen alle jene Kosten verstanden werden, die bis zur Übernahme der Materialien indas Bereitstellungslager anfallen. An direkt zurechenbaren Einzelkosten wären hier u. a. zu nennen: Frachten,

---

79   vgl. Stark o. J., S. 59

Umschlagskosten, Zölle, Transportversicherungen sowie die einem Beschaffungsprozeß direkt zurechenbaren Tagegelder, Übernachtungs- und Reisekosten.

- **Verwaltungskostenbudget**

Bei diesem Teil der Beschaffungskostenbudgetierung handelt es sich um einen aus dem Bezugs- und Bereitstellungskostenbudget ausgegliederten Bereich der Gemeinkostenplanung. Es geht hierbei um jenen Kostenblock, der nicht unmittelbar als Bezugs- und Bereitstellungskosten anzusehen ist. Die Hauptkostenarten sind hierbei die Gehälter und die Gehaltsnebenkosten sowie Büroausstattung und Büromaterial.

- **Bereitstellungskostenbudget**

Hier werden jene ausgabenabhängigen Kosten budgetiert, die mit und nach der Übernahme der bezogenen Leistungen ans Lager bis zu ihrer Verwertung entstehen. An Einzelkosten sind dies jene Bereitstellungskosten, die bei Lagerung, Sortierung und sonstigen wertschützenden Arbeiten anfallen. Da hierbei die Personalkosten als Gemeinkosten den weitaus größten Anteil haben dürften und die Zurechnung zu den einzelnen Beschaffungsarten schwierig ist, bestehen keine Bedenken, diese Personalkosten im Rahmen der nicht direkt zurechenbaren Kosten zu verrechnen.

Die einzelnen Budgets müssen anschließend nach ihrem Zielerreichungsgrad kontrolliert werden. Der Budget-Soll/Ist-Vergleich erfolgt nach Kostenarten pro Kostenstelle, indem die Istkosten den Sollkosten gegenübergestellt werden. Beim Soll/Ist-Vergleich des Beschaffungsbudgets ist auf Abweichungen Rücksicht zu nehmen, die durch Beschäftigungsschwankungen und der damit verbundenen Veränderung der Beschaffungsmengen entstehen. Häufigkeit und Detaillierungsgrad des Soll/Ist-Vergleiches richten sich nach den Gesichtspunkten der ABC-Analyse und nach der Detaillierung der Planung.

Nachteilig können sich Budgetierung und Budgetsoll/Ist-Vergleich folgendermaßen auswirken:[80]

- sinkende Motivation der Mitarbeiter (oft bei zu hohen oder zu niedrigen Budgetzielen)

---

80   vgl. Kunesch 1993, S. 92

- Aufbau von Budgetspielräumen oder "Budget wasting", um Budgetkürzungen zu vermeiden
- Frustration und Fehlinterpretationen aufgrund zu geringer Systemkenntnis
- Konflikte über die Verantwortung bei Fehlen klarer Aufgaben- und Delegationsbereiche
- Formalismus (läuft dem kreativen Prozeß der Budgetierung zuwider).

5.8.1 Beschaffungsmarkt-Segmentrechnungen

Neben den Möglichkeiten der Beschaffungsmarktanalyse und der Festschreibung der Beschaffungsmengen- und Beschaffungskostenziele sind für die verschiedenen Beschaffungsmarktsegmente differenzierte Kostenrechnungen möglich, die Auskunft über die Kostenwirtschaftlichkeit der Beschaffungsmarktsegmente geben. Auf ihrer Basis kann eine Planung der Kostensenkungsaktivitäten erfolgen[81]. Sämtliche Materialkostensenkungspotentiale der Beschaffungsmarktsegmente sollen dabei aufgezeigt werden, um anschließend durch die Beschaffungsmarketinginstrumente ausgeschöpft zu werden[82]. Letztendlich sollen unter Wahrung der Qualität nur diejenigen Beschaffungsobjekte aus den Segmenten bezogen werden, die zu einer Reduzierung der Kosten und damit zu einer Verbesserung des Betriebsergebnisses führen. Daher ist es notwendig, die Beschaffungskosten so aufzugliedern, daß differenzierte Entscheidungen möglich sind.

Im Gegensatz zur herkömmlichen Kostenrechnung ist es deshalb notwendig, nicht nur die Materialien als Bezugsgröße für die Beschaffungskosten zu nehmen, sondern gegebenenfalls auch die Lieferanten, die Gebiete oder die Länder. Das Beschaffungscontrolling hat dabei sicherzustellen, daß möglichst viele Kosten als Einzelkosten den Beschaffungssegmenten zugerechnet werden können, was nicht zuletzt von einer geeigneten Segmentierung abhängt. Ausgangspunkt der Analyse soll hier eine lieferanten-, material- und geographiebezogene Segmentierung sein. Zunächst soll für einen Lieferanten über alle Materialien verdichtet werden, wodurch sich alle Kosten eines einzelnen Lieferanten ermitteln lassen. Dann werden die Kosten der

---

81   vgl. Bornemann 1987, S. 32 ff.
82   vgl. Katzmarzyk 1988, S. 169

Lieferanten, zu denen der Lieferantentyp paßt, zusammengefaßt. Endlich erfolgt auf der letzten Stufe eine Zusammenfassung der Lieferantentypen, wodurch man das Gesamtergebnis erhält[83]:

Die Verdichtung erfolgt demnach schrittweise:

a) Lieferant-Material ⇒ Lieferant   ⇒ Lieferantentyp ⇒   Gesamt

Ähnlich soll über die Materialien,

b) Lieferant-Material ⇒ Material   ⇒ Beschaffungs- ⇒   Gesamt
                                                                          programm

und über Regionen,

c) Lieferant-Material ⇒ Gebiet   ⇒ Land   ⇒   Gesamt

verdichtet werden.

Diese Verdichtungsschritte können in Abb. 63 nachvollzogen werden. Beispielsweise entspricht die Verdichtung über die Lieferanten den Schritten 1-27-53. Zu diesen eindimensionalen Segmentanalysen sollen noch mehrdimensionale hinzukommen, d. h. es sollen bestimmte Beschaffungmarktteilsegmente im Rahmen anderer Segmente betrachtet werden. Folgende mehrdimensionale Verdichtungen werden deshalb nun vorgenommen:

1)   Lieferant-Material   2)   Lieferant-Material
              ⇓   ⇓
        Lieferantentyp-Material   Lieferant-Beschaffungsprogramm
              ⇓   ⇓
Lieferantentyp-Beschaffungsprogramm   Gebiet-Beschaffungsprogramm
              ⇓   ⇓
         Lieferantentyp   Land-Beschaffungsprogramm
              ⇓   ⇓
            Gesamt   Beschaffungsprogramm
              ⇓   ⇓
                                                     Gesamt

---

83   vgl. Piontek 1991b, S. 57 f.

3)   Lieferant-Material
⇓
Lieferantentyp-Gebiet-Material
⇓
Lieferantentyp-Land-Material
⇓
Lieferantentyp-Land
⇓
Lieferantentyp
⇓
Gesamt

Auch die mehrdimensionalen Verdichtungen können in Abb. 64 nachvollzogen werden. Beispielsweise für die dritte Segmentverdichtung müssen die
V-Schritte 3-11-18-46-53 getätigt werden.

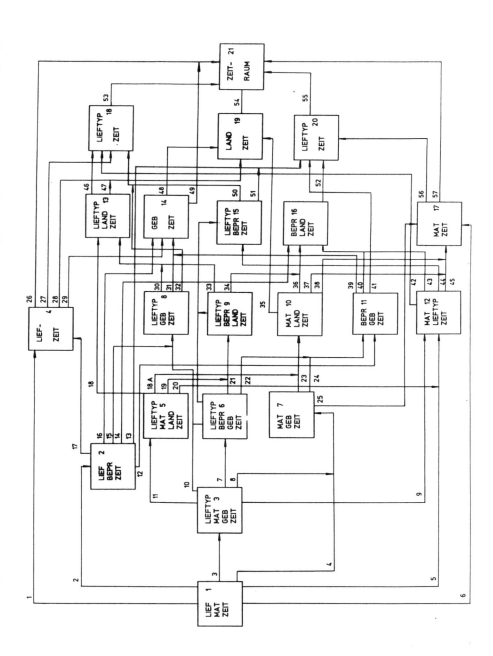

Abb. 64 Auswertungsschema der Verdichtungen

Quelle: Piontek 1991a, S. 432

5.8.2 Prozeßkostenrechnung

Die traditionell funktionsorientierte Kostenrechnung als Steuerungsinstrument zur Lösung operativer Planungs-, Kontroll-, Kalkulations- und Lenkungsaufgaben einer Unternehmensführung sieht sich immer wieder neuen Anforderungen ausgesetzt. Zu solchen Anforderungen zählen[84]:

- die investitionstheoretische Fundierung und Ausrichtung der Kostenrechnung

- die explizite Einbeziehung funktionsübergreifender spezifisch ausgewählter Prozeßtätigkeiten in die Kostenrechnung, wie Transaktionstätigkeiten gemäß der Transaktionskostenrechnung, Logistiktätigkeiten gemäß der Logistikkostenrechnung, Qualitätssicherungsmaßnahmen gemäß einer qualitätsorientierten Kostenrechnung und Umweltschutztätigkeiten gemäß der Umweltkostenrechnung

- die Integration der Kostenrechnung mit flexiblen computergesteuerten Produktionssystemen im Rahmen von CIM-Konzeptionen

- Die explizite Einbeziehung funktionsübergreifender, administrativer Tätigkeiten der gesamten indirekten Dienstleistungsbereiche in die Kostenrechnung, wie z. B. Beschaffungs-, Arbeitsvorbereitung-, Produktionsplanung-, Logistik-, Lagerhaltungs-, Instandhaltungs-, Qualitätssicherungs-, Auftragsabwicklungs-, Vertriebs- und Verwaltungstätigkeiten.

Mit diesen Anforderungen wird vielfach die Frage nach der Eignung der traditionell funktionsorientierten Kostenrechnungsansätze aufgegriffen. Die bislang vorhandenen 'traditionellen' Verfahren der Kostenrechnung werden diesen Zusammenhängen mit ihren überwiegend wertabhängigen Bezugsgrößen nicht im erforderlichen Ausmaß gerecht. Der Anteil der Fix- und Gemeinkosten nimmt auch im Beschaffungsbereich zu. Unverzichtbar wird ein integriertes *Fix- und Gemeinkostenmanagement*, das eine höhere kostenwirtschaftliche Transparenz in den indirekten Leistungsbereichen ermöglicht.

---

84   vgl. Kloock 1992, S. 183

Die Prozeßkostenrechnung versucht die veränderten Wettbewerbsmerkmale und die erhöhten Gemeinkosten zu reflektieren durch folgende Ausrichtung[85]:

1. Das Einbeziehen von indirekten oder sekundären Leistungsbereichen, die bisher prozentual als Gemeinkosten betrachtet werden.

2. Die Analyse der Leistungen indirekter Bereiche, die Suche nach Abhängigkeiten oder Kostenverursachern und damit das Übertragen des Bezugsgrößendenkens im Beschaffungsbereich.

3. Die Orientierung an der gesamten Wertkette des Unternehmens. Das heißt, top-down betrachtet die Dekomposition von gesamtunternehmensbezogenen Hauptprozessen in viele Teilprozesse in unterschiedlichen Bereichen und Kostenstellen oder bottom-up betrachtet, das Verdichten oder Zuordnen aller indirekter Leistungen in den Kostenstellen (Teilprozesse) zu gesamtunternehmensbezogenen Hauptprozessen.

Die zunehmende Integration der Bauteile im Computerbereich führt zu einer stetigen Abnahme der Fertigungstiefe. Dadurch verlagern sich die Aufwendungen vom Fertigungs- in die Beschaffungsbereiche, wodurch diese zur "verlängerten Werkbank" werden. In diesen Bereichen, die als klassische Vertreter der indirekten Bereiche gelten, gibt es bis auf die traditionelle Budgetierung kein geeignetes Mittel zur Kostendifferenzierung und Leistungsmessung. Die Prozeßkostenrechnung dagegen soll gerade im Beschaffungsbereich Kosten und Leistungen transparent machen. So stellen sich folgende Fragen:

- Was kostet uns eine Lagertransaktion?
- Was kostet uns ein neuer Lieferant?
- Wie teuer ist eine Bestellung im Einkauf?

Durch die Kontrolle und Neuplanung der kostenwirksamen Parameter in der Beschaffung soll die Sicherstellung der Kostenwirtschaftlichkeit der gesamten Beschaffungsprozesse erlangt werden. So können unplanmäßige Kostenverläufe identifiziert und beeinflußt werden. Weiterhin ist eine kostenorientierte Prozeßkettenanalyse durchzuführen, um auf *Rationalisierungspotentiale des Prozeßvollzugs* aufmerksam zu werden.

---

85   vgl. Meyer 1990, S. 75

Bestandteile der Prozeßkettenanalyse sind:

- Zeitreihenanalysen von Prozeßkosten(sätzen),

- Prozeßkostenvergleiche zwischen ähnlichen Teilprozessen,

- Kostenorientierte Bewertung von Prozeßalternativen,

- Simulative Prozeßkostenstudien bei Variation von Cost Drivers und

- Auswirkungsanalysen von Restrukturierungsmaßnahmen.

- Kostenstellenübergreifende Ermittlung von Kosten für die Ausführung von Prozeßketten,

- Produktkalkulation bei Inanspruchnahme von bereichsübergreifenden Prozeßketten,

- Identifizieren von Kostenschwerpunkten in Prozeßketten,

- Bildung von kostenstellenorientierten Kostenzielen auf der Basis vorgegebener Unternehmensziele,

- Abschätzung von Maßnahmenwirkungen auf andere Kostenstellenbereiche,

- Kostenstellenübergreifende Prozeßvergleiche.

- Restrukturierung der Ablaufstrukturen von Prozeßketten und

- Neuplanung von Prozeßketten.

Die Vorgehensweise der Prozeßkostenrechnung läßt sich wie folgt kurz umreißen[86]:

1. Zerlegung der Kostenstellen in Teilprozesse (Subkostenstellen).
Prozesse sind repetitive Tätigkeiten, die wenig Entscheidungsspielraum bedürfen (vgl. Abb. 65).

---

86   vgl. Coenenberg/Fischer 1994, S. 495

Kostenstellen Teilprozesse				Hauptprozeß "Material beschaffen"
220	282	110	112	Mat. b.
2201 Material einkaufen		1101 Prüfung für Werkstofftechnik durchführen	1121 Hilfs- und Betriebsstoffe lagern	2201 Material einkaufen 2821 Materiallieferung entgegennehmen
2202 Hilfs- und Betriebsstoffe einkaufen	2821 Materiallieferung entgegennehmen	1102 Eingangsprüfung für Mat. durchführen	1122 Material lagern	1102 Eingangsprüfung für Material durchführen
2203 Geräte und Anlagen einkaufen 2204 Dienstleistungen einkaufen		1103 Chem. Kontrollen durchführen	1123 Unfertige Erzeugnisse lagern 1124 Fert.Erzeugn. lagern	1122 Material lagern

Kostenstellen:	220 Einkauf	282 Warenannahme
	110 Qualitätsabteilung	112 Lager

Abb. 65: Bildung des Hauptprozesses "Material beschaffen" aus verschiedenen Teilprozessen

Quelle: Coenenberg/Fischer 1991, S. 27

Die Tätigkeitsanalyse ist der erste und gleichzeitig zeitaufwendigste Schritt der Prozeßkostenstellenrechnung. Wie groß der hierfür notwendige Zeitbedarf in Prozent der Gesamtkapazität ist, kann auf verschiedene Arten festgestellt werden:

- Persönliche Befragung des Gruppen- bzw. Abteilungsleiters oder aller Mitarbeiter,
- eigene Aufzeichnungen der Mitarbeiter,
- Zeitaufnahmen mit Hilfe des Multimomentverfahrens (Stichproben),
- Rückgriff auf die Ergebnisse bereits durchgeführter Projekte (z. B. Gemeinkostenwertanalyse, Implementierung des Prozeßmanagements).

2. Verdichtung der Teilprozesse zu kostenstellenübergreifenden Hauptprozessen

Durch eine Zusammenfassung von sachlich zusammenhängenden (Teil-) Prozessen entstehen kostenstellenübergreifend sog. Hauptprozesse, die als Grundlage der prozeßorientierten Kalkulation dienen (z. B. Zusammenfassung der Teilprozesse "Material einkaufen", "Material prüfen" und "Material lagern" zum Hauptprozeß "Material beschaffen" (vgl. Abb. 66).

3. Ermittlung der Prozeßgrößen (Cost driver)

Für jeden Prozeß ist eine geeignete Maßgröße zu bestimmen, mit deren Hilfe eine mengenmäßige Quantifizierung und Planung der Prozeßmengen möglich wird. Die Maßgrößen sind so auszuwählen, daß die dazugehörige Prozeßmenge schnell, wirtschaftlich und genau erfaßt werden kann. Die Maßgröße des Prozesses "Wareneingangskontrolle durchführen" wäre zum Beispiel die "Anzahl der Lieferungen". Als ideale Maßgröße für einen Prozeß ist diejenige anzusehen, die zugleich der "cost driver" innerhalb der Kostenstelle ist; dies ist aber nicht bei allen Prozessen möglich. So sollen die heterogenen Leistungen in den indirekten Bereichen nur durch eine Vielzahl von Einzelprozessen mit unterschiedlichen Maß- und Bezugsgrößen abgebildet werden können. Abb. 66 zeigt Beispiele für die Maßgrößen der Prozesse.

Prozeßkostenmodell Beschaffung und Logistik		
Hauptprozeß	**Teilprozeß**	**Maßgröße**
Bestandsmgmt.		Teilenummern
Materialeinkauf	Lieferanten-Mgmt.	Lieferanten
	Bestellverwaltung	Bestellungen
Handelsware	Bestellverwaltung	Bestellungen
	Bestandsverwaltung	Produkte
Dokumentation und	Baugruppen-Mgmt.	Baugruppen
Organisation		
Materialingenieurwesen	Lieferantenqualifikation	Lieferanten
Fertigungsplanung	Bauteilequalifikation	Bauteile
	Baugruppen-Mgmt.	Baugruppen
Lager	Auftragsplanung	Prod.-Aufträge
	Lagerraum	gelagerte Teile
	Materialbereitstellung	Transaktionen
Kommissionierung		Produkte
Versand		Kisten/Kartons
Fracht	Überseefracht	Entferng./Gew.
	lokale Fracht	Gewicht

Abb. 66 Prozeßkostenmodell Beschaffung und Logistik

Quelle: Löffler 1991, S. 189

4. Ermittlung der Prozeßkostensätze und Prozeßkalkulation

Durch Gegenüberstellung von Prozeßkosten (Input) und -mengen (Output) werden sog. Prozeßkostensätze als **Bewertungsmaßstab** für die Kalkulation gebildet:

$$\text{Prozeßkostensatz} = \frac{\text{Prozeßkosten}}{\text{Prozeßmenge}}$$

$$= \text{Kosten je Prozeßgröße (z. B. Teilebestellung)}$$

(s. Abb. 67).

Beispiel für eine prozeßorientierte Kalkulation

Standardbauteil:

Verschiedene Teile pro Lieferant	= 200
Halbjahresbedarf	= 1000
ϕ Transaktionsmenge	= 50
Anzahl der Bestellungen	= 2

Prozeßschritte	Prozeßmenge	Prozeßkostensatz	Prozeßkosten
Materialeinkauf:			
Lieferantenmgmt.	$\frac{1}{200 \cdot 1000}$	* 5000\$	= 0,025\$
Bestellverwaltung	$\frac{2}{1000}$	* 30\$	= 0,06\$
Materialingenieurwesen:			
Lieferantenqualifikation	$\frac{1}{200 \cdot 1000}$	* 2000\$	= 0,01\$
Bauteilequalifikation	$\frac{1}{1000}$	* 300\$	= 0,30\$
Lager:			
Raum	$\frac{1}{1000}$	* 100\$	= 0,10\$
Materialbereitstellung	$\frac{1}{50}$	* 4\$	= 0,08\$
		Totalprozeßkosten:	0,58\$

Beispiel für eine prozeßorientierte Kalkulation

Exotenbauteil:

Verschiedene Teile pro Lieferant	= 5
Halbjahresbedarf	= 50
ϕ Transaktionsmenge	= 10
Anzahl der Bestellungen	= 1

Prozeßschritte	Prozeßmenge	Prozeßkostensatz	Prozeßkosten
Materialeinkauf:			
Lieferantenmgmt.	$\frac{1}{5 \cdot 50}$	* 5000$ =	20$
Bestellverwaltung	$\frac{1}{50}$	* 30$ =	0,6$
Materialingenieurwesen:			
Lieferantenqualifikation	$\frac{1}{5 \cdot 50}$	* 2000$ =	8$
Bauteilequalifikation	$\frac{1}{50}$	* 300$ =	6$
Lager:			
Raum	$\frac{1}{50}$	* 100$ =	2$
Materialbereitstellung	$\frac{1}{10}$	* 4$ =	0,4$
		Totalprozeßkosten:	37$

Abb. 67   Beispiel für eine prozeßorientierte Kalkulation

Quelle: Löffler 1991, S. 194

Die traditionelle Kalkulation weist hier genau dieselben Materialgemein-
kosten wie für das Standardbauteil aus, da sich die beiden Teile in den als
Bezugsgröße dienenden Materialkosten nicht unterscheiden. In der prozeßorientieren Kalkulation gelingt es nun, diesen hohen Steuerungsaufwand zu
bewerten: Die Totalprozeßkosten pro Exotenbauteil werden hier mit 37 $
ermittelt. Die Schwächen der traditionellen Zuschlagskalkulation und die
Stärken der prozeßorientieren Kalkulation sind in diesem Beispiel besonders auffällig.

5. Die Verrechnung der leistungsmengenneutralen Kosten

Die ermittelten Teilprozesse sind nun daraufhin zu untersuchen, ob sie sich in bezug auf das von der Kostenstelle zu erbringende Leistungsvolumen mengenvariabel verhalten, oder ob sie unabhängig, also mengenfix sind. Beispielsweise hängt die Häufigkeit des Prozesses "Kommissionierung" direkt vom Auftragsvolumen der Kostenstelle "Versand" ab. Solche Prozesse bezeichnen wir als "*leistungsmengeninduziert* (lmi)". Andererseits fallen Prozesse wie "Abteilung leiten" oder "Verwaltungstätigkeiten durchführen" unabhängig von der zu erbringenden Leistung an. Sie werden als "*leistungsmengenneutral* (lmn)" bezeichnet. Leistungsmengenneutrale Teilprozesse können im Verhältnis der leistungsmengeninduzierten Kosten auf diese verteilt werden.

Für leistungsmengenneutrale Prozesse ("Abteilung leiten") können in der Regel keine Maßgrößen angegeben werden, so daß deren Kosten - im Sinne der Vollkostenverrechnung - proportional zu den lmi-Prozeßkosten umgelegt werden. Für jeden lmi-Prozeß der Kostenstelle erhält man somit einen **Prozeßkostensatz (lmi)**, einen **Umlagesatz (lmn)** sowie einen **Gesamtprozeßkostensatz**.

Prozesse		Maßgrößen	Plan- prozeß mengen	Plan- kosten	Prozeß- kosten- satz (lmi)	Umlage- satz (lmn)	Gesamt- prozeß- kosten- satz
Angebote einholen	lmi	Zahl der Angebote	1 200	300 000,-	250,-	21,27	271,27
Bestellungen aufgeben	lmi	Anzahl der Bestellungen	3 500	70 000,-	20,-	1,70	21,70
Reklama- tionen bearbeiten	lmi	Anzahl der Reklama- tionen	100	100 000,-	1 000,-	85,10	1 085,10
Abteilung leiten	lmn	-	-	40 000,-	-	-	-

Abb. 68 Beispiel einer Prozeßkostenrechnung

Quelle: Horváth/Renner 1990, S. 103

Der Nutzen der Prozeßkostenrechnung besteht im wesentlichen zunächst einmal darin, die Gemeinkosten im Beschaffungsbereich zu reduzieren: zum einen aus der Gemeinkostenreduzierung durch Verringerung der Lagerbestände und zum anderen aus dem Aufbau einer prozeßorientierten strategi-

schen Kalkulation, die durch das dritte Element, ein operatives prozeßori-
entiertes Gemeinkostencontrolling in den wesentlichen Gemeinkostenbereichen abgesichert und nachvollzogen werden muß.

Durch eine Prozeßkostenrechnung können eine Menge von Problemen und
Fragestellungen im Beschaffungsbereich gelöst werden. Die Aussagen der
prozeßorientierten Kalkulation ermöglichen eine wesentlich genauere
Planung und Steuerung der Beschaffungstransaktionen. Die kostentreiben-
den Faktoren wie Anzahl Sachnummern, Anzahl Wareneingänge, Lagerart
(automatisches oder Sonderlager), Teileart (A-, B- oder C-Teil) oder Größe
und Gewicht werden für jedes Teil unabhängig von dessen Einstandspreis
deutlich. So kann es z. B. sinnvoll sein, sehr billigen, aber großvolumigen
Teilen (wie Verkleidungen oder Dämmaterialien) mehr Aufmerksamkeit zu
schenken und ihr Handling zu verbilligen (z. B. über Änderungen der
beschafften Losgrößen, JIT etc.), da die Handlingkosten dieser Teile über-
proportional hoch sind.[87]

In diesem Zusammenhang können weitere Fragen im Beschaffungsbereich
durch die Prozeßkalkulation mitbeantwortet werden, indem die Prozesse
eigenständige Kostenträger (= Kalkulationsobjekte) bilden[88]:

- Wie teuer sind Sonderbeschaffungen?
- Wie teuer ist die Lieferantenpflege?
- Ist ein Multi- oder auch ein Global-Sourcing aus spezifischen Kostener-
  wägungen sinnvoll?
- Welche Beschaffungs- und namentlich welche Logistikleistungen soll
  man - im Zuge der Entscheidung über die Make-or-Buy-Tiefe von
  Beschaffungsservices - selbst erbringen bzw. auf Lieferanten, evtl. in
  Sonderfällen auch auf bestimmte Kunden der Absatzprodukte verlagern
  (etwas Ersatzteilbeschaffung durch den Kunden selbst anstatt via Zwi-
  schenhändler)?

Die Prozeßkostenrechnung bietet somit auch Entscheidungsgründe für ein
Lean-Sourcing. Im Zuge einer generell schlankeren und damit auch dezen-
traleren Unternehmensstruktur ist eine Umorientierung in der Beschaffungspolitik zu beobachten: So kommt den immer eher als Profit- denn als

---

87   vgl. Niemand 1992, S. 167
88   vgl. Witt 1992, S. 37

bloße Cost-Centers geführten Unternehmenseinheiten, die teilweise sogar rechtlich verselbständigt werden, auch eine Art "Beschaffungsautonomie" zu, welche Beschaffungsquellen ein einzelnes Profit-Center pflegt: Auf diese Weise kommt es dann sehr häufig - aus Holdingsicht der Konzernspitze - zu schlankeren Beschaffungsstrukturen[89].

Eine weitere Einsatzmöglichkeit der Prozeßkostenrechnung in der Beschaffung ergibt sich aufgrund eines **Source-Ranking**. Eine deckungsbezogene Perspektive tritt auch beim Source-Ranking entsprechend auf, indem nämlich einzelne Lieferquellen nun Prozeßkosten zugeordnet werden. Abb. 69 veranschaulicht eine solche Rechenstaffel und zeigt damit grundsätzliche Prozeßkostenbereiche in der Lieferantenbeziehung deutlich auf.

Source-Opportunitätserfolg im Sources-Vergleich

./.	direkte Erfolgsschmälerungen (z. B. nicht ausgenutzte Rabatte)
	Source-Nettoerfolg
./.	Einzelkosten des Einzelauftrags
	Source-DB I
./.	Kosten aus direkter Lieferantenpflege
	Source-DB II
./.	Source-Akquisition und Vertragsanbahnung (Rahmenvertrag)
	Source-RestDB I
./.	sonst. kontinuierliche Sourcebetreuung u. diesbezügl. Reisekosten
	Source-RestDB II
./.	Kosten aus techn. bedingtem Sourcekontakt (z. B. IuK-Techniken)
	Source-RestDB III
./.	Logistik-Prozeßkosten I (z. B. Anlieferung, Umpacken)
	Source-RestDB IV
./.	Logistik-Prozeßkosten II (z. B. Qualitätssicherung)
	Source-RestDB V
./.	Sonstige einzelkostennahe Kosten
	Gesamt-DB

Abb. 69 Source-Ranking

Quelle: Witt 1992, S. 45

---

89   vgl. Witt 1992, S. 39

Wenngleich bei der Kostenermittlung überwiegend Vollkosten geschlüsselt werden, so gibt eine solche, stark monetär orientierte Rechnung doch eine deutliche Zusatztransparenz zu sonstigen arbeitenden Lieferantenanalysen, da nun innerhalb der **Source-Erfolgsrechnung** die quantitativen, d. h. monetären Konsequenzen einzelner Lieferantenbeziehungen offengelegt werden müssen: Erfahrungsgemäß diszipliniert das den einzelnen Bewerter doch sehr und führt ihn zu realistischeren Bewertungen als im Vergleich zu rein qualitativen Scoringverfahren, die mitunter zu stark die subjektive Komponente in den Vordergrund rücken.[90]

5.8.3 Materialpreisveränderungsrechnung

Mit Hilfe der Materialpreisveränderungsrechnung MPV-Rechnung) wird die Entwicklung der Materialpreise im Berichtszeitraum aus unterschiedlichen Blickwinkeln heraus dargestellt und eine Analyse der Ursachen für die Materialpreisänderung ermöglicht. Dadurch kann auf die unterschiedlichen Informationsbedürfnisse anderer kaufmännischer Abteilungen, der Einkaufs- und Gruppenleitung sowie der Einkäufer eingegangen werden. Es gibt daher unterschiedliche Betrachtungsweisen der Materialpreisveränderungen[91]:

- die einkaufswirksame Materialpreisveränderung
- die niveauwirksame Materialpreisveränderung
- die kostenwirksame Materialpreisveränderung.

Die **einkaufswirksame Materialpreisveränderung** soll die Auswirkungen und Preisänderungen des laufenden Geschäftsjahres gegenüber dem Preisniveau des vergangenen Jahres aufzeigen. Sie beschreibt den Unterschied zwischen dem durchschnittlichen Einkaufspreis des Materialzugangs im Berichtszeitraum und dem durchschnittlichen Einkaufspreis des Materialzugangs im Vorjahr in Prozent des Vorjahres. Somit wird berücksichtigt, zu welchem Zeitpunkt die Preisveränderung eintritt. Da die einkaufswirksame Materialpreisveränderung die Veränderung des durch den Materialzugang

---

90   vgl. Witt 1992, S. 46
91   vgl. Bornemann 1987, S. 61

verursachten Liquiditätsbedarfes eines Unternehmens angibt, ist sie für die Finanzplanung von Bedeutung[92].

Die Berechnung der **niveauwirksamen Materialpreisveränderung** dient dazu, die tatsächliche Preisveränderung aufzuzeigen. Dies geschieht durch den Vergleich des Preisniveaus am Ende des vergangenen Geschäftsjahres mit dem Stichtagspreis. Dadurch wird eine eindeutige Darstellung der Veränderung des Preisniveaus möglich. Eventuelle Erfolge durch preisbeeinflussende Kostensenkungsmaßnahmen oder Preissteigerungen, z. B. durch eine hohe Inflationsrate, werden in der niveauwirksamen Materialpreisveränderung unmittelbar ersichtlich. Damit erhält das Management wichtige Informationen in bezug auf Gestaltung der eigenen Preispolitik.

Die **kostenwirksame Materialpreisveränderung** beschreibt den Unterschied zwischen dem durchschnittlichen Einkaufspreis des *verbrauchten* Materials im Berichtszeitraum und dem durchschnittlichen Einkaufspreis des *verbrauchten* Materials im Vorjahr in Prozent des Vorjahrespreises. Sie berücksichtigt, daß eine Preisveränderung erst beim Verbrauch des Materials kostenwirksam wird und damit keinen direkten Bezug zum Beschaffungsvorgang hat. Die kostenwirksame Materialpreisveränderung ist damit ein Problem der Kostenrechnung und geht in die Wirtschaftsplanung und Ergebnisrechnung ein.

Die durch die MPV-Rechnung gewonnenen Informationen können somit nicht nur vom Einkauf, sondern auch für die Finanzplanung, Kalkulation und die Buchhaltung genutzt werden. Einkaufsvolumens- bzw. Materialpreisveränderungen haben jedoch nur eine relativ geringe Aussagekraft, wenn nicht gleichzeitig auch die Ursachen für ihre Veränderungen dargestellt werden. Eine Aussage über die effektive Materialpreisveränderung reicht daher nicht aus, sondern es muß aufgezeigt werden, aus welchen Komponenten sie sich zusammensetzt. Die Planung einer einkaufswirksamen Materialpreisveränderung und ihre Zusammensetzung hinsichtlich der sie verursachenden Komponenten ist in Abb. 70 dargestellt. Entsprechend können auch niveau- oder kostenwirksame Materialpreisveränderungen aufgezeigt werden.

---

92   vgl. Katzmarzyk 1988, S. 221

100 %	- 2 %	+ 3 % Markt- bedingte MPV	+ 1 % Einkaufs- bedingte MPSteig.	- 3 % Preisbeein- flussende MKS-Maß- nahmen	99 %
geplanter Ma- terialzugang der Berichtsperiode zu Durchschnitts- preisen der Vor- periode ein- schließl.Volu- mens- und Struk- turänderungen	Rationa- lisierung				geplanter Ma- terialzugang der Berichts- periode zu geplanten Durchschnitts- preisen der Be- richtsperiode

Abb. 70 Komponenten der geplanten einkaufswirksamen Materialpreisveränderung

Quelle: Katzmarzyk 1988, S. 223

5.9   Kennzahlensysteme

Kennzahlen stellen ein geeignetes Instrument dar, die mit den Einkaufscon-
trollingaufgaben verbundene Informationsflut zu bewältigen. Aussagefähige
Kennzahlen im Beschaffungsbereich können durch die Darstellung eines
objektiven Bildes über die Situation der wichtigsten Teilfunktionen eine
beachtliche Hilfestellung bei der Verbesserung der Problemfelder leisten.
Ihr Vorteil besteht darin, daß sie konzentrierte, aussagefähige Informationen
beschaffungswirtschaftlicher Leistungsvorgänge in übersichtlicher und
schnell übermittelbarer Form ermöglichen[93].

Charakteristisches Merkmal ist damit ein **hoher Verdichtungsgrad** von
Einzelinformationen, so daß durch die konzentrierte Form eine Reduktion
der Datenmenge, eine Verminderung von Übertragungszeiten und -kosten
und damit eine schnelle Versorgung der Entscheidungsträger mit relevanten
Informationen bewirkt wird. Ein weiteres wichtiges Merkmal besteht darin,
daß Kennzahlen sowohl zukünftige Tatbestände als auch aktuelle bzw. ver-
gangene Situationen abbilden können[94]. Die Darstellung betrieblicher Sach-

---

93   vgl. Grochla et al 1983, S. 45
94   vgl. Reinschmidt 1989, S. 186

verhalte in isoliert nebeneinander stehenden Zahlen lassen jedoch nur beschränkte Aussagen zu. Deshalb ist ein Kennzahlensystem zu entwickeln, dessen Einzelkennzahlen in sachlich sinnvoller Beziehung zueinander stehen, sich gegenseitig ergänzen und als Gesamtheit dem Zweck dienen, den Betrachtungsgegenstand möglichst ausgewogen und vollständig zu erfassen.

Im Einsatzfeld des Beschaffungscontrolling lassen sich Kennzahlensysteme grundsätzlich zur Unterstützung sowohl der Beschaffungsplanungs- und Kontrollfunktion als auch der Beschaffungsführungs-Informationsversorgung verwenden.

Im Rahmen der Planungsfunktion stellen Kennzahlen ein geeignetes Hilfsmittel dar, um nicht nur kurzfristig Bedarf, Beschaffungsmengen und -zeitpunkte vorgeben zu können, sondern sie dienen auch der mittel- und langfristigen Quantifizierung der Einkaufszielsetzung (vgl. Abb. 71).

Im Sinne der analytischen (Kontroll-) Funktion dienen Kennzahlen zur Beobachtung von Entwicklungen und als Kontrollinstrumente zur Wirtschaftlichkeitsanalyse und Darstellung von Abweichungen durch den Vergleich von Soll- und Ist-Werten. Über die Darstellung von Abweichungen hinaus lassen sich Kennzahlen dazu verwenden, die Durchführung von Abweichungsanalysen zu unterstützen.

Durch eine systematische Aufspaltung und Analyse von Kennzahlen wird ein Suchraster für die Ursachenanalyse bereitgestellt und ermöglicht die Offenlegung von abweichungsrelevanten Komponenten der Problemfelder. Im Rahmen des Beschaffungs-Berichtssystems schließlich finden Kennzahlen als Informationsträger Verwendung.

Kennzahlensystem der Beschaffung				
⇓	⇓	⇓	⇓	⇓
Quantifizierung von Zielen	Beobachtung von Entwicklungen	Wirtschaftlichkeitsanalyse	Leistungsbeurteilung und Erfolgsmessung	Unterstützung von Routineaufgaben

Abb. 71 Funktionen von Kennzahlen in der Beschaffung

Somit haben Kennzahlen im Bereich des Beschaffungscontrolling mehrere Funktionen. Sie dienen:[95]

- der Quantifizierung von Zielen als Sollgrößen,
- der frühzeitigen Erkennung von Abweichungen, Chancen und Risiken durch laufende Soll-Ist-Vergleiche,
- der systematischen Suche und Feststellung von Abweichungsursachen und Schwachstellen,
- als wirkungsvolle Hilfestellung bei der Erschließung von Kostensenkungspotentialen,
- der Überwachung von Entwicklungen der Beschaffungsmärkte,
- der klaren Erfolgsmessung bei der Durchführung von Kostensenkungsmaßnahmen,
- der leistungsorientierten Beurteilung der Einkaufskapazitäten,
- als kontinuierliche Hilfestellung bei der Erfüllung beschaffungwirtschaftlicher Aufgaben.

Im folgenden sind beispielhaft einige **wesentliche Kennzahlen** im Einkauf aufgeführt[96].

- Material- bzw. Jahreseinkaufsvolumen gesamt,
- Jahreseinkaufsvolumen nach Materialgruppen bzw. Materialpositionen,
- Anteil des Materialeinkaufsvolumens am Umsatz,
- Anteil von Lieferanten am Materialeinkaufsvolumen,
- Beanstandungsquote,
- Verzugsquote,
- Verhältnis der Kosten des Einkaufs,
  - zum Materialeinkaufsvolumen,
  - zum Umsatz,
  - zu den Gesamtgemeinkosten,
  - je Bestellposition,

- Bestellungen je Mitarbeiter,
- Bestellpositionen je Mitarbeiter,
- Bestellwert je Mitarbeiter,
- eingeholte Angebote je Mitarbeiter,
- Kostensenkungsvolumen zu Einkaufsvolumen.

---

95   vgl. Fieten 1986, S. 30
96   vgl. Bornemann 1987, S. 42; Grochla 1986, S. 70-73; Katzmarzyk 1988, S. 153

Gerade im Beschaffungsbereich lassen sich bei tiefergehenden Analysen zusätzlich zu den erwähnten Kennzahlen eine Vielzahl weiterer Kennzahlen bilden, die jedoch meistens auf der Grundlage der oben genannten Kennzahlen ermittelt werden. Dabei ist zu beachten, daß der Aussagewert von Kennzahlen im allgemeinen nur dann Gültigkeit hat, wenn die Daten mit ausreichender Zuverlässigkeit ermittelt werden und einheitliche Bewertungsnormen (gleiche Zeitpunkte und gleiche Wertbemessung) verwendet werden. Weiterhin kann die Veränderung einer Kennzahl im Zeitablauf nur dann einer bestimmten Ursache zugeschrieben werden, wenn in dieser Zeitperiode alle übrigen Einflußfaktoren unverändert geblieben sind oder diese eliminiert werden konnten.

Kennzahlensysteme bilden somit ein Instrument, welches den Mitarbeitern der Beschaffung sowohl bei ihrer **Aufgabenerfüllung** als **Orientierungsgrößen** dient als auch die Diagnose von Schwachstellen und Rationalisierungsreserven unterstützt.

Den Vorteilen von Kennzahlen und Kennzahlensystemen stehen eine Reihe von Nachteilen und Gefahren gegenüber[97]:

- Kennzahlen konzentrieren sich auf quantifizierbare Größen, sie lassen qualitative Sachverhalte und Hindergrundinformationen außer acht.
- Kennzahlen stellen zeitpunktbezogene Daten aus der Vergangenheit dar. Entwicklungen bleiben verborgen.
- Durch die Bildung bereichsbezogener Kennzahlen werden Umlauf- und Umschlagskennzahlen oft vernachlässigt, eine Entwicklung, die aus logistischer Sicht vermieden werden sollte.
- Die meisten in der Materialwirtschaft eingesetzten Kennzahlen messen die Kostenwirtschaftlichkeit und berücksichtigen die Leistung bzw. den Erfolgsbeitrag der Materialwirtschaft zu wenig.
- Durch die "Genauigkeit" der Zahlen wird eine übertriebene Zahlengläubigkeit erzeugt.

Differenzierte Kennzahlensysteme lassen sich zur Überprüfung folgender Beschaffungsziele[98] ermitteln:

- Beschaffungskostenminimierung

---

97   vgl. Kunsch 1993, S. 71
98   vgl. Pfisterer 1988, S. 101

- Qualitätssicherung
- Versorgungssicherheit
- Lieferantensteuerung.

5.9.1 Kennzahlensystem zur Kostenminimierung

Aufgrund des hohen Wertanteils, den die Beschaffungsobjekte sowohl an den Umsatzerlösen als auch an den Vorratsbeständen aufweisen, bildet die Beschaffung eines der größten Kostensenkungspotentiale in einem Unternehmen. Um so erstaunlicher ist es, daß effiziente Kostensenkungsmaßnahmen im Beschaffungsbereich vieler Unternehmungen weder systematisch geplant noch kontrolliert werden.

Der Einsatz geeigneter Kennzahlen im Beschaffungsbereich dient nicht nur als zukünftige Entscheidungsgrundlage, sondern ermöglicht durch zukunftsbezogene Richt- und Planzahlen mögliche Ausschöpfungen des Beschaffungskostensenkungspotentials zu planen und zu kontrollieren.

Der Begriff **Beschaffungsobjekt-Kostensenkungspotential-Analyse** (BOKSPA) kennzeichnet jene Kostensenkungsmöglichkeiten, die mittels Beschaffungsmarketingmaßnahmen bei der Beschaffung von Sachgütern und Dienstleistungen ausgeschöpft werden können. Das Beschaffungsobjekt-Kostensenkungspotential (BOKSP) ergibt sich aus der Analyse der Möglichkeiten zur Beeinflussung einzelner Beschaffungsobjektpositionen und den daraus resultierenden Kosteneinsparungen. Hierbei spielen Fragen der Beschaffungsmarktentwicklung sowie wettbewerbsbedingte Einflüsse eine entscheidende Rolle[99]. Nicht ausgeschöpfte Kostensenkungspotentiale bedeuten letztlich entgangene Ergebnisbeiträge für das Unternehmen und sind demnach den Opportunitätskosten zuzurechnen[100]. Um Kennzahlen für den Grad und die Möglichkeiten der Kostensenkungsmöglichkeiten zu erhalten, bedarf es der Quantifizierung der BOKSP.

Die Differenzen der ausgeschöpften und ausschöpfbaren Kostensenkungen sind der Ausgangspunkt einer detaillierten Planung zur Kostensenkung. Die

---

99 vgl. Bornemann 1987, S. 47
100 vgl. Oeldorf/Olfert 1987, S. 216

Feststellung des Abweichungsgrades der geplanten und der erreichten Kostensenkung ermöglicht während der Berichtsperiode ein gezieltes und korrigierendes Eingreifen durch die Kostensenkungsinstrumente. Die Kennzahl:

$$\frac{\text{realisierte Beschaffungsobjektkostensenkung}_{r,l,t}}{\text{Volumen der gut beeinflußbaren BOKS}_{r,l,t}}$$

bzw.

$$\frac{\text{geplante Beschaffungsobjektkostensenkungen}_{r,l,t}}{\text{Volumen der gut beeinflußbaren BOKS}_{r,l,t}}$$

r	=	Regionendifferenzierung
l	=	Lieferantendifferenzierung
t	=	Zeitperiode
BOKS	=	Beschaffungsobjektkostensenkung

gibt Auskunft über den bisherigen bzw. geplanten Grad der durch das Beschaffungsmarketing gut ausschöpfbaren Beschaffungsobjektsenkungspotentiale (BOKSP). Im Sinne einer differenzierten Betrachtung ist eine Segmentaufgliederung dieser Kosten nach regionalen, zeitlichen und lieferantengruppenspezifischen Gesichtspunkten sinnvoll. Diese Segmentierung wird in den Kennzahlen durch die Indices *r, t* und *l* berücksichtigt. Zur Beurteilung der Entwicklung dieser Größen ist ein zeitlicher Vergleich notwendig.

Die Kennzahlen:

$$\frac{\text{BOKS}_{r,l,t}}{\text{BOKS}_{r,l,t-1}} \qquad \text{und} \qquad \frac{\text{Volumen der gut beeinflußbaren BOKS}_{r,l,t}}{\text{Volumen der gut beeinflußbaren BOKS}_{r,l,t-1}}$$

erlauben eine zeitliche Betrachtung der Einzelgrößen, während durch die Kennzahl:

$$\frac{\text{BOKS}_{r,l,t-1}}{\text{Volumen der gut beeinflußbaren BOKS}_{r,l,t-1}}$$

ein zeitlicher Vergleich der Beschaffungsobjektkostenausschöpfungen möglich wird. Negative Abweichungen der Kennzahl:

$$\frac{BOKS_{r,l,t}}{\text{Volumen der gut beeinflußbaren BOKS}_{r,l,t}}$$

mit der Kennzahl:

$$\frac{BOKS_{r,l,t-1}}{\text{Volumen der gut beeinflußbaren BOKS}_{r,l,t-1}}$$

implizieren Schwächen des Beschaffungsmarketing in der Ausschöpfung von Kostensenkungspotentialen. **Nicht ausgeschöpfte Anteile** des Volumens der gut beeinflußbaren BOKS stellen entgangene Ergebnisbeiträge dar; sie gilt es in der neuen Periode auszuschöpfen.

Zur Steuerung und Kontrolle sind für die Messungen des Ergebnisbeitrages zur Ausschöpfung der BOKSP folgende einzelne Kennzahlen zu entwickeln[101]:

Zur Wertanalyse:

$$\frac{\text{BOKS durch die Anzahl der geänderten Lösungen}_{r,l,t}}{\text{Volumen der gut beeinflußbaren BOKS}_{r,l,t}}$$

Zum Lieferantenwechsel:

$$\frac{\text{BOKS durch die Anzahl der neuen Lieferanten}_{r,l,t}}{\text{Volumen der gut beeinflußbaren BOKS}_{r,l,t}}$$

Zur Substitution:

$$\frac{\text{BOKS durch die Anzahl der neuen BO}_{r,l,t}}{\text{Volumen der gut beeinflußbaren BOKS}_{r,l,t}}$$

Zur Standardisierung:

$$\frac{\text{BOKS der standardisierten Produkte}_{r,l,t}}{\text{Volumen der gut beeinflußbaren BOKS}_{r,l,t}}$$

---

101 vgl. Piontek 1993a, S. 173

Zur Bedarfsblockung:

$$\frac{\text{BOKS der zusammengefaßten Aufträge}_{r,l,t}}{\text{Volumen der gut beeinflußbaren BOKS}_{r,l,t}}$$

Zur Preisverhandlung:

$$\frac{\text{BOKS der Preisverhandlungen}_{r,l,t}}{\text{Volumen der gut beeinflußbaren BOKS}_{r,l,t}}$$

BO = Beschaffungsobjekt

Mit Hilfe dieser Beziehungszahlen läßt sich nun prüfen, wie groß der jeweilige Ergebnisbeitrag der Kostensenkungsmaßnahmen zur Kostensenkung ist. Im zeitlichen Vergleich dieser Kennzahlen kann festgestellt werden, welche Maßnahmen im Zeitablauf die größte Zuwachsrate in der Ausnutzung der BOKSP aufweisen. Die Konkretisierung der Beschaffungsmarketingleistung ist jedoch das Verhältnis zwischen den ausgeschöpften BOKSP und den Kosten der dafür aufgewendeten Maßnahmen von Wichtigkeit:

$$\frac{\text{ausgeschöpftes BOKS}_{r,l,t}}{\text{Kosten der BOKS}_{r,l,t}}$$

Nimmt diese Kennzahl den Wert kleiner als eins an, so ist die Beschaffungsmarketingleistung als unwirtschaftlich und ineffizient zu bezeichnen. Zur Beurteilung der Wirtschaftlichkeit der einzelnen Kostensenkungsmaßnahmen ist diese Kennzahl je Kostensenkungsaktivität zu berechnen:

$$\frac{\text{ausgeschöpftes BOKS}_{r,l,t}}{\text{Kosten der geänderten Lösungen}_{r,l,t}}$$

Durch die Ermittlung dieser Kennzeichenzahlen und deren zeitliche Analyse kann die Wirtschaftlichkeit der einzelnen Kostensenkungsmaßnahmen im Zeitlauf festgestellt werden. Zwar geben diese Kennzahlen Auskunft über das Kostenverhalten der einzelnen Kostensenkungsmaßnahmen, eine Zielorientierung vermitteln sie jedoch nicht, da sie keine Auskunft darüber erteilen, inwieweit die einzelnen Maßnahmen quantitativ gesteigert werden müssen, um die BOKSP auch restlos auszuschöpfen.

Die Kennzahlen:

$$\frac{\text{BOKSP der Wertanalyse}}{\text{Anzahl der geänderten Lösungen } r,l,t}$$

$$\frac{\text{BOKSP } r,l,t \text{ des Lieferantenwechsels}}{\text{Anzahl der neuen Lieferanten } r,l,t}$$

$$\frac{\text{BOKSP } r,l,t \text{ der Substitution}}{\text{Anzahl der neuen Beschaffungsobjekte } r,l,t}$$

$$\frac{\text{BOKSP } r,l,t \text{ der Bedarfsblockung}}{\text{Anzahl der zusammengefaßten Aufträge } r,l,t}$$

$$\frac{\text{BOKSP } r,l,t \text{ der Preisverhandlungen}}{\text{Anzahl der Preisverhandlungen } r,l,t}$$

geben Auskunft über die Effizienz der Kostensenkungsmaßnahmen je Einheit.

Das in Abb. 72 aus den entwickelten Kennzahlen zusammengesetzte Kennzahlensystem erlaubt eine exakte **Lokalisierung** der BOKSP sowie eine sachgerechte Bewertung und Planung der Kostensenkungsmaßnahmen. Auf der obersten Ebene des Kennzahlensystems befindet sich die Spitzenkennzahl, die Auskunft über den bisherigen bzw. geplanten Grad des gut ausschöpfbaren BOKSP gibt. Ein hier unbefriedigendes Ergebnis macht eine zeitlich differenzierte Betrachtung der (Nenner- und Zähler-) Einzelgrößen auf der zweiten Ebene notwendig. Um negativen Soll-Abwicklungen zu begegnen, muß der Einsatz der Kostensenkungsmaßnahmen geplant und kontrolliert werden. Auf Ebene 3 wird der Beitrag der Gesamtheit der Kostensenkungsmaßnahmen und in Ebene 4 der einzelnen Kostensenkungsmaßnahmen zur Kostensenkung und damit zum **Ergebnisbeitrag** überprüft, indem das Verhältnis der tatsächlichen Kostensenkungen der Einzelmaßnahmen zu den Volumen der gut beeinflußbaren Kostensenkungen ermittelt wird. Durch die Setzung von zeitlichen Indices lassen sich zeitliche Entwicklungen ermitteln, um so Richtmaß für eine Zielplanung zu sein. Für eine Kontrolle bzw. Planung der Kostensenkungsmaßnahmen ist es jedoch von enormer Bedeutung, das Verhältnis zwischen den ausgeschöpften BOKSP und den dafür aufgewendeten Kosten in Erfahrung zu bringen. In Ebene 3 wird diese Beziehung zwischen den ausgeschöpften BOKSP und den dafür aufgewendeten Kosten insgesamt dargestellt, während in Ebene 4 dieses Verhältnis nach den einzelnen Kostensenkungsmaßnahmen differenziert wird. Durch die Einführung von zeitlichen Indices kann die Wirtschaftlichkeit der einzelnen Maßnahmen im Zeitverlauf festgestellt werden. Zur Kontrolle und Planung der Kostensenkung ist jedoch nicht nur deren Wirtschaftlichkeit von Bedeutung, sondern auch der quantitative Beitrag jeder Einheit der einzelnen Kostensenkungsmaßnahmen zur Ausschöpfung der Kostensenkungspotentiale. In Ebene 5 wird das Verhältnis des Beitrags der gesamten Anzahl der Kostensenkungsmaßnahmen zur Ausschöpfung der Kostensenkungspotentials und in Ebene 6 der Beitrag jeder Einheit der einzelnen Kostensenkungsmaßnahmen zu den einzelnen Beschaffungsobjektkostensenkungen gemessen.

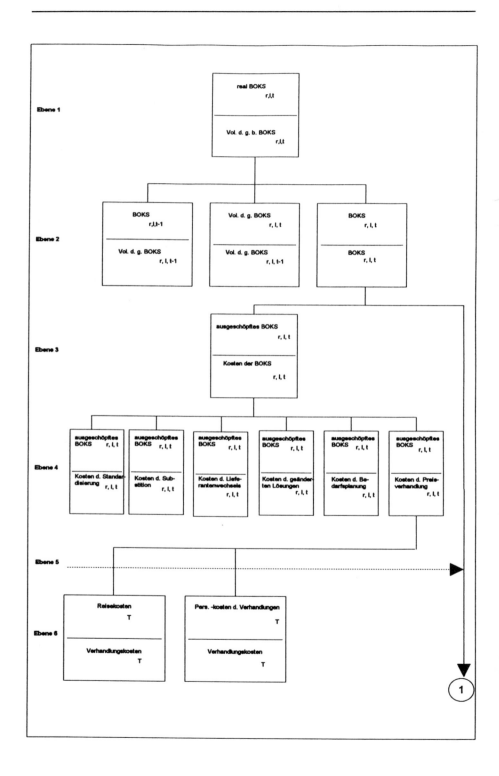

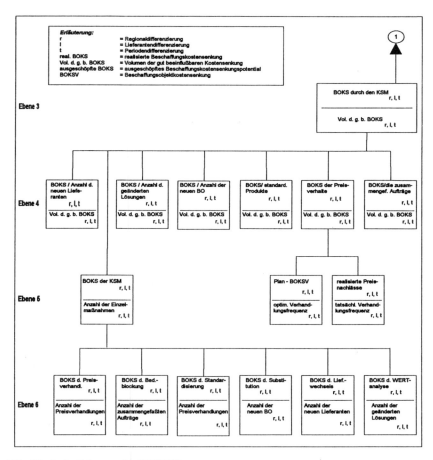

Abb. 72   Lokalisierung der BOKSP

Quelle: Piontek 1993c, S. 124-125

5.9.2 Kennzahlensystem zur Qualitätssicherung

Unter *Qualitätspolitik* ist ein zielorientierter Ausbau der Aktionsparameter *Güte oder Materialart* zu verstehen. In diesem Sinne ist es Absicht der Qualitätspolitik, die Materialart als flexiblen Faktor zu besorgen. Eine solche Variabilität ist aber nur möglich, wenn die Produktionsgegebenheiten nicht als unveränderlich aufgefaßt werden. Daher sind neben den Anforderungen des Betriebes, die durch eine gewisse technische Bandbreite bestimmt sind, die Angebotsalternativen auf dem Beschaffungsmarkt zu berücksichtigen. Demzufolge hat die Qualitätspolitik ihr Instrumentarium auf den Produktions- und Marktmöglichkeiten aufzubauen.[102]

Die Qualitätsprüfung beim Materialeingang hat den Zweck, nur solche Materialien einzulagern, welche die geforderte Qualität hinreichend erfüllen. Sie dient der Qualitätssicherung der eingehenden Materialien. Über die Prüfung der in das Erzeugnis eingehenden Materialien wird zugleich das **Qualitätsniveau** der Erzeugnisse festgelegt.

Die Verwendung ungeprüfter Materialien, die sich als qualitativ ungeeignet erweisen, kann zu Schwierigkeiten und damit zu höheren Kosten führen. Die Qualitätsanforderungen, die an ein Material gestellt werden, sind festgelegt durch[103]:

*   Gesetze und Verordnungen
*   DIN-Normen, Verbandsnormen, Gütebestimmungen
*   Beschaffungsvorschriften

Die Materialannahme arbeitet eng mit der Qualitätsprüfung zusammen. Dazu erhält die Qualitätsprüfung entsprechende Informationen:

*   Identifikation des Materials
*   Eingangsdaten des Materials
*   Priorität der Lieferung
*   Standort der Lieferung
*   Technischer Änderungsstand

---

102 vgl. Harlander/Platz 1991, S. 175
103 vgl. Oeldorf/Olfert 1987, S. 253

Für die Qualitätsprüfung sind Prüfvorschriften festzulegen. Sie können von den Lieferanten modifiziert werden. Außerdem ist vorzugeben, ob das genannte Prüfverfahren auch für Materialien neuer Lieferanten gilt und ob besondere Anweisungen gelten, bis die Qualitätstreue des Lieferanten bekannt ist.

Wichtig ist auch festzulegen[104]:

- "Der **Ort der Prüfung**, wofür es innerbetrieblich nach dem Grad und dem Umfang der zu prüfenden Eigenschaften bzw. abhängig von den Prüfgeräten und sonstigen Prüfeinrichtungen verschiedene Möglichkeiten gibt, beispielsweise den Materialeingang, das Prüflabor, die Werkstatt. Daneben können außerbetrieblich staatliche und freie Forschungseinrichtungen und Prüfstellen herangezogen werden.

- Die **Anforderungen an die Prüfung**, aus denen sich die Anforderungen an das Testpersonal sowie die Meß-, Prüf- und sonstigen Geräte ergeben. Sie bestimmen auch die Dauer des Prüfvorganges."

Mittels Kennzahlen lassen sich die **Versorgungsqualität**, die **Bereitstellungsqualität** und die **Entsorgungsqualität** überprüfen. "Die Kontrolle der **Versorgungsqualität** richtet sich auch auf lieferbegleitende Informationen und auf den Service. Hierbei steht die Zuverlässigkeit bei der Erfüllung von Serviceleistungen im Vordergrund, wie beispielsweise Montage, Installation und Probeläufe von Maschinen und Anlagen sowie Folgeaufträge, die das Ersatzteilgeschäft, Kundendienst- und Anpassungsleistungen beinhalten. Weiterhin bezieht sich die Zuverlässigkeit auf informatorische Leistungen, die Personalschulungsmaßnahmen, Vermittlung von Betreiber-Know-how, Stellung von leitendem Betriebspersonal usw. umfassen."[105]

Hinsichtlich der **Bereitstellungsqualität** sind insbesondere Handlingschäden zu kontrollieren. Deshalb dürfen Handlingschäden eine bestimmte Höchstgrenze nicht überschreiten. Bei der Entsorgungsqualität sind die vom Gesetzgeber erlassenen Vorschriften zur exakten Einhaltung des Betriebes zu kontrollieren. Abb. 73 gibt einen Überblick über die verschiedenen Kennzahlen zur Überprüfung des Qualitätsziels.

---

104 vgl. Oeldorf/Olfert 1987, S. 253
105 vgl. Pfisterer 1988, S. 115

Kennzahlen des Beschaffungsqualitätsziels

Versorgungsqualität	Bereitstellungsqualität	Entsorgungsqualität
Beanstandungsquote (beschaffungsobjektbezogen)[1] =	Handlingschadensquote =	Beanstandungsquote der Abfallbeseitigungen =
$\dfrac{\text{Anzahl beanstandeter Lieferungen}}{\text{Gesamtzahl der Lieferungen}} \times 100$	$\dfrac{\text{Wert (Anzahl) beschädigter Beschaffungsobjekte}}{\text{Gesamtwert (anzahl) bewegter Beschaffungsobjekte}} \times 100$	$\dfrac{\text{Anzahl bemängelter Abfallbeseitigungen}}{\text{Gesamtzahl der Abfallbeseitigungen}} \times 100$
- Servicebeanstandungsquote = $\dfrac{\text{Anzahl der beanstandeten Serviceleistungen}}{\text{Gesamtzahl der Serviceleistungen}}$		

Abb. 73   Kennzahlen zur Qualitätsüberprüfung
Quelle: Pfisterer 1988, S. 120

5.9.3 Kennzahlensystem zur Versorgungssicherheit

Die Analyse der Versorgungssicherheit erfordert umfassende Analysen des Beschaffungsmarktangebots, wie das Beschaffungscontrolling in Zusammenarbeit mit der Beschaffungsmarktforschung durchzuführen ist. Um beurteilen zu können, ob in absehbarer Zeit die Sicherheit in der Versorgung des Unternehmens gewährleistet ist, bietet es sich an, Kennzahlen zur Beurteilung dieser Frage zu entwickeln.

Nach der Schätzung des Versorgungspotentials muß der Abnehmer planen, welchen Anteil des Versorgungspotentials er angesichts seiner finanziellen, kapazitäts- und bedarfsgerechten Situation maximal erreichen will und kann. Die Kennzahl **BM-Durchdringungsfaktor** mißt dieses Verhältnis zwischen dem realisierten Beschaffungsvolumen des Abnehmers und dem Versorgungspotential des entsprechenden Beschaffungsmarktes:

$$\text{BM-Durchdringungsfaktor:} \quad \frac{\text{realisiertes Beschaffungsvolumen}}{\text{BM-Versorgungspotential}}$$

Die Form einer Zielsetzung kann diese Kennzahl annehmen, indem der Nenner Sollwerte aufweist. Nun kann es aber keineswegs sinnvoll sein, daß BM-Versorgungspotential pro Beschaffungsobjekt u. a. aus Kostengründen vollkommen auszuschöpfen (was sowieso nur hypothetisch denkbar wäre). Vielmehr soll das BM-Versorgungspotential aus finanziellen Gründen nur soweit ausgeschöpft werden, daß bestimmte Kostenobergrenzen nicht überschritten werden. Der Durchdringungsfaktor sollte deswegen nicht nur objektmäßig, regional und zeitlich abgegrenzt werden, sondern auch einer bestimmten Kostenklasse zugeordnet werden:

$$\frac{\text{realisiertes Beschaffungsvolumen}_{O,R,T,K}}{\text{Versorgungspotential}_{O,R,T,K}}$$

bzw.

$$\frac{\text{geplantes Beschaffungsvolumen}_{O,R,T,K}}{\text{Versorgungspotential}_{O,R,T,K}}$$

O = Objektdifferenzierung
R = Regionendifferenzierung
T = Zeitdifferenzierung
K = Kostenklassendifferenzierung

Der differenzierte Durchdringungsfaktor bringt damit zu Ausdruck, inwieweit der Abnehmer mit seinem effektiven Beschaffungsvolumen das Versorgungspotential pro Beschaffungsobjekt in einer bestimmten Region, in einem bestimmten Zeitraum und innerhalb einer bestimmten Kostenspanne ausgeschöpft hat. Ein Vergleich mit dem geplanten **Durchdringungsgrad** zeigt die effektive Beschaffungsmarketingleistung auf. Differenzen zwischen dem geplanten und dem realisierten Durchdringungsgrad haben zwei Ursachen:

• Entweder sind die Abweichungen aufgrund unzureichender Leistungen und Einkäufe zustandegekommen,
• oder das geplante Beschaffungsvolumen ist aufgrund von Planungs- und Prognosefehlern zu hoch veranschlagt worden.

Nun hängt die Versorgungssicherheit nicht nur vom Durchdringungsgrad des BM-Versorgungspotentials pro Beschaffungsobjekt innerhalb einer Kostenhöchstgrenze ab, sondern auch von der Anzahl der Lieferanten dieses Durchdringungsgrades. Im Sinne einer optimalen Versorgungssicherheit ist eine Risikostreuung durch Vermeidung einseitiger Lieferantenbindungen unumgänglich[106]. Zum Zwecke einer Einbeziehung der **Risikostreuung** muß der Beschaffungsmarktbesetzungsfaktor in die oben ermittelten Kennzahlen mit einbezogen werden. Die Kennzahl Beschaffungsmarktbesetzungsfaktor kennzeichnet das Verhältnis der aktiven Lieferanten zu den potentiellen Lieferanten. Um den Besetzungsfaktor zu ermitteln ist es erforderlich, die Gesamtheit der möglichen Lieferanten mittels der Beschaffungsmarktforschung zu bestimmen bzw. abzuschätzen.

Der **Besetzungsfaktor** ist ebenfalls objektmäßig, zeitlich, geographisch sowie durch Kostenklassen exakt abzugrenzen. Darüber hinaus scheint eine Gliederung nach Lieferantengruppen, die nach verschiedenen Branchen und ihrem Absatzprogramm eingeteilt werden, sinnvoll:

$$\frac{\text{aktive Lieferantenanzahl}_{O,R,K,T,L}}{\text{potentielle Lieferantenanzahl}_{O,R,K,T,L}}$$

L = Lieferantendifferenzierung

Je größer der Besetzungsfaktor, desto höher ist die Versorgungssicherheit. Der Besetzungsfaktor zeigt, ob die geplante Risikostreuungsstrategie durch die Beschaffungsmarketingabteilung auch tatsächlich realisiert worden ist.

Inwieweit der Beschaffer das Risiko auch tatsächlich streut, läßt sich durch die Kennzahl:

$$\frac{\text{realisiertes Beschaffungsvolumen}_{O,R,K,L,T}}{\text{Lieferantenanzahl}_{O,R,K,L,T}}$$

feststellen. Diese Kennzahl mißt dabei nicht allein die Leistung des Beschaffungsmarketing, sondern sie ist auch von konjunkturellen Einflüssen, insbesondere der Angebotsverknappung, von absatzpolitischen Maßnahmen des Anbieters (z. B. Mengenbündelungen) sowie von eigenen Kostenüberlegungen (Rabatte etc.) abhängig.

Kostenzwänge bzw. Angebotsverknappungen können durchaus dazu führen, daß die Lieferantzahl des bezogenen Beschaffungsvolumens sehr niedrig

---

106 vgl. Hammann/Lohrberg 1986, S. 144; Harlander/Platz 1991, S. 66

ausfällt. Dennoch sollte aus Sicherheitsgründen überlegt werden, wie die Lieferantenanzahl durch aktive Beeinflussung der Lieferanten und der Angebotssituation unter gleichen Rabattsätzen gesteigert werden kann.

Wie erörtert, kann die Anzahl der Lieferanten durch **Angebotsverknappungen** gering ausfallen. Den Grad der Ausschöpfung bei solchen Versorgungskrisen soll die Kennzahl:

$$\frac{\text{realisiertes Beschaffungsvolumen von einem Lieferanten}_{O,R,L,K,T}}{\text{Angebotsvolumen eines Lieferanten}_{O,R,L,K,T}}$$

messen. Diese Kennzahl zeigt, welchen Anteil das Beschaffungsvolumen eines Abnehmers am gesamten Angebotsvolumen eines Lieferanten besitzt. Ein Vergleich mit der Konkurrenz läßt insbesondere in Versorgungskrisen erkennen, ob der Abnehmer im Durchschnitt ein größeres oder kleines Beschaffungsvolumen beziehen konnte als die Gesamtheit der Abnehmer. Die zeitliche Entwicklung der Kennzahl sollte dabei vornehmlich im Verlauf von Versorgungskrisen beobachtet werden.

Verringert sich die Kennzahl:

$$\frac{\text{realisiertes Beschaffungsvolumen}_{O,R,L,K,T}}{\text{realisiertes Beschaffungsvolumen}_{O,R,L,K,T-1}}$$

mehr als die Kennzahl:

$$\frac{\text{Angebotsvolumen eines Lieferanten}_{O,R,L,K,T}}{\text{Angebotsvolumen eines Lieferanten}_{O,R,L,K,T-1}}$$

bzw. als die Kennzahl:

$$\frac{\text{Versorgungsvolumen}_{O,R,L,K,T}}{\text{Versorgungsvolumen}_{O,R,L,K,T-1}}$$

so ist die Beschaffungsmarketingleistung im Vergleich zur Beschaffungskonkurrenz als unbefriedigend zu bewerten. Der Abnehmer hat seine Versorgung im Vergleich zur Konkurrenz schlechter gesichert. Zur vollständigen Bewertung und Analyse sollte allerdings auch die Kennzahl:

$$\frac{\text{realisiertes Beschaffungsvolumen aller Abnehmer}_{O,R,K,L,T}}{\text{Versorgungspotential}_{O,R,K,L,T}}$$

ermittelt werden. Diese Kennzahl zeigt, in welchem Umfang die Abnehmer einer Branche bzw. einer Gebietes den möglichen Versorgungsgrad mit einem Beschaffungsobjekt in einer bestimmten Periode realisiert haben. Somit ist erkennbar, ob eine negative Entwicklung in der Versorgung mit einem Beschaffungsobjekt auf eine schlechte Beschaffungsmarketingleistung zurückzuführen ist oder ob andere Entwicklungen (z. B. erhöhte Nachfrage aus dem Ausland) für eine insgesamt schlechte Ausschöpfung des Versorgungspotentials in einem gewissen Gebiet verantwortlich sind. Die potentiellen und aktiven Lieferanten des Abnehmers unterscheiden sich zusätzlich hinsichtlich ihres Leistungsgrades[107].

5.9.4 Kennzahlensystem zur Lieferantensteuerung

Da sich die Versorgungssicherheit in bezug auf die Lieferanten in den Faktoren[108]

- Termintreue und Reaktion auf Mahnungen,
- Qualität,
- Service

konkretisiert, müssen diese Kriterien in den Kennzahlen zu den Besetzungsfaktoren Eingang finden. Innerhalb der jeweiligen Besetzungsfaktoren ist neben den prozentualen Termintreue-, Qualitäts- und Servicegraden ihre potentielle Ausprägung für eine Zielsetzung vonnöten. Diese potentiellen Größen sind durch die Beschaffungsmarktforschung unter eventueller Zuhilfenahme von mathematisch-statistischen Methoden, wie z. B. der Regressionsrechnung, zu ermitteln. Bevor dieses geschehen kann, sind die Kennzahlen zum Termintreuegrad, Qualitätsgrad und Servicegrad zu quantifizieren:

---

107 vgl. Oeldorf/Olfert 1987, S. 299
108 vgl. Berg 1981, S. 95

- Der **Termintreuegrad** läßt sich durch das Verhältnis der verspäteten Lieferungen zu der Gesamtzahl der Lieferungen ausdrücken:

$$\frac{\text{verspätetes Beschaffungsvolumen in DM}_{O,G,K,T}}{\text{gesamtes Beschaffungsvolumen in DM}_{O,G,K,T}}$$

G = Gebietsdifferenzierung

- Der **Sevicegrad** läßt sich durch den Prozentsatz angeben, mit dem eine Anforderung in der betrachteten Periode befriedigt worden ist[109]:

$$\frac{\text{sofort geliefertes Beschaffungsvolumen}_{O,G,K,T}}{\text{Summe des insgesamt angeforderten Beschaffungsvolumens}_{O,G,K,T}}$$

- Der **Qualitätsgrad** läßt sich durch das Verhältnis des angenommenen Beschaffungsvolumens zu dem insgesamt eingetroffenen Beschaffungsvolumen quantifizieren:

$$\frac{\text{angenommenes Beschaffungsvolumen in DM}_{O,G,K,T}}{\text{Summe des eingetroffenen Beschaffungsvolumens}_{O,G,K,T}}$$

Nach der Bestimmung dieser drei Kennzahlen kann der jeweilige Termintreue-, Service- und Qualitätsgrad je Besetzungsfaktor errechnet werden. Dabei ist das Verhältnis des derzeitigen Termintreue-, Service- und Qualitätsgrad eines Besetzungsfaktors pro Durchdringungsgrad je Beschaffungsobjekt innerhalb einer Kostenklasse und ihren potentiellen Ausprägungen zu ermitteln. Ziel dieser Kennzahlenermittlung ist es festzustellen, inwieweit die derzeitigen Termintreue-, Service- und Qualitätsgrad von ihren potentiellen Graden im Hinblick auf die jeweiligen Besetzungsfaktoren abweichen. Der Abweichungsgrad gilt dabei als Richtmaß für die jeweilige Zielsetzung. Anhand dieser Abweichungen hat das Beschaffungsmarketing sich in der Ausrichtung ihrer Aktivitäten zu orientieren. Auf diese Weise läßt sich erkennen, ob die Inanspruchnahme der derzeitigen Lieferanten Schuld an einem Versorgungsmangel ist und ob durch einen Lieferantenwechsel sich dieses Defizit beheben läßt. Ein Vergleich der realisierten Termintreue- Service- und Qualitätsgrade zu ihren potentiellen Ausprägungen zeigt, ob

---

109 vgl. Grochla et al 1983, S. 147

das Leistungsverhältnis der Lieferanten besser ausgeschöpft werden kann, oder ob neue Lieferanten mit der Versorgung beauftragt werden sollen.

5.10   Abweichungsanalysen

Bei der Abweichungsanalyse werden den Plandaten die entsprechenden Istwerte gegenübergestellt um festzustellen, ob die tatsächlichen Entwicklungen den geplanten entsprechen oder von diesen abweichen. Es genügt jedoch keinesfalls nur die Ermittlung der Abweichung von Plan- und Istzahlen als absoluter Wert, denn dieser sagt noch nichts über die Ursachen der Abweichung aus.[110] Da es eine **Vielzahl** von Faktoren gibt, die die Kostenentwicklung beeinflussen können, muß im weiteren Verlauf der Analysen festgestellt werden, wo die Ursachen für die Abweichung liegen, damit begründete Management-Entscheidungen zur **Kurskorrektur** getroffen werden können.

Als erster Schritt einer weiteren Untersuchung ist festzustellen, ob eine wert- oder mengenmäßige Veränderung die Ursache für eine Materialkostenerhöhung ist (aus Vereinfachungsgründen wird im folgenden von einer Kostensteigerung ausgegangen). Bei einer wertabhängigen Abweichung des Materialeinsatzes ist nun im weiteren zu ermitteln, ob die Materialverteuerung in der Planung zu niedrig angesetzt wurde ober ob die Kostensenkungsmaßnahmen aus der Planung nicht realisiert werden konnten. Es ergibt sich die Frage, ob bei der Planerstellung die erwarteten preispolitischen Maßnahmen der Lieferanten richtig eingeschätzt wurden oder ob durch eine veränderte Wirtschaftssituation nicht einkalkulierte Preissteigerungen eingetreten sind.

Auch eine Abweichung von Plan- und Istdaten bei den Kostensenkungsaktivitäten ist genau zu untersuchen, da diesen im Wettbewerb eine besondere Rolle zufällt (Abb. 74). In bezug auf eine mengenabhängige Abweichung ist der Frage nachzugehen, ob es sich um Abweichungen aufgrund eines veränderten Umsatzvolumens, einer Strukturveränderung des Kosteneinsatzes oder Veränderung des Produktmixes gegenüber der Planung handelt. Unkritisch ist ein Mehrverbrauch von Material aufgrund eines gegen-

---

110 vgl. Bornemann 1987, S. 66

über den Planansätzen gestiegenen Umsatzes, da jeder Umsatzsteigerung eine entsprechende Erhöhung des Materialeinsatzes folgt. Kritisch zu beurteilen ist dagegen der Mehrverbrauch im Zusammenhang mit einer Strukturveränderung. Dieser kann z. B. aufgrund einer falschen Planung der Materialkosten bei neu eingeführten Produkten entstehen. Abweichungen des Produktmixes können auf einer markttechnischen Veränderung des Umsatzes innerhalb der Produktpalette beruhen, die evtl. Auswirkungen auf die Produktpolitik der Unternehmung hat.

Nach Feststellung der genauen Ursache der Kostenabweichung können spezifische Maßnahmen durchgeführt werden.

Einkaufsberichterstattung						Juni
	1986					
	Juni	Januar - Juni			Geschäftsjahr	
	Ist	Plan	Ist	Ab-weich.	Budget	Vor.Ist
I. Materialzugang 1.Fertigungsmaterial Materialgruppe 1 Materialgruppe 2 Materialgruppe 3 Materialgruppe 4 Materialgruppe 5 Materialgruppe 6 usw.						
2.Sonst. Material-zugang						
3. Investitionen						
4. Kurzlebige Wirt-schaftsgüter						
II. Besondere Vorkommnisse						

Abb. 74 Berichterstattung zur Materialbeschaffung
Quelle: Bornemann 1987, S. 77

In der nachstehenden Abb. 75 werden die Beschaffungswirkungen zusammengefaßt dargestellt und eine Zuordnung von Soll-Vorgaben vorgenommen, die sich im Fall von Soll-Ist-Abweichungen durch die jeweiligen Beschaffungswirkungen charakterisieren lassen.

Beschaffungswirkungen	Soll-Vorgaben
Mängellieferung	Qualitätskontrolle, Gebrauchsprüfung, Beanstandungsquote
Garantiefall	Qualitätskontrolle
Handlingschaden	Handlingschadenskontrolle
Servicemängel	Serviceleistungskontrolle, Servicebeanstandungsquote
Leistungsniveauverbesserung	Qualitätskontrolle, Gebrauchsprüfung, Beanstandungsquote, Wareneingangskontrolle
Serviceverbesserung	Serviceleistungskontrolle, Servicebeanstandungsquote
Lieferverzug	Verzugsquote
Mehr- bzw. Mindermenge	Fehlmengenquote, Wareneingangskontrolle
Fehllieferung	Identitätsprüfung
Versorgungsausfall	Lieferausfallquote, Lieferantensicherheitsstruktur, Versorgungsrisiko
Bestandsunterschreitungen	Sicherheitsbestand, Lagerreichweite, Vorratsstruktur
Zurückweisung	Reklamationsquote der Bedarfsträger
Beschaffungsobjektobsolenz	Lieferantenflexibilitätsstruktur
Einstandspreiserhöhung	Einstandspreiskontrolle, Preisobergrenzen, Verhandlungsziel, Preisindex
Spekulationsverluste	Einstandspreiskontrolle, Preisobergrenzen
Einkaufskostensteigerung	Kosten pro Bestellung
Transportkostensteigerung	Transportkostensatz, Transportmittelnutzungsgrad
Entsorgungskostensteigerung	Recyclingquote
Lagerkostensteigerung	Lagerkostensatz, Lagerraum-(flächen)-nutzungsgrad
Einstandspreissenkung	Einstandspreiskontrolle, Preisobergrenzen, Verhandlungsziel, Preisindex
Beschaffungsfunktionskostensenkung	Kosten pro Bestellung, Kosten pro Dispositionsvorgang, Lagerhaltungskostensatz, Transportkostensatz
Bestandsüberschreitungen	Sicherheitsbestand, Lagerreichweite, Lagerraum-(flächen)nutzungsgrad
Lagerhüter	Umschlaghäufigkeit, ∅ Lagerdauer
Notkäufe	Anzahl der Eilbestellungen
Lieferantenabhängigkeit	Rahmenvertragsquote, Stammlieferantenquote, Lieferantenflexibilitätsstruktur, Recyclingpotentialnutzung
Auslastungsquotenüberschreitung	Lagerreichweite, Lagerraum-(flächen)- nutzungsgrad, Transportmittelnutzungsgrad
Entsorgungsunproblematik	Entsorgungsvorschrifteneinhaltung, Beanstandungsquote der Entsorgung, Abfallsubstitutionsquote, Sondermüllquote, Recyclingpotentialnutzung
Beschaffungsobjektgefährdung	Entsorgungsvorschrifteneinhaltung, Beanstandungsquote der Entsorgung

Abb. 75 Zuordnung von Soll-Vorgaben zu Beschaffungswirkungen
Quelle: Pfisterer 1988, S. 219

Daß "Soll" nicht gleich "Ist" entspricht, liegt nicht selten an veränderten Beschaffungskonstellationen:

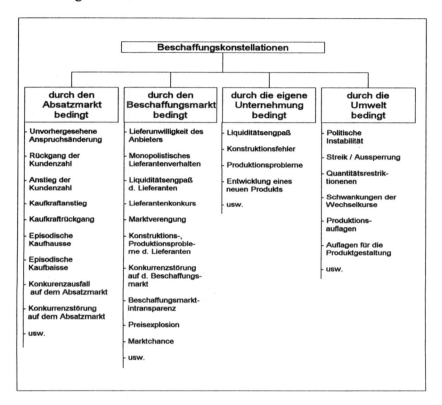

Abb. 76 Beschaffungskonstellationen

Quelle: Pfisterer 1988, S. 22

Abweichungsanalysen sollten ständig kommentiert werden[111]:

• die Begründung der Entwicklung

• die Darstellung der Auswirkungen dieser Entscheidung auf das zukünftige Geschehen

• das Aufzeigen der erkennbaren Schwachstellen

• das Aufzeigen der einzuleitenden Maßnahmen zur Verbesserung der Situation.

---

111 vgl. Bornemann 1987, S. 59

Abb. 77 zeigt ein Beispiel einer Kommentierung der Berichterstattung.

Kommentierte Abweichungsanalyse						
Bestände (in 1000)						
Juli 19.0	Juni	Juli	Juli	Jahresende		
	Ist	Ist	Budget	vorauss. Ist	Budget	Abweichung in %
Roh-, Hilfs-, Betriebsstoffe	13462	13455	13600	13500	13700	- 1,46%
unfertige Erzeugn.	27371	27662	27100	28000	27800	+ 0,72%
fertige Erzeugnisse	15650	15845	15300	15600	15600	+/- 0,0%
Summe Bestände	56483	56962	56000	57100	57100	+/- 0,0%

Die Planzahl zum 31.7. wurde um 1,7 Prozent überschritten. Gegenüber dem Vormonat stigen die gesamten Vorräte um knapp Fr. 5000'000.

Die Planzahl zum Jahresende erscheint aufgrund der vorliegenden Ist-Zahl in der Summe erreichbar. Entsprechende Maßnahmen zur Bestandessenkung müssen aber eingeleitet werden.

Die Begründung der Abweichung ergibt sich aus folgenden Erläuterungen zu den einzelnen Bestandsgruppen:

Roh-, Hilfs- und Betriebsstoffe

Die Unterschreitung der Planzahl ist auf den Preisverfall für einen wesentlichen Teilbereich zurückzuführen, der im Budget nicht eingeplant wurde. Die Planzahl zum Jahresende im voraussichtlichen Ist kann deshalb auf 13'500 korrigiert werden.

Unfertige Erzeugnisse

Fertigungsengpässe wegen des Ausfalls eines wesentlichen Lieferanten (Qualitätsprobleme) führten in den letzten drei Monaten zu einem überplanmäßigen Bestandsaufbau. Bis zum Jahresende werden die Probleme nicht ganz beseitigt sein, so daß das voraussichtliche Ist über dem Budget liegen wird.

Fertige Erzeugnisse

Die Überschreitung der Planzahl im Monat Juli ist auf Abwicklungsschwierigkeiten beim Export in ein bestimmtes Land zurückzuführen. Per Jahresende sollte aber der Plan eingehalten werden können.

Abb. 77 Kommentierte Abweichungsanalyse

Quelle: nach Bornemann 1987, S. 60

Damit die Abweichungen nach Ursachen analysiert werden können, müssen die kostenverursachenden Faktoren bekannt sein. Es gibt keine allgemeingültige Aufzählung der Cost Drivers. Diese sind in jedem Einzelfall zu suchen.[112]

Die Kommentierung könnte soweit gehen, daß sie dem Informationsempfänger eine Hilfestellung zur Zielerreichung leistet. Mit anderen Worten: die Kontrolle soll einen Lernprozeß auslösen, der bewirkt, daß zukünftig der Zielerreichungsgrad höher ist. Der Informationsempfänger wird den Nutzen einer so gestalteten Kontrollinformation entsprechend höher bewerten, weil sie ihm den Weg zum Ziel zeigt.

---

112 vgl. Häni 1991, S. 157

Literaturverzeichnis

Albach, H./Weber, J.: Controlling. Selbstverständnis, Instrumente, Perspektiven, Zeitschrift für Betriebswirtschaft, Ergänzungsheft 3, Wiesbaden 1991.

Albach, H.: Strategische Unternehmensplanung bei erhöhter Unsicherheit. In: Zeitschrift für Betriebswirtschaft (48) 1978, S. 702-715.

Ammer, D. S.: Materials Management. 3. Aufl., Homewood/Ill. 1974.

Anderson, D. R./Schmidt, L. A./McGosh, A. M.: Practical Controllership. 3. Aufl., Homewood/Ill. Georgetown/Ont. 1973.

Ansoff, I.: Management-Strategie. München 1966.

Ansoff, I. H./Leontiades, J. C.: Strategic Portfolio-Management. In: Journal of General Management (2) 1976, Heft 1, S. 13-31.

Ansoff, I./Kirsch, W./Roventa, P.: Unschärfenpositionierung in der strategischen Portfolio-Analyse, in: Kirsch, W./Roventa, P. (Hg.), Bausteine eines strategischen Managements, Berlin-New York 1983, S. 237-264.

Arnold, U.: Versorgungsstrategie international ausrichten, in: Beschaffung aktuell 3/1991, S. 66-68.

Arnold, U.: Strategische Beschaffungspolitik, Frankfurt am Main/Bern 1982.

Arnold, U.: Ziele, Aufgaben und Instrumente des Materialmanagements, in: Beschaffung aktuell 9/89, S. 47-54.

Arnold, U.: Das Materialmanagement und sein Erfolgspotential, in: Beschaffung aktuell 9/90, S. 37-39.

Arnolds, H./Heege, F./Tussing, W.: Materialwirtschaft und Einkauf: Praktische Einführung und Entscheidungshilfe, 7. durchgesehene Aufl., Wiesbaden 1990.

Balzert, H.: Ein Überblick über die Methoden und Werkzeuglandschaft, in: CASE-Systeme und Werkzeuge, hrsg. v. Balzert, H., Mannheim u. a. 1989, S. 21-85.

Berg, C. C.: Beschaffungsmarketing, Würzburg-Wien 1981.

Berg, C. C.: Theoretische Grundlagen und praktische Ansatzpunkte zum Aufbau von Frühwarnsystemen im Bereich der Materialwirtschaft, in: ZfB-Ergänzungsheft 2/79, S. 135-144.

Berschin, H.: Handbuch Controlling, München 1989.

Bichler, K.: Beschaffungs- und Lagerwirtschaft, Wiesbaden 1992.

Biergans, B.: Zur Entwicklung eines marketingadäquaten Ansatzes und Instrumentarium für die Beschaffung, 4. Aufl., Köln 1992.

Biergans, B./Koppelmann, U.: Marketingmittel am Beschaffungsmarkt, in: Beschaffung aktuell 11, 1982, S. 41 ff.

Bloech, J.: Kriterien zur Planung industrieller Beschaffungspotentiale, in: Zeitschrift für Planung, Bd. 3, Heft 1, 1992, S. 35-42.

Blom, F.: Beschaffungsmarktforschung, Wiesbaden 1982.

Böhler, H.: Strategische Marketing-Früherkennung, Köln 1983.

Böcker, F.: Marketingkontrolle, Stuttgart, Berlin, Köln, Mainz 1988

Bogaschewsky, R.: Dynamische Materialdisposition im Beschaffungsbereich, Simulation und Ergebnisanalyse, BME (Hrsg.), Frankfurt/Main 1988.

Bornemann, H.: Controlling im Einkauf, Wiesbaden 1987.

Both, M.: Computergestützte Entscheidungshilfen im Marketing, Frankfurt/Main 1989.

Bramsemann, R.: Controlling, 2. Aufl., Wiesbaden 1980.

Brecht, U.: Die Materialwirtschaft industrieller Unternehmungen, Berlin 1993.

Bramsemann, R.: Handbuch Controlling. Methoden und Techniken, 2. Aufl., München-Wien 1990.

Buff, R.: Im Einkauf liegt der Gewinn, in: Beschaffung aktuell 8/93, S. 20-23.

Busch, H.: Zukunftsorientiertes Materialmanagement, 16. Deutscher Kongreß für Materialwirtschaft, Einkauf und Logistik, München 1988, S. 11-13.

Chauvel, H.-J.: Ansätze zur operationalen Planung und Überwachung betrieblicher Beschaffungsprozesse mit Hilfe von Regelungsmodellen. Diss. Göttingen 1977.

Cica, A.: Preispolitik im Beschaffungsbereich am Beispiel der schweizerischen Maschinenindustrie. Diss. Zürich 1978.

Coenenberg, A.: Möglichkeiten des Wirtschaftlichkeitsvergleichs zwischen Eigenfertigung und Fremdbezug von Vorratsgütern. In: Zeitschrift für Betriebswirtschaft (37) 1967, S. 268-284.

Coenenberg, A./Bau, H.-G.: Strategisches Controlling. Grundfragen der strategischen Planung und Kontrolle. Stuttgart 1987.

Coenenburg, A./Fischer, M.: Prozeßkostenrechnung - Strategische Neuorientierung in der Kostenrechnung, in: Die Betriebswirtschaft 51 (1991) 1, S. 23-38.

Coenenburg, A./Fischer, M.: Prozeßkostenrechnung, in: Busse von Colbe (Hrsg.), Lexikon des Rechnungswesens, München 1994, S. 494-498.

Dalluege, C.-A./Fecht, N.: Die Beschaffung gibt das Tempo an: High-Tech-Einsatz im Einkauf, in: Beschaffung aktuell, Nr. 10, 1991, S. 34-35.

Diesch, P.: Struktur eines Controlling-Systems in der Einkaufspraxis, in: Beschaffung aktuell, Nr. 3, 1988, S. 22-27.

Diller, U.: Global Sourcing. Herausforderung an das Materialmanagement, in: Beschaffung aktuell 12/89, S. 28-31.

Dobler, D./Lee, L./Burt, D.: Purchasing and Materials Management, 4. Aufl., USA, 1984.

Dörsch, W.: Einkaufsverträge - betriebswirtschaftlich betrachtet. In: kb-krankenhausbeschaffung 1979, Heft 1, S. 8-9.

Dunst, K. H.: Portfolio-Management, Konzeption für die strategische Unternehmensplanung. Berlin, New York 1983.

Dworak, W.: Die Funktionen und Arbeitsweise des Controlling und der Controller-Organisation, in: Unternehmenskontrolle, hrsg. von H. Jacob, Schriften zur Unternehmensführung, Bd. 17, Wiesbaden 1973, S. 9-21.

Eidenmüller, B.: Neue Planungs- und Steuerungskonzepte bei flexibler Serienfertigung, in: Zeitschrift für betriebswirtschaftliche Forschung, 38. Jg. 1986, Heft 7/8, S. 618-634.

Eisenführ, F./Weber, M.: Zielstrukturierung: ein kritischer Schritt im Entscheidungsprozeß, in: Zeitschrift für betriebswirtschaftliche Forschung, 38. Jg. 1986, Heft 11, S. 907-929.

Euler, K. A.: Interne Kontrollen im Unternehmen, Berlin 1984.

Engelhardt, W.-H./Günter, B.: Investitionsgütermarketing, Stuttgart-Berlin-Köln-Mainz 1981

Ferner, W.: Unternehmensplanung und Controller. In: AGPLAN-Handbuch zur Unternehmensplanung. Bd. 1 (Kennzahl 1115). Hrsg. von J. Fuchs und K. Schwantag, Berlin 1972, S. 1-26.

Fieten, R.: Beschaffungsplanung. In: Handbuch Unternehmensführung. Hrsg. von M. W. Wilkes und G. W. Wilkes. Gernsbach 1979, S. 1199-1212.

Fieten, R.: Einkaufsorganisation. In: Handwörterbuch der Produktion. Hrsg. von Werner Kern. Stuttgart 1979, Sp. 450-457.

Fieten, R.: Beschaffungsplanung im undustriellen Großanlagengeschäft. In: Organisation, Planung, Informationssysteme. Erwin Grochla zu seinem 60. Geburtstag gewidmet. Hrsg. von E. Frese, P. Schmitz und N. Szyperski. Stuttgart 1981, S. 137-160.

Fieten, R.: Die Gestaltung der Koordination betrieblicher Entscheidungssysteme. Frankfurt/M., Bern, Las Vegas 1977.

Fieten, R.: Materialwirtschaft als Managementaufgabe. In: Beschaffung aktuell (26) 1979, Heft 10, S. 18-27.

Fieten, R.: Kennzahlen als Instrumente des Materialwirtschafts-Controlling, In: Beschaffung aktuell, Nr. 5, 1986, S. 30-32.

Fieten, R.: Integrierte Materialwirtschaft. Definition - Aufgaben - Tätigkeiten, Frankfurt am Main 1984.

Findeisen, F.: Beschaffung. In: Handwörterbuch der Betriebswirtschaft, 1. Aufl., hrsg. von H. Nicklisch. Stuttgart 1926, S. 1020-1026.

Fintelmann, H.-U./Buch, Th.: Beschaffungskonzeption als Vorbeugungsmaßnahmen gegen krisenhafte Entwicklungen im Beschaffungsmarkt. In: Betriebswirtschaftliche Forschung und Praxis (30) 1978, S. 193-202.

Flatten, U.: Controlling in der Materialwirtschaft, Bergisch Gladbach 1986.

Fontana, G.: Einkaufs-Informationssysteme unter logistischen Aspekten, in: Baumgarten, H. u. a. (Hg.), RKW-Handbuch Logistik, Bd. 2, Berlin 1981, Kennzahl 5060, 1987, S. 3-22.

Friedl, B.: Grundlagen des Beschaffungscontrolling, Berlin 1990.

Gabriel, R./Richter, M.: Überlegungen zum Aufbau eines intelligenten, sprachverarbeitenden Frühwarnsystems zur Vorhersage von Umweltdiskontinuitäten, Arbeitsberichte des Lehrstuhls für Wirtschaftsinformatik, Ruhr-Universität Bochum, Mai 1991.

Gaul, W./Both, M.: Computergestütztes Marketing, Heidelberg 1990.

Geider, C. H.: Beschaffungsverhalten in der industriellen Unternehmung, 2. Aufl. Köln 1988.

Geiß, W.: Betriebswirtschaftliche Kennzahlen, Frankfurt 1986.

Golle, H.: Mit Kennzahlen Einkauf steuern und Materialwirtschaft kontrollieren: Wie man Kennzahlen richtig einsetzt und beurteilt, Nürnberg 1986.

Grochla, E.: Grundlagen der Materialwirtschaft: Das materialwirtschaftliche Optimum im Betrieb, 3. überarb. Aufl., Wiesbaden 1978.

Grochla, E. u. a.: Erfolgsorientierte Materialwirtschaft durch Kennzahlen, Baden-Baden 1983.

Grochla, E. u. a.: Aktive Materialwirtschaft in mittelständischen Unternehmen. Ein Leitfaden zur Verbesserung des Unternehmensergebnisses, Köln 1984.

Grochla, E./Schönbohm, P.: Beschaffung in der Unternehmung, Stuttgart 1980.

Gruschwitz, A.: Strategisches Anreizsystem in der Beschaffung, 12/92, S. 16-20.

Gruschwitz, A.: Global sourcing, Stuttgart 1993.

Häni, A.: Management-Accounting für ein strategisches Material-Ressourcen-Management, Zürich 1991.

Hahn, D.: PuK-Integrierte und ergebnis- und liquiditätsorientierte Planungs- und Kontrollrechnung als Führungsinstrument, Wiesbaden 1974.

Hahn, D./Klausmann, D.: Frühwarnsysteme und strategische Unternehmensplanung, in: Hahn, D./Taylor, B. (Hg.), Strategische Unternehmensplanung, 4. Aufl., Würzburg-Wien 1986, S. 264-280.

Hammann, P./Lohrberg, W.: Beschaffungsmarketing, Stuttgart 1986

Hammann, P.: Elemente eines kosten- und funktionsorientierten Beschaffungscontrolling, in: Steffen, R./Wartmann, R. (Hg.), Kosten und Erlöse, Orientierungsgrößen der Unternehmenspolitik, 1990, S. 113-135.

Harlander, N./Platz, G.: Beschaffungsmarketing und Materialwirtschaft, 5. Aufl., Stuttgart 1991.

Harting, D.: Lieferanten-Wertanalyse, Stuttgart 1989.

Harting, D. Lieferantenauswahl mit Hilfe der Nutzwertanalyse, in: Beschaffung aktuell 8/1990, S. 39-42.

Hartmann, H.: Materialwirtschaft, 6. Aufl., Gernsbach 1993.

Hartmann, H.: Effizienzverbesserung durch den Einsatz der ABC- und XYZ-Analyse, in: Der Beschaffungsmarkt 1994, S. 25-29.

Heege, F.: Lieferantenportfolio. Ganzheitliche Beurteilungsmodelle für Lieferanten, Nürnberg 1986.

Heinrich, L./Burgholzer, O.: Informationsmanagement, Planung, Überwachung und Steuerung der Informations-Infrastruktur, 2. Aufl., München-Wien-Oldenburg 1988.

Heuer, M. F.: Kontrolle und Steuerung der Materialwirtschaft, Wiesbaden 1988.

Hildebrandt, H.: Zur Entwicklung und Überprüfung zieladäquater Beschaffungsmaßnahmen des Investitionsgüterbereiches, Maschinelle Anlagen, Köln 1989.

Höchst, B./Stausberg, B.: Artikel strukturieren nach ABC und XYZ, in: Beschaffung aktuell, 12/93, S. 18-21.

Hopfenbeck, W.: Allgemeine Betriebswirtschaftslehre und Managementlehre, 2. Aufl., Landsberg 1989.

Hornung, A.: Planungsinstrument Portfolio, in: Beschaffung aktuell, 5/93, S. 18-21.

Horváth, P.: Controlling, 3. Aufl., München 1990.

Horváth, P. (Hrsg.): Synergien durch Schnittstellen-Controlling, Stuttgart 1991.

Horváth, P.: Das Controllingkonzept. Der Weg zu einem wirkungsvollen Controllingsystem, München 1991.

Horváth, P./Renner, A.: Prozeßkostenrechnung, in: FBIE 39/1990, S. 100-107.

Hubmann, H.-E./Barth, M.: Das neue Strategiebewußtsein im Einkauf, in: Beschaffung aktuell 10/90, S. 26-32.

Ihde, G. B.: Transport, Verkehr, Logistik, 2. Aufl., München 1991.

Jünemann, R.: Lagerhaltung, Technik und Steuerung der , in: Handwörterbuch der Produktion, hrsg. von W. Kern, Stuttgart 1979, Sp. 1073-1089.

Jünemann, R.: Beschaffungslogistik - bedarfsgerechte Versorgungskonzepte für die Automobilindustrie, in: Just-In-Time Produktion + Zulieferung, hrsg. von H. Wildemann, Passau 1986, S. 413-438.

Kahle, E.: Industrielle Materialeinsatzplanung - Grundlagen, Modelle, Strategien, Göttingen 1978.

Katzmarzyk, J.: Einkaufscontrolling in der Industrie, Frankfurt/Main 1988.

Kelemis, A./Suhr, R.: Beli - Ein Expertensystem für den Einkauf, in: CIM-Management, Nr. 4, 1987, S. 21-29.

Kieser, A./Kubicek, H.: Organisation, 2. Aufl., Berlin/New York 1983.

Kieser, A.: Werte und Mythen in der strategischen Planung, in: Das Wirtschaftsstudium, 14. Jg. 1985, Heft 8/9, S. 427-432.

Kilger, W.: Einführung in die Kostenrechnung, Aufl., Wiesbaden 1980.

Klenger, F.: Operatives Controlling, 2. Aufl., München, Wien 1991.

Kloock, J.: Prozeßkostenrechnung als Rückschritt und Fortschritt der Kostenrechnung, in: Kostenrechnungs-Praxis 1992, S. 183-193 und 217-245.

Köhler, B.: Organisatiorische Gestaltung des Einkaufs industrieller Großunternehmen mit divisionaler Struktur, Frankfurt am Main 1991.

Köhler, B.: Einkaufsorganisatorische Konzepte überdenken, in: Beschaffung aktuell 10/91b, S. 30-33.

Konrad, L.: Strategische Früherkennung, Bochum 1991.

Koppelmann, U.: Beschaffungsmarketingforschung - ein prozessuales Konzept, in: Theuer, G. et al (Hg.), Beschaffung, Landberg/Lech 1986, S. 133-148.

Koppelmann, U.: Marketing. Einführung in Entscheidungsprobleme des Absatzes und der Beschaffung, 2. Aufl., Düsseldorf 1990.

Kosmider, A.: Controlling im Mittelstand, Stuttgart 1991.

Kopsidis, R. M.: Materialwirtschaft, 2. Aufl. München, Wien 1992

Krallmann, H./Bader, C.: Expertensystem für die computerintegrierte Fertigung (CIM), in: Krallmann, H. (Hrsg.), Expertensystem im Unternehmen, Berlin 1986, S. 135-152.

Kraljic, P.: Neue Wege im Beschaffungsmarketing, in: Manager-Magazin 7, Jg. 1977, S. 72-80.

Kulow, K.: Die Materialwirtschaft gut verkaufen: Materialwirtschaft mit Perspektive?, in: Beschaffung aktuell, 10/91, S. 26-29.

Kunesch, H./Mayerhofer, H.: Instrumente für strategische Materialwirtschaft, in: Beschaffung aktuell, 3/90, S. 28-32.

Kunesch, H.: Materialwirtschaftlicher Erfolgsnachweis, Wiesbaden 1993

Lanz, R.: Controlling in kleineren und mittleren Unternehmen, Bern, Stuttgart 1989.

Leenders, M. R./Fearon, H. E./England, W. B.: Purchasing and Materials Management, 7. Aufl., Homewood/Ill. 1980.

Leenders, M. R./Blenkhorn, D. L.: Reserve Marketing, Frankfurt 1989.

Liesemann, K.: Strategisches Controlling, in: E. Mayer (Hrsg.), Controlling-Konzepte. Perspektiven für die 90er Jahre, 2. Aufl. 1987, Wiesbaden, S. 85 ff.

Lindner, T.: Strategische Entscheidungen im Beschaffungsbereich. München 1983.

Löffler, J.: Prozeßkostenrechnung im Beschaffungs- und Logistikbereich bei Hewlett-Packard, in: IFUA Horváth & Partner (Hrsg.), Prozeßmanagement 1991, S. 183-202.

Lohrberg, W.: Grundprobleme der Beschaffungsmarktforschung, Bochum 1978.

Lücke, W.: Produktions- und Kostentheorie, 3. Aufl., Würzburg/Wien 1973.

Lücke, W.: Qualitätsprobleme im Rahmen der Produktions- und Absatztheorie, in: Zur Theorie des Absatzes. Festschrift zum 75. Geburtstag von Prof. Dr. Dr. h. c. mult. Erich Gutenberg, hrsg. von H. Koch, Wiesbaden 1973, S. 263-299.

Mai, A.: Lieferantenauswahl, Mai 1992.

Maier, M.: Theoretische Bezugnahmen und Methoden zur Gestaltung computergestützter Informationssysteme, München 1990.

Männel, W.: Controlling materialwirtschaftlicher Prozesse - Wunsch und Wirklichkeit, in: Beschaffung aktuell 11/91, S. 28-31.

Markowitz, H.: Portfolio Selection. In: The Journal of Finance, 7. Jg. 1952, S. 77-91.

Mayer, E.: Der Werkzeugkasten der Controller - Vernetzung von strategischem und operativem Controlling, in: Johann Risak, A. Deyhle (Hg.), Controlling. State of the Art und Entwicklungstendenzen, Wiesbaden 1991, S. 29 ff.

Mayer, R.: Prozeßkostenrechnung, in: Kostenrechnungspraxis 1990, S. 74-75.

Menze, T.: Strategisches internationales Beschaffungsmarketing, Stuttgart 1993.

Meyer, C.: Beschaffungsziele, Köln 1986.

Messmer, H.: Datenbank-Management im Einkauf: Qualitätsanforderungen an eine moderne DV-Lösung, in: Beschaffung aktuell, Nr. 10, 1991, S. 40-43.

Messmer, H.: Logistik-Controlling: Aktive Budgetkontrolle im Einkauf, in: Beschaffung aktuell, Nr. 10, 1992, S. 52-54.

Mittner, K. A.: Beschaffungsstrategien im Umbruch: Differenzierte Lieferantenpolitik, in: Beschaffung aktuell, Nr. 4, 1991, S. 21-23.

Muchna, C.: Strategische Marketing-Früherkennung auf Investitionsgütermärkten, Wiesbaden 1988.

Müller, W.: Die Koordination von Informationsbedarf und Informationsbeschaffung als zentrale Aufgabe des Controlling, in: Zeitschrift für betriebswirtschaftliche Forschung, 26. Jg. 1974, S. 683-693.

Müller, W.: Kontrolle, Organisation der, in: Handwörterbucfh der Organisation, hrsg. von E. Grochla, 2. Aufl., Stuttgart 1980, Sp. 1082-1091.

Münzner, H.: Beschaffungsstrategien in einem Großunternehmen, in: Zeitschrift für betriebswirtschaftliche Forschung, 37. Jg. 1985, Heft 3, S. 250-256.

Munari, S./Naumann, Ch.: Strategische Steuerung - Bedeutung im Rahmen des Strategischen Management, in: Zeitschrift für betriebswirtschaftliche Forschung, 36. Jg. 1984, Heft 5, S. 371-384.

Niemand, P.: Prozeßkostenrechnung für den Beschaffungsbereich eines Automobilherstellers, in: Kostenrechnungs-Praxis 3/92, S. 160-167.

Oeldorf/Olfert: Materialwirtschaft, 5. Aufl., Ludwigshafen 1987.

O.V.: Die High-Tech-Welle, in: Manager-Magazin, 20. Jg. (1990), Heft 3, S. 186-193.

O.V.: Einer für alle - International Sourcing, in: mm, 17. Jg. (1987), Heft 12, S. 266-270.

O.V.: Einkaufen - Make or buy?, in: Beschaffung aktuell, o. Jg. (1991), Heft 7, S. 18.

O.V.: Logistik-Dienstleister als Partner für Industrie und Handel, in: Logistik im Unternehmen, 4. Jg. (1990), Heft 9, S. 34-58.

O.V.: Positionen in Materialwirtschaft und Einkauf sind unterbewertet, in: HB, Nr. 50, 8./9.12.1989, S. K2.

O.V.: The Spreading Deterioration, in: Institutional Investor, Nr. 3, 1983, S. 57-78.

Pampel, J.: Grundaufbau moderner Kalkulation im Beschaffungsbereich, in: Kostenrechnungspraxis 3/93, S. 171-179.

Peemöller, V. H.: Controlling im Einkauf, in: Beschaffung aktuell (26), 1979, S. 60-71

Peemöller, V. H.: Controlling: Grundlagen und Einsatzgebiete, Herne, Berlin 1990.

Pekayvaz, G.: Strategische Planung in der Materialwirtschaft, Frankfurt-Bern-New York 1985.

Pfisterer, J.: Beschaffungskontrolle, Köln 1988.

Piontek, J.: Expertensysteme im Beschaffungsmarketing, in: Beschaffung aktuell 4/92, S. 44-49.

Piontek, J.: Die Entwicklung eines Informations- und Kommunikationssystems für das Beschaffungsmarketing in Industriebetrieben, Frankfurt/Main u. a. 1991a.

Piontek, J.: Anlagenbeschaffung - Stiefkind des Beschaffungsmarketing, in: Beschaffung aktuell 9/1991b, S. 56-59.

Piontek, J.: Für marktgerechtes Entscheiden - Beschaffungsmarketing, Informations- und Kommunikationssysteme, in: Beschaffung aktuell 11/90, S. 68-69.

Piontek, J.: Kennzahlensystem zur Beschaffungsobjekt-Kostensenkungs-Analyse, in: Kostenrechnungspraxis 3/93a, S. 171-177.

Piontek, J.: Beschaffungscontrolling: Kennzahlensystem zur Kontrolle des Lieferanten, in: Beschaffung aktuell 4/93b.

Piontek, J.: Planung und Kontrolle von Kosten im Beschaffungsbereich, in: Zeitschrift für Planung, Bd. 4, Heft 2 1993c, S. 115-126.

Piontek, J.: Leistungsbeurteilung, Wirtschaftlichkeitsanalyse und Erfolgsmessung: Kennzahlen-gestütztes Beschaffungsmarketing-Controlling, in: Beschaffung aktuell 12/93d, S. 21-24.

Piontek, J.: Internationales Beschaffungsmarketing, Stuttgart 1993e.

Piontek, J.: Global Sourcing - Denken und Handeln in Weltmarkt-Dimensionen, in: Beschaffungsmarkt - Das Jahrbuch für den industriellen Einkauf, 1994a, S. 11-14.

Piontek, J.: Internationale Logistik, Stuttgart 1994b.

Piontek, J.: 5. Internationale Beschaffungsstrategien, erscheint in Schoppe, S. (Hrsg.), Kompendium der internationalen Betriebswirtschaftslehre, 3. Aufl., München 1994c.

Preißler, P. R.: Controlling. Lehrbuch und Intensivkurs, 3. Aufl., München, Wien 1991

Rau, K.-H.: Gestaltung der Unternehmungsplanung. Berlin 1985.

Reddewig, G./Dubberke, H.-A.: Einkaufsorganisation und Einkaufsplanung. Wiesbaden 1959.

Reichmann, Th.: Controlling mit Kennzahlen. Grundlagen einer systemgestützten Controlling-Konzeption. München 1985.

Reichmann, Th.: Entwicklungen und Trends im Controlling. In: Controlling-Praxis. Erfolgsorientierte Unternehmenssteuerung. Hrsg. v. Th. Reichmann, München 1988, S. 1-15.

Reichmann, Th.: Controlling in der betrieblichen Logistik, in: 4. Internationaler Logistik-Kongreß. Kongreßhandbuch II. Hrsg. vom Institut für Logistik, Dortmund 1983, S. 100-106.

Reichmann, Th.: Kosten- und Preisgrenzen. Wiesbaden 1973.

Reichmann, Th.: Wirtschaftliche Vorratshaltung, eine gemeinsame Aufgabe für Einkauf, Materialwirtschaft und Betriebsleitung, in: Zeitschrift für Betriebswirtschaft (48) 1978, S. 565-578.

Reinschmidt, J.: Beschaffungs-Controlling mit Kennzahlen, Bergisch-Gladbach - Köln 1989.

Renkewitz, D.: Subcontracting, in: Einkaufsleiter-Handbuch, hrsg. von G. Bretschneider, München 1974, S. 924-951.

Richter, H. J.: Theoretische Grundlagen des Controlling. Strukturkriterien für die Entwicklung von Controlling-Konzeptionen. Frankfurt/M. u. a. 1987.

Rieser, I.: Frühwarnsysteme, in: Die Unternehmung (32) 1978, S. 51-68.

Rodek, K.: Die Aufgaben der Beschaffungsführung dargestellt am Beispiel der schweizerischen Buntmetallindustrie. Diss. St. Gallen 1968.

Rössle, W.: Preisorientierte Beschaffungspolitik, in: Jahrbuch für Betriebswirte 1982, hrsg. von W. Kresse und W. Alt, Stuttgart 1982, S. 180-186.

Rühli, E.: Leitungssysteme, in: Handwörterbuch der Organisation, hrsg. von E. Grochla, 2. Aufl., Stuttgart 1980, Sp. 1205-1216.

Rühli, E.: Unternehmungsführung und Unternehmungspolitik, Bd. I, Bern, Stuttgart 1973.

Sandig, C.: Grundriß der Beschaffung, in: Geist, M. (Hrsg.), Vom Markt des Betriebes zur Betriebswirtschaftspolitik, Stuttgart 1971.

Scheer, A.-W.: Wirtschaftsinformatik - Informationssysteme im Industriebetrieb, Berlin-Heidelberg-New York u. a. 1988.

Scherer, J.: Einkaufsqualität beweisen, in: Beschaffung aktuell, 1/92, S. 22-24.

Schierenbeck, H.: Grundzüge der Betriebswirtschaftslehre, 10. Aufl., München-Wien 1989.

Schröder, F.: Modernes Unternehmenscontrolling, 4. Aufl., Ludwigshafen 1989.

Schweitzer, M.: Die produktionstheoretischen Grundlagen der programmorientierten Materialbedarfsplanung, in: Zukunftsaspekte der anwendungsorientierten Betriebswirtschaftslehre. Festschrift für Erwin Grochla zum 65. Geburtstag. Hrsg. v. E. Gaugler, H. G. Meissner und N. Thom, Stuttgart 1986, S. 363-376.

Schweitzer, M.: Planung und Kontrolle, in: Allgemeine Betriebswirtschaftslehre, Bd. 2: Führung, hrsg. von F. X. Bea, E. Dichtl und M. Schweitzer, 2. Aufl. Stuttgart 1985, S. 1-64.

Schweitzer, M.: Planung und Kontrolle, in: Allgemeine Betriebswirtschaftslehre, Bd. 2: Führung, hrsg. von F. X. Bea, E. Dichtl und M. Schweitzer, 4. Aufl. Stuttgart 1989, S. 9-72.

Seggeweiß, K.-H.: Die Organisation der Materialbeschaffung in Großunternehmungen, Frankfurt/Main - Berlin-New York 1985.

Selchert, F. W.: Einführung in die BWL, 3. Aufl., München-Wien 1991

Serfling, K.: Controlling, Stuttgart-Berlin-Köln-Mainz 1983.

Siller, H.: Grundsätze des ordnungsmäßigen strategischen Controlling, Wien 1985.

Sonnemann, K.: Beschaffung im Industriebetrieb, Teil 2, in: Industrie-Fachwirt, hrsg. v. G. Ebert, D. Klause, E. Mändle, o. O., o. J.

Spekmann, R. E.: The Purchasing Audit: A Guide for Management, in: Journal of Purchasing and Materials Management 1980, Heft 2, S. 7-12.

Spekmann, R. E./Hill, R. P.: Strategy for Effective Procurement in the 1980s, in: Journal of Purchasing and Materials Management (16) 1980, Heft 4, S. 2-7.

Spiegel, H.: Das Budget als Instrument des Unternehmensführung. Diss. Würzburg 1975.

Suhr, R.: Expertensystem für den Einkauf, in: Beschaffung aktuell 3/88, S. 33-37,

Sundhoff, E.: Grundlagen und Technik der Beschaffung von Roh-, Hilfs- und Betriebsstoffen, Essen 1958.

Stangl, U.: Beschaffungsmarktforschung - Ein heuristisches Entscheidungsmodell, 2. Aufl. Köln 1988.

Stark, H.: Beschaffungsmarktforschung - gesucht: Der hochspezialisierte Problemlöser, in: Beschaffungsmarkt 1989/90, S. 54-59.

Stark, H.: Controlling - Unterstützung der Materialwirtschaft?, in: Beschaffung aktuell 9/84, S. 37-39.

Stark, H.: Controlling ist nicht Kontrolle: Aufgaben und Instrumente des Controlling in der Materialwirtschaft, in: Beschaffung aktuell 3/88, S. 18-21.

Stark, H.: Controlling in Einkauf und Logistik, in: Beschaffung aktuell 8/91, S. 19-22-

Stark, H.: Beschaffungsplanung und Budgetierung, Frankfurt o. J.

Steinöcker, R.: Strategisches Controlling, Linz 1991.

Straube, F./Kern, A.: Optimierungsstrategien für die Lieferanten-Abnehmer-Beziehung, in: Zeitschrift für Logistik 1994, S. 29-34.

Streitferdt, L.: Die Produktionsfaktoren und ihre Bereitstellung, in: Müller, W., Krink, J. (Hg.), Rationale Betriebswirtschaft, (Loseblattsammlung), Darmstadt 1983

Tanew, G.: Lieferantenbeurteilungssysteme, Entscheidungshilfen für die günstigste Beschaffungsquelle, in: Beschaffung aktuell 12/81, S. 10-17.

Tanew, G.: Controlling in der Materialwirtschaft, in: Zeitschrift Interne Revision (14) 1979, S. 215-226.

Tanew, G.: Controlling in der Materialwirtschaft - Planung, Steuerung und Messung des materialwirtschaftlichen Erfolges. In: Zeitschrift Interne Revision (14) 1979, S. 215-226.

Tanew, G.: Grundlagen der Planung und Erfolgskontrolle in der Materialwirtschaft. Diss. Wien 1978.

Tietz, B.: Der Handelsbetrieb, München 1985.

Treis, B.: Beschaffungsmarketing, in: Beschaffung - ein Schwerpunkt der Unternehmensführung, hrsg. von G. Theuer, W. Schiebel, R. Schäfer, Landsberg/Lech 1986, S. 133-148.

Treuz, W.: Betriebliche Kontroll-Systeme, Struktur und Verhalten in der Betriebspraxis sowie ihre Bedeutung für die Unternehmensführung, Berlin 1974.

Trux, W./Müller, G./Kirsch, W.: Das Management strategischer Programme, 1. HBd., unter Mitarbeit von St. Brandl, W. Hinder, K. Mauthe und R. Reichert, München 1984.

Tussing, W.: Die Durchsetzung beschaffungspolitischer Grundsätze in der Einkaufspraxis, in: Der Betriebswirt, 22. Jg. 1981, Heft 1, S. 13-17.

Vahs, D.: Controlling-Konzeptionen in deutschen Industrieunternehmungen - eine betriebswirtschaftlich-historische Untersuchung, Europäische Hochschulschriften, Frankfurt am Main, Bern, New York, Paris, Tübingen 1990.

van Larsen: Qualität und Kosten, in: Beschaffung aktuell 5/85, S. 34-37.

Varholt, N. T.: Die Diskussion um Kanban, Kurzlebige Modeerscheinung oder doch mehr, in: Beschaffung aktuell 3/84, S. 20-24.

Vollmuth, H. J.: Führungsinstrument Controlling, 2. Aufl., Planegg/München 1991.

Weber, J.: Einführung in das Controlling, Teil 1: Konzeptionelle Grundlagen, 3. Aufl., Stuttgart 1991.

Weber, J.: Ursprünge, Begriff und Ausprägungen des Controlling, in: E. Mayer, J. Weber (Hg.), Handbuch Controlling, Stuttgart, 1990, S. 3 ff.

Wegener, H.: Controllingansatz in der Materialwirtschaft, in: Bloech/Thun (Hg.), Materialmanagement, Frankfurt a. M., 1985, S. 85-102.

Welge, M.: Unternehmensführung, Bd. 1, Stuttgart 1985.

Westermann, H.: Beschaffungsrevisionen, in: Beschaffung aktuell 4/90, S. 56-59.

Wildemann, H.: Produktionssynchrone Beschaffung, München 1988.

Witt, F.-J.: Strategisches Prozeßmanagement in der Beschaffung, Teil 1, in: Beschaffung aktuell 4/92, S. 36-41.

Witt, F.-J.: Strategisches Prozeßmanagement in der Beschaffung, Teil 2, in: Beschaffung aktuell 5/92, S. 43-48.

Ziegenbein: Controlling, 4. Aufl., Ludwigshafen 1992.